Minerva Shobo Librairie

大統領制化の比較政治学

岩崎正洋
[編著]

ミネルヴァ書房

大統領制化の比較政治学
目　次

序　章　大統領制化の比較政治学 …………………………………… 岩崎正洋 … 1
　1　大統領制化論の展開 ……………………………………………………………… 1
　2　大統領制化論の枠組み …………………………………………………………… 3
　3　日本における大統領制化論の射程 ……………………………………………… 8
　4　大統領制化論の論点 ……………………………………………………………… 11

第1章　「大統領制化」の停滞 ………………………………………… 近藤正基 … 17
　　　　　――第1～3次メルケル政権の考察
　1　「大統領制化」概念の検討と分析視覚 ………………………………………… 17
　2　執　政　府 ……………………………………………………………………… 18
　3　政　　　党 ……………………………………………………………………… 23
　4　選　　　挙 ……………………………………………………………………… 30
　5　ドイツ政治は「大統領制化」しているか …………………………………… 33

第2章　ブレア後のイギリス ………………………………………… 三澤真明 … 38
　　　　　――大統領制化は続いているのか？
　1　大統領制化の典型例としてのイギリス ……………………………………… 38
　2　首相権力の変容 ………………………………………………………………… 39
　3　議員の党首から党員の党首へ ………………………………………………… 44
　4　リーダーシップ様式の変容 …………………………………………………… 51
　5　イギリスは大統領制化したといえるのか …………………………………… 57

第3章　フランス ……………………………………………………… 佐川泰弘 … 63
　　　　　――「半大統領制」の大統領制化は進んでいるか
　1　フランス政治研究における「大統領制化」とその指標 …………………… 63
　2　憲法上の大統領と首相――執政府内におけるリーダーの権力 …………… 64

3	大統領と政党——選挙制度と政党システム	72
4	大統領選挙の過程とメディア	78
5	国民戦線の伸張とマクロン大統領誕生	80

第4章　多極共存型民主主義における
　　　　　大統領制化とその後……………………松尾秀哉…85
　　　　　——ベルギーの場合

1	ベルギーと大統領制化	85
2	ベルギー政治と「分裂危機」	86
3	先行研究と分析の視点	88
4	ベルギーにおける大統領制化のその後	92
5	危機管理システムとしての大統領制化	98

第5章　比例配分民主主義の大統領制化？……………古賀光生…107
　　　　　——オーストリアにおけるシュッセル政権の位置づけをめぐって

1	序　　論	107
2	執　政　府	110
3	政　　党	116
4	選　　挙	120
5	結論に替えて——シュッセルとオーストリア政治の変容	124

第6章　政治の大統領制化と政策過程の変容………………西岡　晋…130

1	日本政治の変化と政治の大統領制化	130
2	経済的変化と政治の大統領制化	131
3	政治の大統領制化と首相の功績顕示	133
4	企業統治改革の政策過程	136
5	大統領制化された政治と首相の功績顕示	141
6	大統領制化された政治の下での政策過程	145

目次

第7章　スウェーデン政治外交史からの
　　　　「大統領制化」の検討 ……………………………清水　謙…153
　　　　　——パルメ"大統領"の誕生
　1　大統領制的かあるいは大統領制化か？ …………………………153
　2　ハーンソン戦時挙国一致内閣からエランデル政権の成立 ………154
　3　パルメ"大統領"の登場？ ………………………………………160
　4　パルメ以降のスウェーデン政治 …………………………………166
　5　スウェーデン政治における「大統領制化」は見られるのか？ …169

第8章　イスラエル政治における「大統領制化」………浜中新吾…173
　　　　　——首相公選制廃止後を中心に
　1　長期化するネタニヤフ政権 ………………………………………173
　2　執政府——首相の権力資源と閣僚との関係 ……………………176
　3　政　　党 ……………………………………………………………179
　4　選　　挙 ……………………………………………………………184
　5　イスラエル政治の個人化 …………………………………………188

第9章　ロシアの「大統領制化された大統領制」と
　　　　その変容 …………………………………………溝口修平…194
　1　「大統領制化された大統領制」のその後 ………………………194
　2　執政制度研究と大統領制化 ………………………………………195
　3　分析視角 ……………………………………………………………197
　4　ロシア大統領の権力資源 …………………………………………199
　5　大統領・議会関係の変遷 …………………………………………202
　6　ロシアの大統領制の二つの変化 …………………………………208

第10章　議院内閣制の「大統領制化」から
　　　　「大統領制化」された大統領制へ……………岩坂将充…215
　　　　　——トルコにおけるリーダーシップと改憲国民投票
　1　トルコにおける執政制度の移行の試み …………………………215
　2　「大統領制化」と構造的原因 ……………………………………216

3　エルドアンのリーダーシップ……………………………………220
　　4　2017年改憲国民投票………………………………………………227
　　5　「大統領制化」した大統領制へ…………………………………230

終　章　日本における政治の大統領制化……………………岩崎正洋…234
　　1　日本政治の大統領制化……………………………………………234
　　2　大統領制化の二つの要因…………………………………………236
　　3　執　政　府…………………………………………………………240
　　4　政　　　党…………………………………………………………249
　　5　選　　　挙…………………………………………………………255
　　6　事例としての日本…………………………………………………259

あとがき

人名索引／事項索引

序　章
大統領制化の比較政治学

岩崎正洋

1　大統領制化論の展開

　政治の大統領制化（presidentialization）に関する議論は，過去10年以上にわたって展開されてきた[1]。そこでの議論をみると，政治の大統領制化とされる現象がみられるようになったのは，10年以上前にさかのぼることがわかる。たとえば，大統領のように，サッチャー（Margaret Thatcher）英首相が強いリーダーシップを発揮した現実を受け，彼女の登場を大統領制化の比較的初期の事例として位置づけるとすれば，政治の大統領制化は，過去40年近くにわたり，世界的にみられた現象として捉えることができる。

　ポグントケ（Thomas Poguntke）とウェブ（Paul Webb）が政治の大統領制化に関する共同研究を刊行したのは，2005年のことであった（Poguntke and Webb 2005）。その後，大統領制化に関する議論は，ヨーロッパだけにとどまらず，世界各地で展開されるようになった[2]。この点は，二つの意味をもつものとして捉えることができるし，世界的な二つの潮流としても理解できる。

　第一に，ヨーロッパの研究者だけに限られることなく，世界の国々の政治学者が大統領制化をめぐる議論に参入していることを意味している。今や大統領制化論は，政治学における一つの研究テーマとしての居場所を確保したようにみえる。これまでに提出されてきた研究成果も着実に蓄積されているのは明らかである。

　第二に，大統領制化の事例がポグントケとウェブによる書物で扱われた先進工業民主主義諸国だけでなく，他の国々でも観察できることであり，大統領制化が世界各国でみられるようになっているといえる。この点は，大統領制化が現代の民主主義諸国において共通してみられることを意味している。

　日本においても，同書刊行後の比較的早い時期に議論の骨子が紹介されたり，検討されたりした[3]。現時点において，日本での大統領制化論の展開は，ポグン

トケとウェブによる議論を紹介ないし検討する段階にある。具体的にいえば，彼らの議論の紹介や，議論の枠組みに対する批判がなされたり，大統領制化という概念そのものの適否について検討がなされたりしている状態である。とりわけ，日本では，大統領制化を執政制度とのかかわりで論じる傾向があり，その結果として，ポグントケとウェブらが最初に提起した文脈とは異なる視点から論じられることもある。

　世界的に大統領制化論が注目を集めているのと機を一にして，日本でも論じられるようになったが，海外の文脈とはやや異なる見方ないしアプローチがなされているように思われる。日本においては，まず，presidentialization という用語を翻訳する際に，どのように訳すかという翻訳の問題も生じる。すなわち，「大統領制化」と表現するのがいいのか，それとも「大統領化」と表現するのがいいのかというように，日本語で表記することにともなう課題が生じている。そのため，日本での議論は，大統領制化（ないし大統領化）という概念の検討に一定の分量が割かれることもあり，日本政治の大統領制化という問題については，あまり正面から論じられていないのが現状である[4]。

　ポグントケとウェブが提示した大統領制化の分析枠組みを日本の事例に適用して，日本における大統領制化について論じることは，世界でみられる2つの潮流に参加することになる。少なくとも，そうすることは，大統領制化論において，日本の政治学が世界の政治学へと参入し，貢献することになるのだし，日本の事例を諸外国との比較の文脈に置くことにもなる。

　本章は，そのための予備作業として，まず，大統領制化論の概要を整理し，日本における大統領制化論の主たる関心が何か，そこでの論点を確認する。それを受け，本章は，大統領制化論における論争の的となりやすい点が何かを指摘することで，この先の議論において注意を払うべき論点の抽出を行うこととする。本書は，日本政治の大統領制化について論じるとともに，ポグントケとウェブが取り扱わなかった事例，さらに，彼らが取り扱った事例のその後の展開に注目することを企図しているが，まず，本章が目的とするのは，そのための準備作業であり，大統領制化の国際比較を行うための「まえがき」ともいうべき位置づけの議論を行うことである。

2　大統領制化論の枠組み

　まず，本章で取り扱う大統領制化論について，ポグントケとウェブによる議論の骨子を確認することにより，大統領化論の射程を明らかにしておく必要がある。本節においては，彼らの議論を概観する[5]。

　ポグントケとウェブは，先進工業民主主義諸国における政治の大統領制化という視点から民主的な政治システムにおける政治的リーダーへの権力集中という現象を検討している（Poguntke and Webb 2005）。彼らのいう「大統領制化」とは，たとえば，議院内閣制における実際の運用が大統領制的になっていくことを意味しており，具体的な事例としては，ブレア（Tony Blair）英首相やシュレーダー（Gerhard Schröder）独首相のようなリーダーの登場が挙げられる。

　ポグントケとウェブは，大統領制や議院内閣制などを「体制」という言葉で表現しており，それぞれの違いを体制のタイプの違いと表現している。彼らによれば，大統領制化とは，「ほとんどの場合に形式的構造である体制タイプを変えることなく，体制の実際的運用がより大統領制的なものになってゆく過程である」（Poguntke and Webb 2007=2014：2）。

　大統領制の特徴は，政府の長である大統領が公選により選ばれ，三権が分立し，大統領一人に執政権（行政権）が帰せられている点である。議院内閣制の特徴は，行政と立法との権力融合がみられ，政府が議会に対して正式に責任を負うことになり，政府の責任が内閣という集団に帰せられている点にある。半大統領制は，大統領制と議院内閣制の中心的要素を組み合わせたものであり，大統領制の局面と議院内閣制の局面とを行き来するものではないし，議院内閣制のバリエーションというのでもない。半大統領制は，大統領の政党と議会で多数派を占める政党とが一致するか否かにより，議院内閣制に近い運用となったり，大統領制に近い運用となったりする。

　大統領制は，政府の長にかなりの執政権力資源を提供するとともに，議会政党からかなりの自律性をもっている。大統領制が作動する際の固有の論理は，次のような3つの効果をもつとされる（Poguntke and Webb 2005＝2014：6-7）。

　　1．リーダーシップの権力資源——大統領制の論理では，政府の長は他に優

越する執政権力資源を持つ。大統領制における政府の長は，議会に対して責任を負わず，通常は直接人民によって正統化され，そして他の諸制度から強い干渉を受けることなく内閣を組織することができるからである。要するに，執政府の長は，政府の執政部門に関しては外部からあまり干渉されずに統治を行うことができるのである。
2．リーダーシップの自律性——これもまた，権力分立の直接的な帰結の一つである。執政府の長は，在職期間中は自党の圧力から十分に保護されている。これは与野党双方に影響を及ぼす。与党には政府支持の拘束がかからず，野党には政権担当能力の顕示という拘束がかからない。このように，執政府の長は自党に対する顕著な自律性を享受する一方で，その指導力は有権者へのアピールの成否により直接的に左右される。つまり，リーダーシップの自律性は指導力の強化をもたらすかもしれないが，それは選挙での成功を条件とする。そして選挙での成功は，政党組織の統制によるものではない。簡単に言えば，リーダーシップの自律性は，政党組織と（与党の場合には）国家の政治的執政府という，二つの異なる行動領域内に現れるであろう。
3．選挙過程の個人化——これは端的には，最高位の公選職に対して当然向けられる関心によってもたらされる。選挙過程の個人化とは，選挙過程のあらゆる側面が筆頭候補者の人格によって決定的に形成されることを意味する。

　ポグントケとウェブによれば，政治の大統領制化は，(a) 党内および政治的執政府内におけるリーダーシップの権力資源と自律性の増大，(b) リーダーシップを重視するようになった選挙過程という二つの点が発展したものであり，これらの変化は，大統領制化の三つの側面に影響を及ぼすという (Poguntke and Webb 2005＝2014：7-8)。三つの側面とは，民主的統治の中心的な領域にあり，執政府（行政府），政党，選挙である。大統領制化の過程は，憲法改正などのように，憲法構造が直接的に変わるのではなく，それ以外の要因によってもたらされると考えられる。大統領制化は，偶発的および構造的な要因によるものとされる。
　大統領制，議院内閣制，半大統領制のいずれのタイプも原則的に，政党主導型の統治と大統領制的な統治との間を行き来するのであり，一つの連続線上のどの

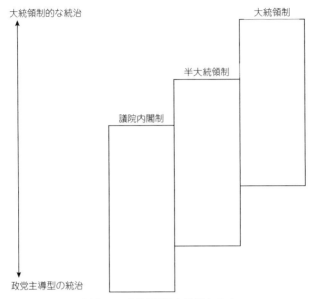

図序 - 1　大統領制化と体制タイプ
出典：ポグントケ／ウェブ（2014：9）。

極に近づくかは，さまざまな基底構造的要因（社会構造やメディアシステムの変化など）と，偶発的要因（リーダーの人格など）によって決まる。図序 - 1 は，一つの連続線上に三つの体制のタイプが位置づけられ，両極は「大統領制化された統治」であるのか，それとも「政党主導型の統治」であるのかという点が区別できるようになっている。この場合には，「大統領制化された統治」のみが，政治の大統領制化の可能性を完全に実現していることになる。

　図序 - 1 の水平の次元は，公式の法律 - 憲法的な基準に従って三つの体制のタイプを分けているが，これらの境界線は明確であり，半大統領制が議院内閣制と大統領制との間にあるからといって，単純に両者の中間型として半大統領制を理解するのは適切ではない。図序 - 1 の垂直の次元は，水平の次元とは異なり，明確な区分けがあるのではなく，一続きの連続体として位置づけられる。垂直の次元は，両端に向かう矢印によって示されており，上端が「大統領制的な統治」で，下端が「政党主導型の統治」を意味している。ここでの位置づけは，公式的な法律―憲法的な規定によるものではなく，構造的および偶発的な政治的特徴による

ものである。

　垂直の次元のどこに位置づけられるのかは，政党とリーダー個人との関係により決まる。政治的リーダー個人にとって有利になるような権力資源と自律性の変化と，それにともなう内閣や政党などの集団的アクターの権力と自律性の低下とのかかわりにより，連続線上のどこに位置づけられるかが決まる。リーダーの自律性が高くなるほど，集団的アクターによる抵抗の可能性は小さくなるため，高い自律性をもつリーダーほど外からの干渉を受けることなく，他のアクターを無視できる。このような権力の増大をもたらすのは，次のような二つの過程とされる（Poguntke and Webb 2005＝2014：10）。

1．自律的な統制領域の増大。これは，求める結果が専らそのような自律的領域内で得られる限り，実質的に権力を行使する必要はないことを意味する。
2．他者の抵抗に対する打開能力の拡大。このためには，起こりうる抵抗を打開するための資源，つまり他者へ権力を行使するための資源の拡大が必要である。

　大統領制化の三つの側面について，これらの二つの点をそれぞれ検討すると（Poguntke and Webb 2005＝2014：10-15），次のようなことがいえる。まず，執政府に関しては，政治的リーダー（大統領ないし首相，政党のリーダーなど）に任命権や政策決定権などの公式的な権力が付与されたことにより，自律的な統制領域が拡大する。リーダーは，自律的な支配域の外部に対して，公権力やスタッフ，資金，議題設定や選択肢を規定する能力などを資源とすることにより，潜在的な抵抗を排除できる。執政府や政党の側面においては，自党に対するリーダーの権力増大が大統領制化の中心的な論点となる。

　政党の側面では，リーダーが有利になるような党内権力の変動がみられる。個人化されたリーダーシップという傾向は，党機構の統制よりもリーダーの個人的名声を高めるために権力資源が用いられることでみられるようになる。選挙は，政党主導からリーダーによる支配へと変化する。選挙キャンペーンでリーダーシップがアピールされ，メディアの政治報道は以前にもましてリーダーに焦点を向けるようになり，結果的に，有権者にも影響を及ぼし，投票行動におけるリー

ダーシップの効果が重要性をもつようになる。

　大統領制化の要因には，政治的状況やリーダーの人格などの偶発的な要因に加えて，構造的な要因も含まれる。構造的要因としては，政治の国際化，国家の肥大化，マスコミュニケーション構造の変化，伝統的な社会的亀裂による政治の衰退という四つが挙げられる（Poguntke and Webb 2005 = 2014：18-24）。大統領制化は，三つの側面で同時に進行するというのではない。四つの構造的要因は，大統領制化のある側面に対しては他の側面よりも直接的な影響を及ぼすとしても，三つの側面は，各々異なる速度や異なる時間で進行する。ある一つの過程が進行し，それが他の過程にも影響を及ぼすことがある。

　執政府内での大統領制化には，政治の国際化と，国家の肥大化とが直接的に影響を及ぼし，選挙での大統領制化には，亀裂の衰退が影響を及ぼし，三つの側面すべてに対して，マスコミュニケーション構造の変化が影響を及ぼすと考えられる。ポグントケとウェブは，マスコミュニケーション構造の変化が「有権者に影響を及ぼし，選挙での選択においてリーダーの人格的資質を重視させている」こと，「政党リーダーが，政治的な議題設定の場面から他のアクターを外すために利用している」こと，「執政府長官に対して，政権を支配し，自党の頭越しに統治を行うための決定的な権力資源を提供する」ことを指摘しているが，この点は，大統領制化の三つの側面が相互に影響を及ぼしていることを説明する。そのため，三つの側面の間には双方向の関係がみられる。

　彼らは，このような枠組みを用いて14か国の事例に注目し[6]，大統領制化が民主的な統治に対して大きな影響をもたらすことを明らかにした。さらに，彼らは，大統領制化がシュンペーター（Joseph A. Schumpeter）流の競合的エリート民主主義モデルを想起させると指摘しながらも，実際には全く異なるとしている（Poguntke and Webb 2005=2014：502-503）。

　シュンペーターによれば，公職に就いたエリートが最大限の自律性をもつとされるが，現代のようにメディアが発達した民主主義における政治的エリートの民主的正統性は，党員選挙やレファレンダム，継続的な支持率調査などにより，たえずチェックされる。そのため，今では，シュンペーターの考えるように，エリートが最大限の自律性をもつことは困難になっている。そう考えると，現代の民主主義は，シュンペーター流のエリート民主主義モデルと，各種の世論調査や直接民主主義的な手法により，常に国民投票的な洗礼を受ける民主主義のモデル

とが融合しつつあるといえる。

3　日本における大統領制化論の射程

　ポグントケとウェブが大統領制化について議論したのは，政党衰退論以降の政党政治をどのように捉えたらいいのかという関心からであった[7]。もともと彼らは，政党の研究者であり，彼らは，政党の衰退に関する長年の議論をふまえ，「政党衰退論で重要な論点となっていたのは，リーダーが自らの政党を犠牲にした上で優越的な立場を築いているという可能性であった」と指摘し，議院内閣制における「傑出した個性的なリーダー」の存在に注目した。

　その際に焦点が向けられたリーダーは，「首相」であったが，とりわけ，彼らの関心からすれば，「政党のリーダー」としての「首相」の存在であった。この点は，ポグントケとウェブが政党研究者として抱いていた問題意識に基づくものである。彼らが注意を払っていたのは，単に議院内閣制における首相の存在というのではなく，首相と政党とのかかわりにおいて変化がみられるという点であり，大統領制化が一面的ではなく，執政，政党，選挙という三つの側面においてみられるという点に特徴がある。

　三つの側面は相互に関連しており，同時並行的に進行するとは限らないとしても，ある側面が他の側面に影響を及ぼし，時間差を示しながらも各側面が進行していくとされる。それだからこそ，彼らは，大統領制化の指標について説明するときも，「執政府内におけるリーダーの権力」，「政党内におけるリーダーの権力」，「候補者中心の選挙過程」という三つの側面に関して，それぞれの指標を提示している。

　しかしながら，これまでに展開されてきた大統領制化論の多くは，三つの側面を網羅的に論じているわけではない[8]。たとえば，パサレッリ（Gianluca Passarelli）のように，政党の側面に重点を置いたものもある（Passarelli 2015）。それ以外にも執政府に重点を置いたものがみられ，日本でもまた，政党研究の文脈で論じられているというよりも，執政制度の研究において大統領制化について言及される傾向がある。

　日本で大統領制化に関して論じられる際に，頻繁に参照されているのは，待鳥聡史による「大統領的首相論の可能性と限界——比較執政制度論からのアプロー

チ」[9]という論文である（待鳥 2006）。待鳥は，比較執政制度論という文脈において，「大統領的首相」について考えるために，まず，ポグントケとウェブによる大統領制化論に注意を向けている。待鳥は，「議院内閣制諸国において政治が大統領制化すれば，そこに登場するのは大統領的首相だということになる」（待鳥 2006：316）と指摘し，「政治の大統領制化という概念は魅力的であり，大統領的首相論の体系化の試みとして貴重であることは間違いない」（待鳥 2006：317）と述べている。

待鳥は，ポグントケとウェブによる大統領制化論を評価しながらも，いくつかの疑問点を挙げている。まず，大統領制化の四つの要因に関して，「いずれも戦後ほぼ一貫して強まってきたものであり，なぜ今日に至ってとくに注目すべき現象としての大統領制化を生み出すのかが明確ではない」（待鳥 2006：318）という指摘がなされている。また，それに関連した疑問点として，「政治の大統領制化や大統領的首相の登場を，制度構造やイデオロギーの変化とは無関係の現象として捉えている点」が挙げられており，「政治の大統領制化をおおむね社会的要因に還元してしまっている」（待鳥 2006：318）と指摘している。次に，彼は，ポグントケとウェブが「大統領制の本質について体系的な検討を行っていないこと」（待鳥 2006：318）に言及している。彼らの説明する大統領制と議院内閣制の特徴は，古典的かつ教科書的な内容であり，今日的な研究成果をふまえた議論になっていないことが指摘されている。

待鳥は，ポグントケとウェブによる大統領制化論を検討した後，さらに，比較執政制度論に関して議論を進めており，日本の首相を事例としてとり上げ，大統領的首相という点に注目した。待鳥の論文では，行論上の流れにおいて大統領制化論が言及されたのだとしても，実際のところ，日本で初めて大統領制化論について，正面から紹介と批判がなされたことは，その後の日本での議論に多少なりとも影響を及ぼしているように思われる。

西岡晋は，日本の首相の指導力に関する論考において，特に中曽根康弘と小泉純一郎とに焦点を絞り，「弱い首相」から「強い首相」への変化を政治の大統領制化として捉えている（西岡 2016）。西岡は，ポグントケとウェブが示した大統領制化の三つの側面を日本の事例ではどのように説明できるのかについて論じている。

第一に，執政府についてみると，従来の首相の権限は強く制約されていたため，

「弱い首相」とされたが，2001年の中央省庁再編において，内閣機能が強化したことにより首相の権力資源が増大し，「強い首相」となったのである。第二に，政党の側面においては，中選挙区制時代とは異なり，1996年の小選挙区比例代表並立制による衆議院議員総選挙の実施以降は，派閥の力の弱体化と，党執行部の権力強化とにより，自民党総裁としての首相の権力が強くなった。第三に，選挙に関しては，テレビにおける政治報道の大衆化と視覚化，世論調査の技術的進化などのメディアの発達が政治家の行動原理を変えることとなり，その結果として，政治家個人の魅力が政権の帰趨を規定するようになり，政治の「人格化」をもたらした。

政治の大統領制化は，執政府と政党という二つの制度的な側面における首相の権限と，選挙の側面における政治戦略での首相の力量とを総合して捉えられるものである（西岡 2016：103）。西岡は，第二次世界大戦後の日本の内閣を概観しながら，「弱い首相」から「強い首相」への変遷を捉える際の視角として，大統領制化論を参照したが，彼もまた，大統領制化の議論を執政制度論として取り扱っているように思われる。もちろん，それ自体に問題はない。執政制度論の文脈で大統領制化論を捉えることは，一つの立場ないし視点からという意味では妥当性をもつものである。

西岡の議論においては，大統領制化が「弱い首相」から「強い首相」への変化として捉えられているが，「弱い」か「強い」かの基準は明確にされていない。どの程度の強さで大統領制化という現象がみられるようになるのかは不明である。また，ポグントケとウェブが構造的要因として挙げた四つの点（すなわち，政治の国際化，国家の肥大化，マスコミュニケーション構造の変化，伝統的な社会的亀裂による政治の衰退）がどのように首相の「強さ」にかかわっているのかという点についても，わかりにくいように思われる。執政制度論という点から大統領制化を捉えるならば，首相が「弱い」か「強い」かという点に議論を絞ることは可能であるし，大統領制化の偶発的要因を重視する場合には，強い首相として取り扱うのに適切な事例をみつけやすいといえる。

しかしながら，ポグントケとウェブが最初に大統領制化論を提示した際の問題意識は，政党研究にもとづくものであり，政党衰退論以降の政党政治を考えるために提起された議論であることを改めて認識しておく必要がある。この点について，彼らは，「政党の研究者として，我々がこのテーマに関心を抱いたのは，政

党の衰退に関する長年にわたる議論に端を発している」のであり，政党衰退論における重要な論点は，「リーダーが自らの政党を犠牲にした上で優越的な立場を築いているという可能性」にかかわる点であり，彼らは，「最近の政治生活においては，議院内閣制の下で明らかに傑出した個性的なリーダーの存在がみられる」と指摘していた。大統領制化は，個々のリーダーのもつ属人的な要素だけに起因するのではない。つまり，大統領制化は，偶発的な要因によってのみ説明されるのではなく，リーダーが利用可能な資源の拡大，選挙過程におけるリーダーへの関心の増加，リーダーと政党との相互の自律性の増大といった構造的な要因によっても理解しなければならないのである。

したがって，大統領制化論が政党研究の枠内に留まることなく，執政制度の研究へと広がりをみせることは，一方では，研究成果を豊穣にし，研究の発展という点では意義のあることだとしても，他方においては，議論の出発点から遠ざかってしまい，もともとの文脈から離れたところで政治の大統領制化について論じられるようになってしまう危険もあることを念頭に入れておく必要がある。

4　大統領制化論の論点

これまでにみてきたように，ポグントケとウェブが提起した政治の大統領制化に関する議論は，現代民主主義諸国を経験的かつ分析的に捉えるための視点を提供した。彼らが注目したのは，14か国だけであるが，大統領制化がみられるのは，それだけではない。彼らが最初に念頭に置いていたのは先進工業民主主義諸国であり，日本やオーストラリアなど，14か国に含まれなかった他の先進諸国の事例をはじめ，東欧諸国やラテンアメリカなどの新興民主主義諸国の事例についても，大統領制化の妥当性を検証する必要がある。

大統領制化をめぐる議論においては，他のあらゆる議論と同様に，支持的な立場がみられる一方で，他方において，批判的な立場の議論もみられる。ここでは，主な批判として三つの点を挙げておく。

第一に，「大統領制化」という用語に関する問題を挙げることができる。まず，presidentialization という用語を「大統領制化」と訳すか，それとも「大統領化」と訳すかという問題であり，大統領「制」のように変化していく様を表現したいのか，それとも大統領のように変化していく様を意味したいのかという点で大き

く異なる。前者の場合には，たとえば，議院内閣制が大統領制ないし半大統領制へと変化することなく，議院内閣制そのものが基底構造的要因や偶発的要因によって大統領制のように変化していく様を示している。それに対して，大統領化という表現は，執政府の長ないし政党リーダーが大統領のように行動することが可能になっていく変化の様を意味していると考えられる。執政制度論の視点からは，執政府長の権限が変化したという意味で，大統領制化というよりも，大統領化という表現を採用することが適切であると思われるかもしれない。大統領「制」化という場合には，憲法改正などの形式的構造の変化に至らなかったとしても，制度にかかわる何らかの変化が観察され，統治にも影響がみられるようになる。

　日本の議論においては，最初に，英単語を日本語に訳す作業から始めなければならないため，大統領制化と訳すか，それとも大統領化と訳すかの違いが第一関門となる。個々の研究者が presidentialization という用語をどのように訳すのかは，各人の問題意識にしたがってなされることであり，「制」という一字を付けるか否かは，上述したような点からも大きな意味をもつこととなる。

　日本語訳の問題が解決したら，次に生じるのは，政治の大統領制化という現象が注目に値するのか否かという問題である。これは，ポグントケとウェブが観察している政治現象を大統領制化という言葉で表現すること自体が適切なのか否かという問題である。たとえば，大統領制化と表現するのは不適切であり，「首相化」や「人格化」，「パーソナライゼーション」など他の用語で表現するべきであるという批判が挙げられる。

　ダウディング（Keith Dowding）によれば，イギリスの議院内閣制における首相は，米国大統領よりも国内政治では有力であり，従来よりも多くの権限を手にしたとしても，米国大統領のようになるのではないことから大統領制化ではなく，首相職の「首相化」として変化を捉えるべきであるという。彼は，イギリスの議院内閣制と米国大統領制とは異なっており，大統領制への類推によってイギリスの議院内閣制を理解しようとするのは適切ではないと指摘している（Dowding 2013）。ダウディングは，イギリスにおいて，執政府，政党，選挙での「リーダーの中心性」が大きくなっているが，それを大統領制化というのではなく，政治の人格化（personalisation）という言葉で表現している。彼は，あくまで「大統領制化としてみられる諸々の変化は，政党衰退論にみられるような政治の人格化

としてみた方がいい」と主張し，大統領制化という概念に対して否定的な立場を示した。

それに対して，ポグントケとウェブは，人格化という用語が適切ではないと主張している（Webb and Poguntke 2013）。彼らによれば，人格化という言葉には，米国連邦議会の選挙運動やイギリスの選挙区レベルでの議会選挙運動のように，候補者中心の傾向といった論点も含まれるため，あまりに広範囲にわたる内容を包含し得るし，曖昧な概念であるという理由で，適切な用語とすることができないのである。ポグントケとウェブは，ダウディングの指摘を含め，これまでの批判に対して，一括して回答することにより大統領制化論を改めて擁護している（Webb and Poguntke 2013）。

第三に，大統領制化論が大統領制と議院内閣制との対置を前提としていることへの批判が挙げられる。両者が全く異なる性格をもつことから，両者を対置すること，あるいは両者を同等に扱うことに対して疑問視する声もある。たとえば，大統領制と議院内閣制とを対照的なものとして扱うことについては，乱暴な二分法であるという見方がある。一方の長所が他方の短所，あるいは一方の短所が他方の長所とする議論に対して，権力分立ないし権力融合という点から考えると，両者は制度的背景が異なっており，対置することは不適切であるし，議院内閣制において大統領制化と呼ばれる現象がみられることすら論理的におかしいということになる。また，両者を同等に扱うことについては，いずれの体制においても政党リーダーと執政府の長が本質的に同一の地位にあるから両体制には違いがないという議論である。

この点に関連し，ポグントケとウェブの大統領制化論では，議論の前提となる三つの体制（大統領制，議院内閣制，半大統領制）の本質について体系的な検討を行っていないという批判がある。彼らは，三つの体制の特徴をそれぞれ説明しているとはいえ，古典的かつ教科書的な説明しか行っておらず，大統領制に関する研究蓄積が活用されていないという批判がなされている。確かに，彼らは，三つの体制について詳しく説明していない。しかし，彼らの議論をみると，彼らは，これらの体制をあくまで理念型として位置づけており，それだからこそ，古典的かつ教科書的な説明に留めることによって議論の混乱を避けているようにも思われる。

ここで言及した論点以外にも，大統領制化に対する批判や疑問は数多く出され

ており，さまざまなものがみられるのは確かなことである。紙幅の都合からも，この点について，本章でさらに言及することは控えるが，大統領制化論の進展においては，より深く議論を検討することが必要な作業となる。大統領制化論は，概念そのものの検討や，大統領制化の要因に関する検討などのように，理論的な考察が行われている一方で，他方では，世界各国の事例分析が行われており，これからも議論が展開していくと思われる。大統領制化論に対する批判がみられるとはいえ，日本での研究はまだ緒に就いたばかりである。本章の最後に，当該テーマに関して，さらに議論が広がる可能性をもつことと，日本の事例分析を海外の大統領制化論へと還元していく必要があることを指摘しておきたい。

注
1) 本章は，岩崎（2016）を基底とし，日本比較政治学会（2017年6月18日に成蹊大学で開催）での分科会「大統領制化の比較政治学」に提出した報告論文をもとにしている。
2) 2007年には，若干の改訂が施され，ペーパーバック版が刊行されている（Poguntke and Webb 2007）。現在では，2007年版が主に入手可能であり，邦訳版の刊行に際し，翻訳を行ったときも2007年版を参照している。
3) たとえば，待鳥（2006；2012），伊藤（2008），原田（2008），高安（2010），西岡（2016）などが挙げられる。
4) 例外的に，執政制度という点からの議論としては，たとえば，待鳥（2006；2012）や西岡（2016）を参照されたい。
5) ここでの議論は，岩崎（2015b）に負っている。
6) 取り扱われている事例は，イギリス，ドイツ，イタリア，スペイン，ベルギー，オランダ，デンマーク，スウェーデン，カナダ，フランス，フィンランド，ポルトガル，イスラエル，米国の14か国である。
7) この点は，彼ら自身が「日本語版に寄せて」において明らかにしている（Poguntke and Webb 2005 = 2014：i）。
8) サミュエルズ（David J. Samuels）とシュガート（Matthew S. Shugart）もpresidentializationという用語を用いているが（Samuels and Shugart 2010），彼らは，大統領制における政党の組織や行動に注目して議論を行っている。彼らは，大統領制化した政党（presidentialized parties）という用語を提示しており，大統領制における政党が制度による影響を受けることにより，「大統領制化」することを述べている。Presidentialized や presidentialization という用語を使いながらも，サミュエルズとシュガートによる議論と，本章で主に焦点を向けているような，ポグントケ

(Thomas Poguntke)とウェブ(Paul Webb)による議論とは文脈も意味合いも異なっていることに注意する必要がある。
9) 同論文は後に,(待鳥 2012)に所収されている。

参考文献

Dowding, Keith (2013) 'The Prime Ministerialisation of the British Prime Minister,' *Parliamentary Affairs*, Vol. 66: 617-635.

Linz, Juan J. and Arturo Valenzuela (eds.) (1994) *The Failure of Presidential Democracy: Comparative Perspectives*, Vol. 1, Johns Hopkins University Press. 中道寿一訳(2003)『大統領制民主主義の失敗 理論編──その比較研究』南窓社。

Passarelli, Gianluca (ed.) (2015) *The Presidentialization of Political Parties: Organizations, Institutions and Leaders*, Palgrave Macmillan.

Poguntke, Thomas and Paul Webb (eds.) (2005) *The Presidentialization of Politics: A Comparative Study of Modern Democracies*, Oxford University Press. 岩崎正洋監訳(2014)『民主政治はなぜ「大統領制化」するのか──現代民主主義国家の比較研究』ミネルヴァ書房。

Poguntke, Thomas and Paul Webb (eds.) (2007) *The Presidentialization of Politics: A Comparative Study of Modern Democracies*, Oxford University Press.

Riggs, Fred W. (1994) "Conceptual Homogenization of a Heterogeneous Field: Presidentialism in Comparative Perspective," In Mattei Dogan and Ali Kazancigil (eds.) *Comparing Nations: Concepts, Strategies, Substances*, Blackwell.

─── (1997) "Presidentialism versus Parliamentarism: Implications for Representativeness and Legitimacy," *International Political Science Review*, Vol. 18, No. 3: 253-278.

Samuels, David J. and Matthew S. Shugart (2010) *Presidents, Parties, and Prime Ministers: How the Separation of Powers Affects Party Organization and Behavior*, Cambridge University Press.

Sartori, Giovanni (1996) *Comparative Constitutional Engineering: An Inquiry into Structures, Incentives and Outcomes*, Second Edition, Macmillan. 岡澤憲芙監訳・工藤裕子訳(2000)『比較政治学──構造・動機・結果』早稲田大学出版部。

Webb, Paul and Thomas Poguntke (2013) "The Presidentialisation of Politics Thesis Defended," *Parliamentary Affairs*, Vol. 66: 646-654.

Webb, Paul, Thomas Poguntke and Robin Kolodny (2012) "The Presidentialization of Party Leadership? Evaluating Party Leadership and Party Government in the Democratic World," In Ludger Helms (ed.), *Comparative Political Leadership:*

Challenges and Prospects, Palgrave Macmillan.
伊藤光利（2008）「序論：コア・エグゼクティヴ論の展開——政治的リーダーシップ論を超えて」伊藤光利編『〔比較政治叢書4〕政治的エグゼクティブの比較研究』早稲田大学出版部。
岩坂将充（2016）「議院内閣制における政治の『大統領制化』——トルコ・エルドアン体制と大統領権限の強化」日本比較政治学会編『日本比較政治学会年報第18号　執政制度の比較政治学』ミネルヴァ書房。
岩崎正洋（2015a）「大統領制化と政党政治のガバナンス」『年報政治学2014-II　政治学におけるガバナンス論の現在』：91-109。
———（2015b）『比較政治学入門』勁草書房。
———（2016）「大統領制化論の課題」『政経研究』第53巻第2号：59-75。
古地順一郎（2016）「カナダ政治における執政府支配の展開——ハーパー保守党政権を中心に」日本比較政治学会編『日本比較政治学会年報第18号　執政制度の比較政治学』ミネルヴァ書房。
白鳥令編（1999）『政治制度論——議院内閣制と大統領制』芦書房。
高安健将（2009）『首相の権力——日英比較からみる政権党とのダイナミズム』創文社。
———（2010）「英国政治における人格化と集権化——大統領化論の再検討」『日本選挙学会年報　選挙研究』第26巻第1号：67-77。
西岡晋（2016）「内閣——首相の指導力と政治の大統領制化」大石眞監修・縣公一郎・笠原英彦編『なぜ日本型統治システムは疲弊したのか——憲法学・政治学・行政学からのアプローチ』ミネルヴァ書房。
日本比較政治学会編（2016）『日本比較政治学会年報第18号　執政制度の比較政治学』ミネルヴァ書房。
原田久（2008）「政治の大統領制化の比較研究」日本比較政治学会編『日本比較政治学会年報第10号　リーダーシップの比較政治学』早稲田大学出版部。
待鳥聡史（2006）「大統領的首相論の可能性と限界——比較執政制度論からのアプローチ」『法政論叢』第158巻第5・6号：311-341。
———（2012）『首相政治の制度分析——現代日本政治の権力基盤形成』千倉書房。
渡辺博明（2017）「北欧における政党政治の変容と『大統領制化』論の射程」『法政論集』第269号：251-278。

第1章
「大統領制化」の停滞──第1～3次メルケル政権の考察

近藤正基

1 「大統領制化」概念の検討と分析視覚

　ポグントケ（Thomas Poguntke）とウェブ（Paul Webb）は，2005年の共編者の中で14の民主主義国における「大統領制化」という共通の趨勢を描き出した（Poguntke and Webb 2007）。この著書の中ではドイツにも一章が割かれており，著者のポグントケはドイツでも「大統領制化」が見られると結論付けている。すなわち，執政府におけるリーダーへの権力集中，政党におけるリーダーの指導力強化，選挙におけるリーダーの役割の増大が観察されるということである（Poguntke 2007 = 2014）。

　ただ，ポグントケの分析はシュレーダー（Gerhard Schröder）政権で終わっている。では，それ以後はどうだろうか。2005年からのメルケル（Angela Merkel）政権下でも「大統領制化」と呼ばれうるような現象が見受けられたのだろうか。本章では，この点を検討する。

　ドイツの「大統領制化」を議論する前に，ポグントケとウェブのいう「大統領制化」概念を検討しておく必要があるだろう。「大統領制化」概念の問題点として，大統領制のヴァリエーションが考慮されていないことが挙げられる。待鳥（2016）が指摘するように，南米諸国にもアジアにも大統領制はあるが，それぞれ特徴が異なる。大統領の権力の源泉はどこに求められるのか。大統領は議会の拒否権行使をどこまで抑止できるか。政党システムと政党内部組織は大統領とどのような関係にあるのか。これらの点は，国ごとに，そして時期によって異なり，大統領が発揮する影響力は違う。議論の深入りは避けるが，ここで一ついえるのは，「大統領制化」と一般化できるほどに大統領制は統一的な特徴をもっていないことであろう。ポグントケとウェブの指摘，つまり，現代民主主義において共通した趨勢が観察されるというのは達見ではあるが，それを「大統領制化」と呼

ぶと誤解が生じる恐れがある。そこで，本章では「大統領制化」概念をまずは脇に置いて，これを個別の論点に分解したうえでそれぞれについて分析を行うことにしたい。すなわち，執政府におけるリーダーへの権力集中，政党におけるリーダーの指導力強化，選挙におけるリーダーの役割増大の三つである。

　もう一点，「大統領制化」を規定する要因にも問題点があると思われる。ポグントケとウェブの序章では，政治の国際化，国家の複雑化，マスコミュニケーションの変化，亀裂の衰退という四つの構造的な要因に着目するとは述べられているが，章によっては属人的要因が強調されることもある。ドイツを扱った章でも，シュレーダー首相に特徴的なリーダーシップが説明されており，これは属人的な要因であると考えられる。このことは構造的な要因のみで「大統領制化」を説明するのが困難であることを示唆しているともいえるだろう。この点を鑑みて，本章でも構造的要因と属人的要因の両方を考慮することにしたい。ただ，本章の主眼はあくまで執政府，政党，選挙におけるリーダーの役割を分析することにあり，「大統領制化」と呼ばれる現象そのものに接近することであるから，要因分析は二次的な課題として位置づけられている。

　それでは，三つの立法期（2005〜2009年，2009〜2013年，2013〜2017年）を通じて，メルケル政権下のドイツ政治がどのように変化したのかについて検討していきたい。この研究の先駆者であるポグントケの論考に倣って（Poguntke 2007＝2014参照），執政府，政党，選挙の順に分析していく。

　なお，メルケル政権期の連立の組み合わせであるが，第一次政権はキリスト教民主同盟・キリスト教社会同盟（CDU/CSU）と社会民主党（SPD）の大連立，第二次政権はCDU/CSUと自由民主党（FDP）の連立，第三次政権は再び CDU/CSU と SPD の大連立という構成である。

2　執政府

　ポグントケとウェブは，「大統領制化」を論じるにあたって，執政府内でのリーダーシップに注目すべきだとした。メルケル政権期に，執政府内でのリーダーの権力資源の増大や自律性の拡大は観察されるだろうか。以下では政策ごとに分解して見ていきたい。脱原発政策，外交政策，家族政策，移民・難民政策，福祉政策についての執政府におけるリーダーシップのあり方を検討する。

（1）脱原発政策

　まず，比較的強いリーダーシップが観察された脱原発政策から見ていこう。2011年の脱原発への転換においてはメルケルが主導権を発揮した。福島の原発事故が起こった後，世論は脱原発へと急速に傾いていき，社会運動も拡大していた。CDU の牙城・バーデン＝ヴュルテンベルク州議会選挙で緑の党が大勝し[1]，初めて州首相を輩出するという事態があり，選挙戦略上の計算があったことは間違いない。CDU/CSU は原発の活用を掲げてきた政党であったが，メルケルが素早く原発の段階的廃止への転換を打ち出して，福島原発事故から3か月後には脱原発方針を閣議決定した。そして，その1か月後の7月には原子力改正法案が連邦議会と連邦参議院で可決された。これと同時に，再生可能エネルギー法の改正も行われた。2022年までの段階的に廃炉を進め，同時に，風力，太陽光，バイオマス，地熱などの自然エネルギーを活用することや送電網を整備することが決まった（西田 2014）。ここまで大きな政策転換を迅速に進めたのはメルケルの手腕によるところが大きい。ただ，世論が脱原発へと大きく傾いていたこと，当時の連立パートナーである FDP を含むほとんどすべての政党が脱原発に賛成していたこと，シュレーダー政権がすでに脱原発の計画を策定しており，メルケルはこれに回帰したに過ぎなかったことも忘れてはならない。電力会社からの非難をはねのけたのはメルケルの功績といえるが，やはり特殊な事情の下で発揮されたリーダーシップといえよう。

（2）外 交 政 策

　外交政策でもメルケルのリーダーシップは際立っていた。シュレーダー政権で冷え切っていた対米関係の再構築，リスボン条約の批准，ギリシャ支援の推進，2015年「難民危機」への対処など，要所でメルケルは指導力を発揮した。ユーロ危機に際しては消極的な態度が批判されることもあり，「消極的覇権国」とも呼ばれたが（葛谷 2014；板橋 2014），第三次政権からはより強い存在感を示すようになっている。成否はさておき，シリア難民の受け入れはその最たるものだろう。また，大国の首脳，たとえばトランプ（Donald Trump）大統領やプーチン（Vladimir Putin）大統領に対して苦言を呈する場面も見られるようになり，ますますメルケルの影響力は強まっていると評価できる。第一次政権に戻れば，この時期にメルケルが執政府内でリーダーシップを発揮したのは，首相とタンデムを

組むはずの外相が動きづらいという事情を抜きに考えられない。SPD のシュタインマイヤー（Frank-Walter Steinmeier）外相は，クルナツ事件[2]というスキャンダルに巻き込まれていた。彼は，検察からの事情聴取や法廷での証言のためにドイツを離れられないでいた。この機会を利用したメルケルは，外交で党内外の高い評価を得て，その後もリーダーシップをとっていく足掛かりを得た。もちろん批判もあるが，EU とユーロを防衛しようとするメルケルの姿勢は，親ヨーロッパ政党がほとんどを占める連邦議会で総じて好意的に迎えられた。加えて，外交政策ほどに「政治の国際化」の影響を受けた政策分野はないと思われる。リスボン条約を取りまとめるときにはサルコジ（Nicolas Sarkozy），難民への対策については EU 諸国の首脳がメルケルの対話の相手であり，執政府内の人物ではなかった。

（3）移民・難民政策

　移民政策でのメルケルのリーダーシップは限定的であった。これはメルケル政権の目玉政策の一つでもあった。移民の社会統合を進めるための施策を検討するため，メルケルは「統合サミット（Integrationsgipfel）」を開催した。そこには移民団体のメンバーだけではなく，内閣，政党，州政府，教会，労使団体などの代表者が集った[3]。ここでの議論の結果は実際に政策に反映されている（佐藤 2014）。ただ，メルケルがトップダウンで政策内容を決めたわけではなく，彼女が主導権を発揮したのは，望ましい政策について話し合う場を設けるところまでである。なお，この「統合サミット」は，第 1 ～ 3 次政権期に 9 回開催されており，その提言に基づいてドイツ文化・歴史・憲法的価値・語学を教育する「統合コース」への予算が順次増額されている。一方，難民政策ではメルケルがトップダウン型のリーダーシップを発揮したといえよう。2015年 8 月，メルケルはダブリン規約によって足止めされているシリア難民を受け入れると発言したが，これは執政府のトップの数人との会合のみで十分に政権内に説明をしないままに発せられ，ドイツにやってくる難民の流れを作り出した。ここまで大きな流れを作り出すと予想していたとは考えにくいが，しかし，その後，「我々はやり遂げる！（Wir schaffen das!)」というスローガンのもとに難民の受け入れを進めていったのはメルケルであった。難民政策では移民政策以上にメルケルがリーダーシップを発揮したといってよいだろう。

(4) 家族政策

　大きな改革が行われた家族政策はどうだろうか。両親手当にはパパクォータが設けられ，男性の育児参加を促す仕掛けが組み込まれていた[4]。児童助成法は3歳未満児のための育児施設を大幅に増設するものであった。どちらも，男女の役割分業に基づく男性稼ぎ手家族を守ってきたこれまでの CDU/CSU の政策とは異なるものであった。なお，こうした改革の先鞭をつけたのはシュレーダー政権である（白川 2014）。主導権を発揮したのは，フォン・デア・ライエン（Ursula von der Leyen）家族相（CDU）であった。彼女はメルケルの側近中の側近であり，メルケルが開催していた女性会のメンバーでもある。メルケルはフォン・デア・ライエンの方針を支持しており，この政策分野でメルケルの影響力がまったくなかったとはいえないが，しかし，メルケルが明示的にリーダーシップをとったわけではない。第三次政権では，さらに家族の多様化を促す政策が行われた。同性婚である。これは SPD や緑の党が長らく唱えてきた政策であり，メルケルは SPD にこの法案を提出することを認めた。なお，メルケル自身は反対票を投じ，反対の姿勢を示すことを忘れなかった。ここでもメルケルのリーダーシップが見られたとは言い難い。このようないわゆる「脱家族化」を目指す改革のほかに，第二次政権下では，男性稼ぎ手家族の再生産を促すような「再家族化」政策が採用された。これは CSU の要望が聞き入れられた結果である。CDU の K. シュレーダー（Kristina Schröder）家族相と CSU のゼーホーファー（Horst Seehofer）党首の主導権争いが見られたが，メルケルは自党の家族相を十分に支援することができず，姉妹政党の意向を受け入れたのだった（近藤 2014）。

(5) 福祉政策

　福祉政策の決定過程でメルケルが登場することはまれであった。ここでは，メルケルはもともと介入する意思が希薄であったし，時間が経つにつれてますます非介入の態度をとるようになっていった。第一次政権下での年金支給開始年齢の引き上げ，第三次政権での部分的な年金支給開始年齢の引き下げは[5]，ともに主として SPD の労働社会相が策定した。最低賃金も同様であった。ナーレス（Andrea Nahles）労働社会相がイニシアチブを握って，反対する CDU/CSU を押し切って可決に持ち込んだ。医療保険改革では，CDU/CSU は連立パートナーと戦う場面が見られた。第一次政権では SPD の国民保険案を退け，第二次政権

ではFDPの一律保険料制度の全面導入を阻んだ[6]。ここでもメルケルの名前が挙がることはほとんどなかった。主として関係大臣，この分野でいえば，保健相と労働社会相が重要な役割を果たしたといえる。また，医療保険改革ではCSUのゼーホーファーがFDPと激しく対立した。

そのほかにも，メルケル政権には重要な政策がいくつかあった。それは，付加価値税の引き上げであり，連邦制改革であり，徴兵制の停止であった。これらの政策では，メルケルのリーダーシップによって政治過程が進んだとはいえない。付加価値税の引き上げは連立協議会でメルケルがSPD幹部と合意したから実施できたのであり，連邦制改革はミュンテフェリング（Franz Müntefering）とシュトイバー（Edmund Stoiber）の改革委員会に問題が投げられていた。徴兵制の停止はもともとSPDが発案したものであり，メルケルがこれに乗ったというほうが正確である。

（6）小 括

ここで，政策ごとのリーダーシップについてまとめておこう。メルケルが強いリーダーシップを発揮して，トップダウンで政治過程を進めたのは脱原発政策だったといえよう。外交政策はポグントらがいうところの「政治の国際化」が著しいため，ここでもメルケルのリーダーシップが際立っていた。2015年，シリア難民の受け入れの決定も，メルケルのリーダーシップを抜きに理解はできないだろう。しかし，そのほかの領域ではメルケルが主導権を発揮する場面は多くはなかった。家族政策では自党の家族相を側面援護するかたちで政策決定過程にかかわったといえるが，そのプロセスでメルケルの名前を目にすることはまれであった。また，第二次政権からはCSUのゼーホーファーが主導権を握ることもあった。一方，福祉政策では，SPDの労働社会相の活躍が目立った。医療保険改革では第二次政権のジュニアパートナーであるFDPも一定の影響力を及ぼしたといえるだろう。また，これに対抗したのはCSUであった。移民政策では「統合サミット」を設けて，政策決定のために関係者たちが話し合う場を提供するところまではメルケルがリーダーシップを発揮したが，「統合サミット」に政策決定を委託したためにそれ以降は彼女が影響力を及ぼしたとはいえない。そのほかの政策，すなわち，付加価値税引き上げ，連邦制改革，徴兵制停止は原則的にCDU/CSUとSPDとの合意がベースとなって決定に向かっていった。

以上の検討から，メルケルが執政府内で強いリーダーシップを発揮したとは言い難いと結論付けられる。とりわけ，第一次政権と第三次政権はもう一つの国民政党である SPD との大連立だったため，SPD の意向を無視することは困難であった。SPD が福祉政策でイニシアチブを握ったのは先述のとおりである。また，移民政策のようにコーポラティズム的手法が用いられ，主要団体を積極的に政策決定に参加させる手法も見られた。メルケルが所属する CDU の姉妹政党にあたる CSU が強い影響力を発揮する場面もあった。執政府内でリーダーに権力が集中していくような傾向は限定的であり，ポグントケ／ウェブがいうような「大統領制化」が見られたとはいいにくい。

3　政　　　党

ポグントケとウェブは，政党内におけるリーダーの指導力強化も「大統領制化」の一局面であるとした。これはメルケル政権期に観察されるだろうか[7]。

あらかじめごく簡潔に結論を述べるなら，メルケルの党内権力基盤は12年間の間に徐々に強化されていった。これにともなってメルケルのリーダーシップも明らかに強まっていった。しかし，姉妹政党を含めると違う姿が浮かび上がってくる。CDU でメルケルが盤石の体制を築いたのにやや遅れて，CSU でゼーホーファーが権力基盤を確かなものにした。そのため，第三次政権では二頭制ともいえるような状況が立ち現れることになった。その結果，ときとして CDU と CSU は対立するようになり，メルケルのリーダーシップが CSU にまで及んでいたとはいえない。「政党」内でのリーダーシップという場合，どこまでを政党とするかによるが，バイエルン州とそのほかの州で棲み分けし，議会内で共同歩調をとり，一体となって首相候補を選んでいる CDU/CSU という姉妹政党を見渡した場合，メルケルのリーダーシップが強化されたとは言い難いのである。

（1）党内基盤の強化

第一次政権発足時，メルケルの党内基盤は盤石とは言い難かった。彼女は州首相を経験しておらず，党内に州組織からの仲間をほとんどもっていなかった。メクレンブルク＝フォアポンメルン州で州組織の代表を務めた経験を持つが，州首相はおろか州政権にも入閣していなかった。また，この州が経済・財政的に脆弱

であったために連邦レベルではそこでの人脈が役立つことはほとんどなかった。加えて，自身を引き上げてくれた恩師ともいうべきコール（Helmut Kohl）を批判して一躍脚光を浴びたメルケルに不信の目を向ける政治家たちがいた。さらにいえば，彼女はプロテスタントであり，超宗派政党になったとはいえカトリックが優勢な CDU においては難しい立場にあった。プロテスタント系作業部会（EAK）に所属してはいたが，そこで党の重鎮たちと知己になれたわけでもなかった。メルケルにとって仲間と呼べるのは東西ドイツ統一の際に知り合い，州組織で同僚だったデメジエール（Thomas de Maizière）くらいであった。

　それでもメルケルが首相になれたのは，コールの闇献金スキャンダルによって党内の重鎮たちが要職を退いていたからであった。ときの党首ショイブレ（Wolfgang Schäuble）はもちろん，党の将来を担うとみられていたヘッセン州首相コッホ（Roland Koch）もスキャンダルに巻き込まれて評判を著しく落とした。党内には院内総務メルツ（Friedrich Merz）というライバルがいたが，彼はあまりに新自由主義的であり，評判はよくなかった。CSU のシュトイバーは2002年の首相候補になったほどの有力者だったが，保守的な姿勢が敬遠されて選挙で現職のシュレーダーに敗北を喫しており，影響力を落としていた。こうして，メルケル以外にリーダーが務まる人材がいないという状況があった。さらに言えば，CDU は「首相選挙組織」と揶揄されるように，いったん首相を輩出すれば，その人物につき従うのが慣例であった。こうして，メルケルは党内権力基盤を固めていくチャンスに恵まれていた。

　内相のポストを用意して，「コール・システム（Kohl System）」[8]の中心人物であるショイブレと和解したメルケルは，次第に党内での地位を確固たるものにしていく。朝会や女性会といったインフォーマルな会合を開いて，党内基盤を固めようともした。ここにはシャヴァン（Annette Schavan）教育・研究相やフォン・デア・ライエン家族相[9]が参集した。さらに，この時期，メルケルを脅かすような州首相が現れなかったことは彼女にとって幸いだった。ドイツでは，多くの場合，連邦レベルではなく州レベルから次期首相候補が現れる。第一次政権期では，唯一，ニーダーザクセン州首相のヴルフ（Christian Wulff）が対抗馬になりえた。彼は，教育や財政の改革に取り組んで，成果を上げていた。確かに，弁が立ち，知的で，さわやかな風貌であったために，彼に期待する声は小さくはなかったが，押しが弱いために彼の資質を疑問視する声もあった。この意味で，彼もメルケル

第1章 「大統領制化」の停滞

の党内基盤を脅かすような存在ではなかった。

　SPD との大連立を組んでいたこともメルケルに有利に働いた。キージンガー (Kurt Georg Kiesinger) 政権の時期もそうだったが，大連立の場合，連立政党間の協議会が中心的な政策決定の場となり，党内の利害調整は形骸化していく (Bösch 2002)。FDP との連立であれば，「貸し票」の恩を返すよう求めることも可能だろうが，国民政党・SPD が相手であればそうはいかない。こうして党のトップに権力が集中していくことになる。

　メルケルは外交政策でポイントを稼いだ。シュレーダー政権で逸脱した外交方針を再び常道に戻したのである。対米関係の改善，リスボン条約の批准，ロシアと一定の距離をとったことは CDU/CSU のみならず多くの政党から支持された。こうした外交の成果をメルケルは独り占めにすることができた。移民政策や家族政策でも，シュレーダー政権の成果を覆すことなく，さらに政策転換を加速させており，党が刷新されたことを印象付けた。景気も上向きだった。リーマンショックによって2008年には景気が落ち込んだが，速やかな財政出動によって次第に復調していった。政策の評価も上々であり，メルケルの評判は高まっていった。これは，CDU における彼女の権力基盤をいっそう強化する結果になった (近藤 2013)。

　一方，姉妹政党の CSU は困難な時期を迎えていた。2002年連邦議会選挙でシュトイバーが破れ，彼の影響力が落ちる中，シュトイバーおろしが党内で活発化した。2007年，彼は州首相の座を辞し，後任にはベックシュタイン (Günther Beckstein) が選出された。しかし，州レベルでの実績に乏しいベックシュタインを首相候補として戦った2008年バイエルン州議会選挙で CSU は大敗してしまった。前回選挙から17％も得票率を下げて，戦後，一貫して保持してきた単独与党の座を失った。そして，FDP との連立に踏み切ったのである。ベックシュタインの後を継いで州首相になったゼーホーファーは，これからはますます連邦レベルで CSU の存在感を示していかなければならないと主張した。挽回を期す CSU は敗北後すぐに「選挙戦」に入ったのであり (Weigl 2015)，自己主張を強めていく可能性があった。

（2）姉妹政党のリーダーの台頭

　2009年連邦議会選挙では CDU/CSU が勝利し，FDP と連立を組むことになっ

25

た。これは第3節で詳しく述べるが，有権者はますます首相候補を重視して投票するようになっており，メルケルの人気が党の勝利につながったといってよい。このことは，当然ながらメルケルの党内基盤をますます強固にした。連立パートナーの FDP では老獪なヴェスターヴェレ (Guido Westerwelle) が党首として君臨していたために気の抜けない相手ではあったが，あくまでジュニアパートナーであり，当然ながら国民政党・SPD よりはくみしやすかった。また，ヴェスターヴェレの後を継いで党首になったレスラー (Philipp Rösler) は，党内外で人気がなかったために[10]，メルケルのライバルになりえる存在ではなかった。

党内では，メルケルはいわゆる「メルケル会合 (Merkel-Runde)」を開催して，さらに権力基盤を固めていった。ここには CDU 州首相，CSU 党首，CDU と CSU の院内総務が招集され，党の方針を策定していった。事実上，連邦幹部会の上部に位置し，党を運営したのであった (Zolleis and Bartz 2010)。

連邦レベルと州レベルを見渡しても，メルケルのライバルになる人物は育っていなかった。CSU のグッテンベルク国防相は若く，選挙に強かったため，その将来に期待がかけられた人物であった。しかし，博士論文で剽窃が発覚したため，大臣職だけでなく，連邦議員も辞職してしまった[11]。第一次政権で家族相として両親手当や児童助成法を可決に導いたフォン・デア・ライエンは知名度と実力ともに申し分ない政治家ではあった。しかし，彼女は女性会のメンバーでもあり，メルケルの側近に数えられる人物だった。安定感のあるデメジエール内相はメルケルの側近中の側近であった。彼女らはいわゆる「メルケル・システム (System Merkel)」の一部だった。連邦レベルだけでなく，州レベルにもメルケルを脅かす政治家は台頭してこなかった。ドイツ最大のノルトライン＝ヴェストファーレン州で州首相を務めていたリュットガース (Jürgen Rüttgers) は，党内の一大派閥・社会委員会派[12]に近い人物であり，社会政策に精通していたためにメルケルの対抗馬になりえた。しかし，2010年州議会選挙で SPD に敗れてしまったために，首相候補レースから脱落してしまった。ニーダーザクセン州で州首相を担当していたヴルフも有力者であったが，メルケルの依頼を受けて，大統領職を拝命することになった。こうして彼も首相候補からはずれることになった。この時期，CDU 所属の州首相が減っていった時期であり，こうした事情もあって州レベルでもメルケルに対抗できる人物は見当たらなかった。

政策面ではメルケルは一定のリーダーシップを発揮した。第一次政権時に憲法

条約を引き継いだリスボン条約の批准にこぎつけていたが、ギリシャ危機への対応は、CDU/CSU 議員を中心に賞賛の声が上がった。ギリシャに強く緊縮財政を求めた姿勢に SPD や緑の党などから批判が浴びせられたものの、EU とユーロを防衛しようというメルケルの姿勢は広範な有権者の支持を得た[13]。一方、内政では、相変わらず所管の大臣に仕事を委託するスタイルをとった。第二次政権では、新自由主義的改革を目指す FDP と渡り合う必要があった。関係閣僚や CSU 党首・ゼーホーファーが FDP 党首で保健相のレスラーと戦いながら、FDP の目玉政策を次々と棚上げしていった。たとえば、大規模減税や社会保険構造改革がこれに該当しよう（近藤 2014）。メルケルは政治過程に大きな問題が発生したときに介入するだけだった[14]。

　一方、CSU では党内の権力関係が変化していった。メルケル政権が発足してから、2008年州議会選挙での大敗や党の次世代のリーダーと目されていたグッテンベルクが辞職するなど CSU は痛手を被っていた。第二次政権下では、ゼーホーファーへの権力集中が進んでいく。ラムザウアー（Peter Ramsauer）やグロース（Michael Glos）との権力闘争に勝利したゼーホーファーは、CDU におけるメルケルのような強固な党内権力基盤を手に入れることになる。メルケル政権に近すぎる、ミュンヘンよりベルリンでの活動を重んじていると批判されてきたゼーホーファーであったが、彼は、CSU が将来にわたって影響力を保持するためには連邦レベルで存在感を示す必要があるという方針を立て、実際に成果を収めた。たとえば、家族政策において、これまでのように現金給付に力点を置いて、「再家族化」政策を推し進めた。つまり、育児手当や家族介護時間法であるが、この政治過程ではゼーホーファーが活発に活動し、これは成功したといえる（Weigl 2015）。CDU の K. シュレーダー家族相の提案を退け、メルケルの仲介を意に介さず、ゼーホーファーは改革の主導権を奪うことに成功した。医療保険改革では、一律保険料制度の導入に強く反対し、FDP から譲歩を引き出した。これまでの社会保険制度を守ろうとするゼーホーファーの活動は、社会委員会派が弱体化したことで福祉政策において生まれた権力の空白を鋭く突くものだった。CDU でメルケルに反対する人物がいない中、彼女に反旗を翻したゼーホーファーは注目を集めた。そのかいもあって、2013年州議会選挙では得票率を4.3%伸ばして、再び単独政権を獲得したのだった。

（3）二頭制へ

　続いて，第三次政権では政党内のリーダーシップを見ていきたい。2013年の連邦議会選挙の結果，CDU/CSU と SPD が再び連立を組むことになった。ドイツの有権者の投票行動はさらに変わっていった。この選挙で，投票先を決定する要因としてはじめて首相候補が政策を上回ったのである。メルケルの個人の人気がますます CDU/CSU の選挙結果を左右するファクターになっていった。

　この時期も，メルケルの党内基盤を脅かすような有力な人材は連邦レベルでも州レベルでも現れなかった。州レベルではザクセン＝アンハルト州の州首相ハーゼロフ（Reiner Haseloff）が難民の受け入れ数に上限を設けるべきとしてメルケルに抵抗した[15]。だが，彼の求心力は強くはなく，メルケルの後継者になりうるような人物とは見なされていなかった。実際，彼の目論見は成果なく終わった。連邦レベルでは，女性として初めて国防相を担当したフォン・デア・ライエンや，第二次政権から引き続き内相を担当するデメジエールが有力者ではあったが，先に述べたように彼女らはメルケルの側近であり，その地位を脅かすような人物ではなかった。

　「メルケル会合」はすでに解散していたが，それでもメルケルは党を統制することに成功した。このことは，2015年の「難民危機」で明らかになった。2015年，およそ110万人の難民がドイツ国境を越えて流入した。その引き金の一つは，8月のメルケルの発言であり，ダブリン規約によってハンガリーなどに留置されているシリア難民を受け入れることを公にしたのだった。この発言は，十分に党内で議論されたものではなかったし，もちろん党の承諾を得ていたわけでもなかった。その後，次々と問題が起こる。難民受け入れ施設は足りず，支援人員も不足しており，難民申請業務はパンク状態に陥った。それでもメルケルは「我々はやり遂げる」をスローガンに，上限なき難民の受け入れを進めたが，これに不満を抱える政治家が党内にも相当数いた[16]。この時期，メルケルの支持率も急落していった。もともと非常に高い支持率だったので目立つことはなかったが，2015年9～10月には50％程度にまでに落ち込んだ[17]。CDU/CSU の支持率も下がり，SPD を引き離していたものの，同時期に35％近くにまでなることがあった。2016年2月の党首選挙ではメルケルの得票率は89.5％と在任中2番目に低い結果に終わった（河崎 2017）。しかし，党内からの批判は次第に沈静化し，メルケルを引きずり降ろそうとする人物は見受けられなかった。メルケル批判の急先鋒は，

CSU党首ゼーホーファーだった。彼は，多くの難民はまずバイエルン州に到着するのであり，CSUの意見を聞くべきだとしてメルケルに難民政策の転換を迫った。彼が主張したのは難民受け入れの上限数を設けることであった。CDUでは先に述べたようにザクセン＝アンハルト州のハーゼロフ州首相がゼーホーファーと同様の意見を開陳した。

その他の政策，とりわけ，内政で大きな改革がいくつもあったが，これは基本的にSPDが主導したものだった。第三次政権において，メルケルは内政からさらに手を引いていった。最低賃金も年金支給開始年齢の引き下げも大胆な改革だった。これはSPDのナーレス労働社会相が推進したものであり，CDU/CSUには少なからぬ反対があったものの，これを押し切って可決した[18]。同性婚については，メルケルはSPDの要望を聞き入れて，法案の提出を容認したのだった[19]。連立パートナーであるSPDは支持率の低下に苦しんでおり，CDU/CSUが順調に支持を伸ばすことを危険視していた。第一次政権で大連立を組み，その後に野党に転落したため，そうした警戒心があったのもうなずける。失業率は低下し，出生数は増加し，財政収支は改善されたことは，SPDではなくCDU/CSUあるいはメルケルの評価を高めることになったが，これが行き過ぎてSPDの反感を買わないように配慮したといえる。メルケルはSPDという難しい連立パートナーを巧みにコントロールしたといえよう。この点についてはCDU/CSU議員からも評価された。

一方，この時期，CDUとCSUとの対立が目立つようになった。権力闘争を潜り抜けたゼーホーファーが，CSUが強力なリーダーとして君臨するようになっていた。ゼーホーファーは，難民受け入れ数について上限を設けるべきだと繰り返し主張した（平島2017）。姉妹政党間で唯一，メルケルに抵抗していたために，ゼーホーファーはメディアに頻繁に登場したし，CSUが活動するバイエルン州での個人的な人気も高まった。2017年2月のメルケルとの会談ののち，関係は徐々に改善しつつあるといえる。ゼーホーファーは，難民受け入れの上限数を選挙プログラムに盛り込むことについては大幅に譲歩し，これは記載されなかった[20]。

（4）小 括

以上で，CDU/CSUにおけるリーダーへの権力集中の動きを追ってきた。政

党内部では，確かにメルケルへの権力集中が観察された。「コールの娘」と呼ばれ，さほど注目を集めるような政治家でもなく，党内基盤も弱かったメルケルだったが，政権を奪取したのち，次第に党内で揺るぎない地位を築いていった。CDU で盤石の体制を築いたメルケルにやや遅れて，姉妹政党の CSU ではゼーホーファーが強力なリーダーとして君臨することになった。こうして第三次政権では，メルケルとゼーホーファーの二頭制ともいえるような体制が成立した。ただ，これは CDU 優位の不均等な二頭制である。CSU はバイエルン州で強さをほこってはいるが，残りの15州で代表されているのは CDU である。難民の上限をめぐるやり取りでも見られたが，譲歩を迫られるのはメルケルではなくゼーホーファーなのである。ただ，たとえ不均等であっても，第三次政権から二頭制が成立したのであるから，姉妹政党内部でメルケルの指導力が高まったとは言い難い。CDU/CSU の場合，一体となってはじめて全国政党たりえるし，首相を輩出することができる。そのため CDU だけでなく CSU を含めて捉える必要があるのだが，そうした観点から見れば，「大統領制化」の傾向は見出しにくいのである。

4 選　　挙

　ポグントケとウェブによれば，選挙過程でリーダーの資質が重要な役割を果たすこともまた「大統領制化」の一側面を現わしているという。メルケル政権期はどうだったか。

（1）リーダーの資質
　まず述べられなければならないのは，ドイツの連邦議会選挙においてますます首相の資質が投票行動を左右する要因になっているということであろう。これはすでにメルケル政権以前から見られた動向である（Poguntke 2007 = 2014）。
　2005年連邦議会選挙で，政策や実行力を理由に投票した人は全体の58％に達していた。これに対して，首相候補を重視して投票した有権者は全体の18％に過ぎなかった。2013年連邦議会選挙では，政策や実行力を理由に投票した有権者は全体の25％にまで上昇し，一方で政策や実行力を重視した人は52％に低下している。CDU/CSU ではこの傾向が顕著である。2005年連邦議会選挙で同党に投票した

有権者のうち，首相候補が決め手になったと答えた人の割合は16%に過ぎなかったが，2013年連邦議会選挙ではその割合は38%に上昇している。一方で，CDU/CSU の政策や実行力を理由に投票した人の割合は，2005年時点では58%だったが，2013年には36%にまで下がっている（Zolleis and Schmid 2015）。2013年連邦議会選挙の勝利には，メルケルの個人的な人気や政治家としての評価が大きく影響したといえるだろう。

実際のところ，首相候補に関するアンケート調査を見ても，メルケルは SPD 首相候補のシュタインブリュック（Peer Steinbrück）にほとんどの項目で優位に立っていた（Jung et al. 2013）。2013年連邦議会選挙直前に行われた調査では，「どちらに親近感を感じるか」という項目においてメルケルは52%を獲得し，18%のシュタインブリュック・SPD 首相候補を大きく上回った。そのほか，信頼性，実行力，専門知識のすべてでメルケルがシュタインブリュックに差をつけて優位に立っていた。具体的な問題群にメルケルとシュタインブリュックのどちらがより適切に対応できるかについて聞いたアンケート調査でも，ほとんどの点でメルケルが上回った。唯一，シュタインブリュックは社会的公正への配慮の点でメルケルにまさったが，それは SPD の首相候補であれば当然といえる。

（2）マスコミュニケーションの変化

ポグントケは，選挙過程でのリーダーの役割の増大についてマスコミュニケーションの変化を重要なファクターとして挙げている（ポグントケ 2014）。メディアにいかに露出するのかが選挙結果を左右したのは，2005年連邦議会からといえよう。劣勢だった SPD は，SPD と CDU/CSU の首相候補が一対一で討論するテレビ番組でシュレーダー首相がメルケルに圧勝したために息を吹き返した。討論の結果，どちらに軍配があがったかとのアンケートが行われたのだが，どの世論調査を見てもおよそ半数の視聴者が勝者にシュレーダーの名前を挙げた。一方，メルケルの勝利としたのは視聴者の30%程度に過ぎなかった[21]。その後，SPDは支持率を回復させ，CDU/CSU に肉薄した[22]。結局のところ，SPD は敗れたものの，望ましい首相候補という点ではシュレーダーは最後までメルケルを10ポイント程度引き離して有権者の約50%から支持を得ていたのだった。

その後の選挙でもメディアの重要性は高いままである。CDU/CSU と SPD の首相候補による一対一の討論番組の視聴者数は減少しているが，依然としてその

数は無視できないほど多い。2005年には2,098万人，2009年には1,416万人，2013年には1,764万人がこの番組を視聴した。連邦議会選挙の数週間前に行われるテレビ番組では，CDU/CSU と SPD の党首のみが対決の舞台に上がる。首相になる可能性から見れば致し方ない面はあるが，そのほかの政党の首相候補が呼ばれていない時点で，二大政党が圧倒的に有利である。2005年のテレビ討論はシュレーダーの圧勝に終わった。2009年の連邦議会選挙のテレビ討論ではメルケルとシュタインマイヤーが登壇し，議論を戦わせた。ややシュタインマイヤーが優勢だったが，大きな差ではなかった。CDU/CSU 支持の視聴者はメルケルを勝者に，SPD 支持者はシュタインマイヤーを勝者に挙げる傾向が顕著であった。ただ，投票先未定の有権者においてはシュタインマイヤーが優勢であり，これが最終的に数ポイント差で彼が優位に立つ原因となった。しかし，討論の結果を聞いたアンケートで最も多かった回答は40％程度にのぼった「引き分け」であり，前回とは違って両候補の間にほとんど差はつかなかったといってよいだろう[23]。政党支持もほとんど変動することなく，最終的に CDU/CSU が選挙で勝利することになった。2013年はどうだったか。メルケルとシュタインブリュックの対決は，引き分けまたはメルケルが優勢だったという分析が多い。メルケルは視聴者の40％に討論の勝者と見なされ，シュタインブリュックは33％であった。望ましい首相としてもメルケルは57％を得て，39％だったシュタインブリュックを上回った[24]。その後，SPD はやや支持率を落とす格好となり，CDU/CSU が選挙で勝利することになった。

（3）「亀裂の弛緩」

　ポグントケとウェブの著書の中では，「亀裂の弛緩」が「大統領制化」を促す要因として取り上げられている。この「亀裂の弛緩」は選挙におけるリーダーの役割増大に影響を及ぼしていると考えられる。たとえば，CDU/CSU の党員においては「伝統的支持層」と呼ばれる人々は減少傾向にあることがわかっている。党員調査では，国家の経済介入に反対し，市場の活用を是とする人々や，ジェンダー平等を志向する社会文化的リベラルの立場をとる人々が，全体のおよそ半数を占めることがわかっている（Neu 2007）。2013年連邦議会選挙を見れば，労働者の最大の投票先は SPD ではなく CDU/CSU であった。特に労働組合に加入していない労働者からの票が伸びている。また，無宗教の人々はますます

CDU/CSU を選ぶようになっている。SPD はここでも CDU/CSU の後塵を拝するようになっている (Jung et al. 2013)。ドイツの場合，旧西ドイツと旧東ドイツも亀裂の一つと捉えられよう。これは「弛緩」しているとは言い難い面がある。しかし，一部を除けば，全体として亀裂が徐々に緩んでいるのは明白である。2013年連邦議会選挙において，政党との紐帯意識に基づいて投票先を決めた有権者は19％であり，漸減する傾向にある (Zolleis and Schmid 2015)。こうした背景もあって，選挙過程で政党が首相候補を前面に押し出して戦うようになったといえるだろう。

（4）小　括

以上のように，選挙におけるリーダーの役割は次第に大きくなっていった。リーダーの資質はますます投票行動を左右する要因となっており，その背景にはメディアの変化があった。特に，二大政党の首相候補による討論番組の影響は大きかった。加えて，党帰属意識は弱まっており，これがリーダーの役割を増大させていると考えられる。ポグントケとウェブのいう「大統領制化」の傾向が観察されたといえよう。

5　ドイツ政治は「大統領制化」しているか

ポグントケは，1960年代からシュレーダー政権まで長い「大統領制化」のプロセスが見られたと結論付けている。では，メルケル政権でも「大統領制化」は進行したのだろうか。本章では，ポグントケとウェブがいう「大統領制化」を三つの構成要素に分解し，それぞれを検討してきた。すなわち，第一に，執政府におけるリーダーへの権力集中，第二に，政党におけるリーダーの指導力の強化，第三に，選挙におけるリーダーの役割の増大である。

執政府におけるリーダーの指導力は，政策ごとにわけて考察した。その結果，脱原発政策，外交政策，難民政策ではメルケルがトップダウンともいえるリーダーシップを発揮する一方，家族政策，福祉政策，移民政策はそうではなかった。家族政策では所管の大臣と CSU，福祉政策では SPD の大臣の活躍が目立ったほか，CSU や FDP も影響力を及ぼしてきた。移民政策ではコーポラティズム的手法が採用されたために多様な団体が影響力を及ぼすことができた。総じていえ

ば，リーダーの指導力が強化されたと結論付けるのは難しい。

政党におけるリーダーの指導力はどのように変化したのだろうか。党内基盤が弱いままに首相になったメルケルであったが，複合的な要因によってそれは強固なものになっていった。連邦および州レベルでライバルが育たなかったこと，インフォーマルな会合によって党内人脈が拡大したこと，SPD との大連立が党内意見調整を形骸化したこと，外交や脱原発に党派を超えた支持が集まったこと，おおむね一貫して経済が上向きだったことがとりわけ重要だろう。一方，メルケルにやや遅れて CSU ではゼーホーファーがリーダーシップを強めた。その結果，第三次政権下ではメルケルとゼーホーファーの二頭制ともいえる状況が立ち現れた。CDU と CSU という姉妹政党がそろってはじめて全国政党たりえるし，首相を輩出できるため，姉妹政党全体としてみる必要があるのだが，この観点に立てば，CDU/CSU でメルケルの指導力が高まったとはいいにくい。

選挙におけるリーダーの役割についてまとめておきたい。有権者が投票先を決める際に，ますます首相候補を重視するようになっている。一方，政党の実行力や政策，政党との紐帯意識に基づく投票行動は，以前ほどは見られなくなっている。首相候補が討論するテレビ番組は多数の視聴者を得ており，2005年選挙のように選挙に大きな影響を及ぼす場合もある。その背景には「マスコミュニケーションの変化」や「亀裂の衰退」があると考えられるが，ともあれ，選挙プロセスにおけるリーダーの役割は増大する傾向にあるといえよう。

「大統領制化」の議論に引き付けてまとめるなら，メルケル政権の12年間，ポグントケとウェブがいうような「大統領制化」の傾向は限定的だった。ポグントケがいうように，シュレーダー政権まで「大統領制化」が進んだのであれば，その後，「大統領制化」は停滞しているといえよう。

[謝辞] 本章を執筆するにあたって研究助成（基盤研究（C），課題番号：17K03540）を受けた。また，ポグントケ氏（デュッセルドルフ大学教授）との議論を通じて多くの示唆を得た。ここに記して感謝申し上げたい。

注

1) 1953年からバーデン＝ヴュルテンベルク州では CDU が州首相を輩出しており，ほかの連邦州と比べても CDU への支持が高い地域であった。緑の党は前回選挙より12.5％も得票率を上乗せして24.2％に達し，第二党に躍り出て，同党のクレッチュマ

ン（Winfried Kretschmann）が州首相に就任したのだった。
2) クルナツ（Murat Kurnaz）はドイツ生まれのパキスタン人で，ドイツからパキスタンにわたって現地で不当に逮捕され，その後，グアンタナモ収容所に拘束された。クルナツによれば，そこで彼は虐待を受けていた。彼の身柄をドイツに引き渡すというアメリカからの申し出があったが，シュタインマイヤーは事情を知りながらこれを断ったという疑惑をもたれていたのである。
3) たとえば第1回については，総勢86名が招集されたにもかかわらず，「統合サミット」に参加した移民団体代表者は必ずしも多くはなかったことや（6名），必ずしも有力な団体が呼ばれたわけでもなく，移民団体を選別していることについて批判を浴びた。
4) 両親手当の支給は，制度上，初めの12か月と残りの2か月とに分けられている。それぞれを同一の親がとることはできず，異なる親が取得しなければ2か月の延長は認められない。
5) 支給年齢引き下げの対象者を，1952年以前生まれで45年間の社会保険料を支払った者に限定している。
6) SPDはすべての国民をより統一された医療保険に包摂するという「国民保険」を掲げており，一方，FDPはすべての被保険者に，所得に関係なく一律の社会保険料を課すという「一律保険料制度」を導入しようとした。
7) 第一次政権の記述は，近藤（2013）第5章第1節に基づいている。
8) 再統一以後，コールはCDUの内部に人脈の網を張り巡らし，利用できそうな人物を発掘する一方，ライバルになりそうな人物を党中央から排除していった。こうした権威主義的な党の統制は「コール・システム」と呼ばれた。
9) 正式名称は，家族・高齢者・女性・青少年相である。
10) Handelsblatt（オンライン版）2011年5月3日。
11) Süddeutsche Zeitung（オンライン版）2011年2月24日。
12) キリスト教労働者翼とも呼ばれる。キリスト教労働組合のみならずドイツ労働総同盟からも支持を得るCDU/CSUの有力派閥である。CDU/CSU政権で，連邦雇用庁長官や労働社会相を継続的に輩出する一方，社会委員会でも有力ポストを得て，党の社会政策の方針に強い影響力を及ぼしてきた。しかし，1980年代から労働組合員と派閥構成員の減少によって弱体化の一途をたどっている。
13) 2012年7月，ギリシャ危機をめぐる対応が検討されていた最中に，メルケルの支持率は最高値を記録した（Der Spiegel（オンライン版）2012年8月2日）。
14) とりわけ医療保険改革でのCSUとFDPとの対立は激しく，連立解体の恐れがあるほどだったために，メルケルがゼーホーファーとレスラーの仲裁に入った（Süddeutsche Zeitung（オンライン版）2010年6月3日）。

15) Der Spiegel（オンライン版）2015年12月11日。
16) Der Spiegel（オンライン版）2015年11月15日。
17) Frankfurter Allgemeine Zeitung（オンライン版）2015年9月27日。
18) Die Zeit（オンライン版）2014年5月23日。
19) Die Zeit（オンライン版）2017年6月27日。
20) CDU 国際部でのインタビュー（2017年8月19日）。
21) http://www.forschungsgruppe.deumfragen/Archiv_weitere_Umfragen/TV-Duell_2005/（最終閲覧日2017年9月7日）。
22) マイヤーらの研究によれば，この討論テレビ番組は「選挙の個人化」を促す効果はあるものの，それが数週間にわたって影響力を持ち，有権者の投票行動において首相候補が大きな役割を果たすようになるかというと必ずしもそうとはいえない。ただ，政党アイデンティフィケーションは強まる傾向があり，テレビ討論番組の効果はここに表れている，とされている（Maier and Maier 2007）。
23) http://www.forschungsgruppe.deumfragen/Archiv_weitere_Umfragen/TV-Duell_2009/TV-Duell_090913.pdf（最終閲覧2017年9月7日）。
24) http://www.forschungsgruppe.deumfragen/Archiv_weitere_Umfragen/TV-Duell_2013/（最終閲覧2017年9月7日）。

参考文献

Frank Bösch (2002) *Macht und Machtverlust,* DVA.

Matthias Jung, Y. Schroth and A. Wolf (2013) "Angela Merkels Sieg in der Mitte," *APuZ* No. 48-49/2013 : 9-20.

Viola Neu (2007) *Die Mitglieder der CDU,* Konrad-Adenauer-Stiftung.

Jürgen Maier and Michaela Maier (2007) "Das TV-Duell 2005," in F. Brettschneider, O. Niedermayer and B. Weßels ed., *Die Bundestagswahl 2005,* VS Verlag, 219-232.

Michael Weigl (2015) "Etappensieg, nicht Zielenlauf. Die CSU auf halbem Weg zur Erneuerung," in O. Niedemayer (ed.), *Die Parteien nach der Bundestagswahl 2013,* Springer VS, 71-102.

Poguntke, Thomas (2007) "A Presidentializing Party State？: The Federal Republic of Germany," T. Poguntke and P. Webb, eds., *The Presidentialization of Politics : A Comparative Study of Modern Democracies,* Oxford University Press．トーマス・ポグントケ「大統領制化しつつある政党国家？」T・ポグントケ／P・ウェブ編，岩崎正洋監訳（2014）『民主政治はなぜ「大統領制化」するのか――現代民主主義国家の比較研究』ミネルヴァ書房。

Udo Zolleis (2014) "Auf die Kanzlerin kommt es an," in R. Zohlnhöfer and T. Saalfeld eds., *Politik im Schatten der Krise*, Springer VS, 73-92.

――― and J. Bartz (2010) "Die CDU in der Großen Koalition," in C. Egle and R. Zohlnhöfer eds., *Die zweite Große Koalition*, Springer VS, 51-68.

――― and J. Schmid (2015) "Die CDU unter Angela Merkel," in O. Niedermayer ed., *Die Parteien nach der Bundestagswahl 2013*, Springer VS, 25-48.

板橋拓己（2014）「EU とドイツ」西田慎・近藤正基編『現代ドイツ政治』ミネルヴァ書房，174-197。

河崎健（2017）「統一ドイツ下のキリスト教民主同盟の発展と近年の動向」『上智大学外国語学部紀要』，57-76。

葛谷彩（2014）「外交政策」西田慎・近藤正基編『現代ドイツ政治』ミネルヴァ書房，200-224。

近藤正基（2013）『ドイツ・キリスト教民主同盟の軌跡』ミネルヴァ書房。

―――（2014）「メルケル政権の福祉政治」『海外社会保障研究』186号：4-15。

佐藤成基（2014）「移民政策」西田慎・近藤正基編『現代ドイツ政治』ミネルヴァ書房，293-320。

白川耕一（2014）「家族政策」西田慎・近藤正基編『現代ドイツ政治』ミネルヴァ書房，248-268。

西田慎（2014）「脱原子力政策」西田慎・近藤正基編『現代ドイツ政治』ミネルヴァ書房，269-292。

平島健司（2017）『ドイツの政治』東京大学出版会。

待鳥聡史（2016）『アメリカ大統領制の現在』NHK出版。

第2章
ブレア後のイギリス──大統領制化は続いているのか？

三澤真明

1 大統領制化の典型例としてのイギリス

　イギリスにおける大統領制化の典型的な事例として，サッチャー（Margaret Thatcher）やブレア（Tony Blair）の名が挙げられてきた（Poguntke and Webb 2015；阪野 2008）。サッチャーやブレアの個人的能力とともに，長い年月をかけて積み重ねられてきた構造的な変化が首相の権力を増大させた。党首の持つ伝統的な党内権力がさらに強まり，選挙過程が人格化したことにより，首相の権力は拡大する方向に向かった（Heffernan and Webb 2005）。大統領制化は，決して首相の個人的な資質（偶発的要因）のみによるものではなく，イギリスにおける政治制度の変化（構造的要因）にも影響を受けている。

　ポグントケ（Thomas Poguntke）とウェブ（Paul Webb）は，イギリスにおける首相の権力の源泉が制度的に規定されていることを指摘している（Poguntke and Webb 2015：259-260）。首相は国王の助言者としての地位を占めており，大臣の任免を通じて政府の活動を監督することが可能である。さらに，ブレアは政府内での決定作成にあたって，頻繁に首相補佐官の意見を取り入れてきた。補佐官重視というブレアの方針は，制度的資源に支えられたものであった。首相官邸（Prime Minister's Office）のスタッフは，それまでよりも30％（150人）増加され，特別補佐官もメージャー（John Major）政権の8人から25人へと大幅に増員された（Poguntke and Webb 2015：260）。首相は，閣僚，閣外大臣，政務次官，議会関係業務について大臣を補佐する議会担当秘書官（Parliamentary Private Secretary）なども含めると，数多くの官職の任免権を持っている。加えて，首相は，既存の官職や省庁を改廃する権限を有している（阪野 2008）。

　ブレアは，執政府内部では，慣例に支えられた制度的権力資源を有していたし，政党内部でも，権力資源を拡大していった。かつての労働党は，党組織構造上，

労働組合が強い影響力を行使できる政党であったが，1990年代以降の党内改革によって，党大会における労働組合の議決権が大幅に制限されるようになった。

また，大統領制化のもう一つの側面が選挙過程の個人化である。ポグントケとウェブは，選挙過程が個人化するメカニズムとして，三つの変化を挙げている(Poguntke and Webb 2007)。第一に，選挙キャンペーンにおいて，首相のリーダーシップが強調されるようになってきたことである。議院内閣制の国々では，国民が直接的に執政長官を選出するわけではないが，大統領制における選挙キャンペーンのような選挙戦が展開されている。第二に，大統領選挙のようなキャンペーンはメディアに影響を及ぼし，メディアはリーダーに焦点をあてた政治報道を行うようになっている。第三に，メディアの政治報道は，有権者の間にも反響を呼んでいる (Poguntke and Webb 2005：10)。

このような傾向は，労働党党首のキノック (Neil Kinnock) 党首が進めていった選挙キャンペーンの改革から始まった。キノック後の労働党では，党首に重点を置いた選挙キャンペーンが展開された。選挙キャンペーンを始めとして，効果的にメディア戦略を展開したのがブレアであった。彼は，メディア戦略を担当する首席報道官としてキャンベル (Alastair Campbell) を任用することで，自身のイメージ戦略を強化した。ブレアは，大統領制が作動する際の固有の論理である三つの側面に適合していたという点で，まさに大統領制化の典型例であった。

大統領制化の議論で俎上に載ることの多いブレアであるが，果たしてその後の首相も大統領制化し続けていたのか。本章では，ブレア後の首相の大統領制化を検討するにあたって，大統領制化の三つの側面について検討を試みる。すなわち，① 執政府におけるリーダーシップ資源が拡大しているのか，もしくは立法府・政党からの自律性が増しているのか，② 政党におけるリーダーシップ資源が拡大しているのか，党首はバックベンチャーから自律性が増しているのか，③ 選挙過程において，党首に注目した選挙戦が展開されているのか，選挙過程の変容によって，立法府からの自律性を高めているのかという3点を検討していく。

2　首相権力の変容

（1）首相付きスタッフの拡大

首相官邸や内閣府のスタッフ増員は，首相の権力を支える基盤であった。ブレ

アの手法は,官邸主導の政治であり,イラク戦争へと進んだ過程が検証される中で,批判の対象となっていた。後任の首相となったブラウン (Gordon Brown) は,ブレアの政治手法を批判し,官邸スタッフの人員を削減した上,彼らの権限の一部を剥奪した。官邸の特別補佐官が有していた官僚への指揮権が剥奪され,首相の決定権限の一部を議会に委ねることで,官邸を中心とした首相の統治手法の転換が志向された。ブレア時代には,首相に権力資源を集中させることで,立法府に対する執政府の優越的な地位がさらに強化された。しかし,ブラウンは,執政府から立法府への権限移譲によって大統領制化からの脱却を図った。

　ブラウンは,首相就任直後こそ大統領制化したブレアの統治に対する拒絶を明確にすることで,労働党の支持率を回復させていたが,議会解散への対応をめぐって優柔不断さを露呈させた。ブラウンの不人気から労働党の支持が低下している中,保守党では,若き党首であるキャメロン (David Cameron) が人気を高めていた。キャメロンは,自身をブレアの後継者であると自認しており,さまざまな点でブレアと類似していた。

　大統領制化という点からすれば,最も重要なのが官邸中心の統治手法であった。彼は,ブラウンと同様に特別補佐官の業務権限の削減を主張していたものの,実際には,2014年までに首相官邸で46人のスタッフが登用された。キャメロンによる補佐官重視の政治手法は,ブレアが志向した統治手法そのものであった。彼の首相在任期間中には,中央政府に存在する特別補佐官の45％が首相付であったという数字が官邸中心の統治を裏付けている (Poguntke and Webb 2015：260)。1970年代以降,首相官邸と内閣府が密接な関係を築き上げた結果,キャメロン政権期には,両機関が「重要政策ネットワークにおける中心地として機能する」ことになっていった (Burch and Holliday 1999：43)。

（2）連立政権の樹立

　2010年総選挙を経て誕生したキャメロン政権は戦後初の連立政権となった。レイプハルト (Arend Lijphart) の指摘するところでは,単独政権は集権的となり,連立政権では執政権が共有されるといわれている (Lijphart 2012)。したがって,連立を形成したキャメロンにとって,首相の権力は,弱まってしまうことになる。彼は,連立パートナーである自民党のクレッグ (Nick Clegg) との関係を所与のものとして権力行使をしなければならなかった。政策面を見ると,保守党と自民

党の間には，大きな相違点が存在していたが，閣内での決定作成過程では協力関係を構築していた。人事面においても，自民党の閣僚ポストは三つにとどまったが，副大臣ポストの配分で優遇されることになった（Butler and Butler 2011：56-57）。

　自民党と連立を組んだキャメロンは，閣議を決定作成の場として重視しなかった。彼が用いたのは，特定の大臣との2者間協議と「4人組（the Quad）」といわれたインナーサークルであった（Poguntke and Webb 2015）。「4人組」とはキャメロン，大蔵大臣のオズボーン（George Osborne），クレッグ，大蔵副大臣のアレクサンダー（Danny Alexsander）である。前者2名が保守党所属であり，後者2名が自民党所属であることから明らかなように，キャメロンの執政権は自民党との共有によって成り立っていた（Bennister and Heffernan 2014）。「4人組」内部では，平等の発言権と投票権が与えられていたこともあり，キャメロンは保守党内外から批判にさらされていた。

　議会勢力の分布を超えて，自民党の閣僚がキャメロン政権で大きな影響力を有することは，両党が互いに拒否権プレイヤーとして機能することを意味していた（Bennister and Heffernan 2014）。連立政権下では，「4人組」という非公式の制度が活用され，イギリスの首相が有していた権力行使のパターンを変化させた。すなわち，首相が有する執政府内の監督権限を共有するようになったことを意味していた。執政府内における首相の自律性という点からすれば，連立政権は大統領制化に逆行する条件として作用していた。

　ただし，連立政権は執政府内における首相の権力に影響を及ぼしただけでなく，首相と政党との関係にも影響を及ぼした。2010年総選挙において，保守党は650議席中307議席を獲得するにとどまった。政権交代を実現したとはいえ，保守党内でのキャメロンの求心力は盤石なものとはいい難かった。キャメロン以前の保守党党首は，サッチャーにさかのぼるまで，EUとの関係性をめぐる党内対立にさらされてきた。キャメロンも党首選挙にあたっては，党内のヨーロッパ懐疑論者[1]からの支持獲得を狙った選挙戦を展開していた。

　キャメロンの政治信条の不明瞭さも党内からの支持を調達する上で，批判の対象となっていた。彼は，「大きな社会」を標榜することで，「（個人と家族以外に）社会などというものは存在しない」と発言していたサッチャーとの差別化を図っていた。キャメロンは，経済運営に関して，労働党の路線を継承するとしたが，

経済危機が勃発すると，財政支出の急激な削減へと舵を切り，「サッチャーの息子」と評されるようになっていた（池本 2016）。

キャメロンは，党内で脆弱な支持基盤しかもっておらず，連立を安定させるために，「4人組」の活用が必要であった。党内との関係でいえば，彼はオズボーンを重用したことに加えて，メイ（Theresa May），ゴーブ（Michael Gove），ダンカンスミス（Ian Duncan-Smith），ヘイグ（William Hague）を5年間にわたって重要ポストにつけたまま閣内にとどめた。過去のイギリス政治を振り返ると，これだけ多くの閣僚を長期間にわたって留任させておくことは前例のないことであった（Bennister and Heffernan 2014：32）。

フロントベンチャーとの関係は安定したものの，バックベンチャーとの関係は，必ずしも安定したものではなかった。閣僚ポストが安定するということは，政党規律を高める効果が期待できる人事権の行使が困難になることを意味している。加えて，連立を形成していたこともあり，単独政権に比して，配分できるポストの数も制限されていた。そのため，保守党のバックベンチャーの間には不満が高まっていた。ポストが期待できないために政党指導部のコントロールに服さない議員がいるという指摘が見られるが（Kam 2009），自民党との連立協定への不満も渦巻いていた。

バックベンチャーの不満は，しばしば造反投票というかたちでキャメロンを苦しめた。例えば，ヨーロッパ問題や貴族院改革，シリアへの軍事介入をめぐる下院採決での造反がそうであり，特にヨーロッパと移民問題では，大規模な造反が見られた（Cowley and Stuart 2013）。ヨーロッパ統合をめぐって，自民党はユーロへの参加を訴えるほどの積極的な姿勢を見せていた。連立協定では，政府は，国民投票なしで EU への主権移譲を行わないと明記されていたが，同時にイギリスが積極的に EU へ参加していくと主張されていた（HM Government 2010）。キャメロンは，党内の急進的なヨーロッパ懐疑論者に妥協して，安易な反 EU 姿勢を示すことで自民党からの反発を恐れたし，親 EU 姿勢を示せば，党内の不満が高まるという状況に置かれていた。連立を形成しているために，キャメロンがとり得る政策的な自律性は制限されることとなっていた。

結果的に，キャメロンがとった選択肢は，2015年総選挙で保守党が勝利したら，イギリスが EU から脱退すべきか否かを問う国民投票を実施するというものであった。彼は EU との交渉によってイギリスに有利な加盟条件を引き出し，そ

れにより国民投票での残留支持を獲得しようとしていた。キャメロンは，民主的正統性のある手続を踏むことで，党内の権力基盤を強化しようと目論んでいた。しかし，その目論みは国民投票での敗北によって打ち砕かれた。権力基盤を強化するために試みた国民投票が，むしろ彼の政治生命を絶つことになった。連立政権という与件がキャメロンの政策的自律性を制限することになり，国民投票という危険な賭けへと向かわせることとなったのである。

（3）固定任期議会法の成立

執政府内における権力に作用するもう一つの問題が固定任期議会法である。2011年9月に固定任期議会法（Fixed Term Parliaments Act）が成立したことを受け，首相の議会解散権は事実上の剥奪となった。1970年代以降，首相の恣意的な解散権行使に批判がなされるようになると，自由党が固定任期議会を求めるようになった。労働党も1990年代に入ると，相次いで固定任期議会を求める動きを見せた。しかしながら，1997年総選挙において，労働党は固定任期議会をマニフェストに盛り込むことを避けた（小堀 2012）。

議会任期の改革を求める声は，1970年代から存在したものの，その実現は2010年の連立政権成立を待たねばならなかった。自民党は，同年の総選挙マニフェストで議会任期の固定を求めていた。保守党は議会任期の固定を掲げていなかったため，自民党の要求は連立政権交渉に委ねられた。保守党と自民党の連立合意書である「連立――われわれの政権綱領（The Coalition: Our programme for government)」では，5年任期で固定された議会の創設が掲げられていた（HM Government 2010）。単独過半数の獲得に失敗した保守党にとって，自民党を連立パートナーとするためには信頼関係構築のメカニズムが必要であった。すなわち，首相が自民党に相談なく議会の解散を行わないということである。保守党と自民党の政策的な選好は，必ずしも一致したものではなかった。特に，貴族院改革や選挙制度改革では，両党の意見が正反対であったし，財政支出の削減についても相違があった。

政策的な隔たりがある中で，自民党側からすれば，首相解散権を残しておいては，保守党の支持率が上昇して単独過半数の可能性が出てきた場合に，保守党が連立を解消して解散総選挙に打って出る可能性が残るため，固定任期議会は不可欠であった（小堀 2012）。両党の連立という条件の下で，固定任期議会が実現の

道へと進んでいった。

　法案審議過程では，固定任期の年数をめぐる意見対立が見られたものの，最終的には次の条件のいずれかが満たされない場合は首相の解散権が制限されることとなった（Schleiter 2016：1）。すなわち，① 政府は不信任投票で敗れ，議会が2週間以内に新たな政府に対する信任を示さない場合，② 庶民院の3分の2以上の同意が得られた場合に議会の解散が可能となる制度であった。

　実際に，メイが2017年に総選挙を実施した際は，②の手続によって議会の解散が行われた。同議会法は，2020年に見直しが予定されているものの，主要三党は引き続き首相の解散権を制限することに賛成の立場を示している。したがって，この状況が変化しない限り，首相の解散権は今後とも制限されたままということが予測される。2017年総選挙のように，野党が賛成したことで議会の解散は実現したが，戦後の議会勢力分布を振り返ると，単独で3分の2を獲得した政党は見られない。このことから②の手続による解散は，野党の同意が必要という点で，首相の恣意的な解散権を制限しているといえる。

　首相の議会解散権が制限されたということは，アメリカ大統領制の文脈における三権分立に近づいたと指摘することも可能であるが，大統領制化の文脈で検討するならば，むしろ議会に対して行使する権力資源が低下したと位置付けることが適切である。

　執政府内における首相権力を検討してみると，キャメロン政権下では首相官邸や内閣府を積極的に活用するという点において，ブレア政権から続く大統領制化現象の特徴が引き続き見られたことがわかる。しかし，連立政権と固定任期議会法の成立は，首相の権限を制限する方向に作用したということができる。少なくともブレア後において，構造的な要因によって，首相の権力が増大していくという意味での大統領制化は，一定の歯止めがかかってきたといえる。

3　議員の党首から党員の党首へ

（1）労働党党首の権力基盤

　労働党という政党のもつ特殊性の一つは，党の起源が議会外活動にあったことに求められる。労働党は，保守党と比して，院外組織のもつ影響力が非常に大きかった。保守党がトップダウン型組織であるのに対して，労働党はボトムアップ

型組織として議会外組織を反映させた構造となっていた（Cole and Deighan 2012）。

結党以来，労働党党首の権力は相対的に弱体であった。それに対して，大きな影響力を有していたのが労働組合である。党首の権力強化もしくは自律性の拡大を目指すためには，労働組合の力を抑えることが求められていた。党の執行権を司る全国執行委員会（National Executive Committe）や最高意思決定機関である党大会は，労働組合の影響を強く受けてきた。1980年代以降，党内民主化の観点から議会立候補者選出手続や党大会の議決方式の変更が追求されていった。前者の改革は，1992年に1党員1票化が決定されたことによって結実した。後者の改革は，個人党員の拡大を通して，労働組合の持ち分票数を50％に削減しようとするものであった。二つの改革は，党首が労働組合の支持に頼らずとも，党員と直接結びつくことで，自身の権力基盤を維持することが可能になることを意味していた。労働組合の影響力を低下させ，個人党員の重要性を高めたことで，相対的ながらも党首の自律性が強化されることになった（近藤2016）。党組織における党首の権力基盤が強化されてきた中で，首相となったのがブレアであった。

労働党内における党首の自律性を強化する動きは，党首選出方法を改革する動きとしても現れていった。ブレアが1994年に党首に選出されて以来となる党首選挙が行われたのが2010年であった。2010年党首選挙は，弟エド・ミリバンド（Ed Miliband）と兄デヴィッド（David Miliband）による兄弟対決が耳目を集めた。

当時の党首選挙は選挙人団方式が採用されていた。選挙人団方式では，有権者が三つの選挙人団に分けられた。1つ目が庶民院議員とヨーロッパ議会議員，2つ目が一般党員，3つ目が労働組合等の団体である。それぞれの選挙人団には，3分の1ずつの票が割り当てられており，各ブロックでの得票率を合計した数値で競われた。投票に際しては，過半数を獲得する候補者が出るまで，最下位の候補者が除外され続けた。2010年党首選挙では，最終的に兄弟による一騎打ちになるまで，過半数を獲得する候補者が現れなかった。

エドとデヴィッドによる兄弟対決は，議員票と個人党員票の多数がデヴィッドに，組合票の多数がエドに流れる結果となった。三つのブロックの得票率を合計した際に，過半数を獲得したのはエドであった。議員票と個人党員票では多数を獲得していたデヴィッドではあったが，それぞれのブロックで，エドを大きく引き離すことができなった。一方のエドは，組合票でデヴィッドに大きな差をつけたことで，合計得票率を上回ることができた。

表2-1 2010年労働党党首選挙結果

	議会労働党 ヨーロッパ議会議員		個人党員		労働組合		合　計
	得票数	得票率	得票数	得票率	得票数	得票率	%
デヴィッド	140	53.4	66,814	54.4	80,266	40.2	49.3
エド	122	46.6	55,992	45.6	119,405	59.8	50.7
合　計	262	100	122,806	100	199,671	100	100
エドのリード	−18	−6.9	−10,822	−8.8	39,139	19.6	1.3

出典：Quin 'Party Leadership Election Results in the UK' 〈http://privatewww.essex.ac.uk/~tquinn/labour_party.htm〉によるデータを参考に筆者作成。

　エドは，労働組合からの支持が決め手となって党首選挙に勝利したが，必ずしも強力な党首とはいえなかった。労働党では，シャドーキャビネットの選任は議会労働党の役割であった。議会労働党の多数から支持を獲得したわけではなかったエドは，人事面で指導力を発揮できない事態に直面した。彼は，シャドーキャビネットの形成にあたっては，党首がフリーハンドをもつべきであると考えており，ルールの変更を求めていた（Bale 2015）。エドの提案は，即座に全国執行委員会で承認され，2011年以降，党首がシャドーキャビネットを形成するようになった。イギリスにおいては，シャドーキャビネットもまた公職として位置付けられており，国庫から援助を受ける組織である。

　党首がシャドーキャビネットのメンバーを指名できるということは，政党規律を強化する上で，大きな権力資源となる。シャドーキャビネットの形成にあたって，制度的な担保がなされたことにより，党首の自律性は拡大した。エドの党内改革は，党首選挙にも及んだ。彼は，スコットランド選挙区における立候補者選出をめぐって，労働組合の影響力と対峙したことに加えて，20年間にわたる大胆な改革の中で，党と組合の関係を見直す好機であると判断したことで，党首選挙改革に進んでいったと指摘されている（Poguntke and Webb 2015：267）。党首選挙の改革案は，それまでの選挙人団方式を廃止し，すべての党員が1人1票をもつ（one member, one vote）というものであった。投票資格を有するのは，① 個人党員，② 労働党に党費を支払う選択をした労働組合のメンバー（affiliated member），③ 3ポンドの登録申請費用を払ったサポーター（registered supporter）である。エドの提案は2014年5月に開催された特別党大会で承認され，2015年党首選挙から適用された。

表2-2 2015年労働党党首選挙結果

	個人党員		提携支持者		登録支持者		合 計	
	得票数	得票率	得票数	得票率	得票数	得票率	得票数	得票率
コービン	121,751	49.6	41,217	57.6	88,449	83.8	251,417	59.5
バーナム	55,698	22.7	18,604	26.0	6,160	5.8	80,462	19.0
クーパー	54,470	22.2	9,043	12.6	8,415	8.0	71,928	17.0
ケンダル	13,601	5.5	2,682	3.7	2,574	2.4	18,857	4.5
合 計	245,520	100	71,546	100	105,598	100	422,664	100

出典：Quin 'Party Leadership Election Results in the UK' 〈http://privatewww.essex.ac.uk/~tquinn/labour_party.htm〉によるデータを参考に筆者作成。

　同選挙における，最大のインパクトは，それまで党首選挙の3分の1を占めていた議会労働党およびヨーロッパ議会議員1人1人の票が約42万分の1にすぎなくなってしまったことである。党首の地位を決めるのは，議員ではなく，あくまでも党に関わるすべての関係者であることを明確に示した。このことは，議会労働党に対する党首の自律性を高める方向に作用している。

　コービン（Jeremy Corbyn）は，初回投票で過半数の支持を得る圧勝であったにもかかわらず，2016年には議会労働党から不信任を受けた。当初から議会労働党の不支持が多かったコービンではあったが，229人中172人の議員が不信任に賛成した。しかしながら，コービンは，党首辞任を拒否し，再度となる党首選挙で勝利を収めた。党首の地位が個人党員や支持者と結びついた結果，党首は議会労働党から自律的になった。労働党の党首は，ブレア以後も改革を進めていくことによって，集権化を図っていった。

（2）保守党党首の権力基盤

　保守党党首の権力は，労働党党首に比して，非常に強力であった。例えば，シャドーキャビネットのメンバーを選出するにあたって，保守党党首は自由な裁量を有していた。労働党が院外組織の活動から誕生したのに対して，保守党は議会内勢力の集散によって形成された政党であった。そのために，保守党は伝統的に党首の地位が強力であった。マッケンジー（Robert Mckenzie）は，「保守党組織の最も顕著な特徴」が党首への権力の集中であることを指摘している（Mckenzie 1964＝1965：27）。

　保守党党首は，党の政策やマニフェストの策定についても最終的な責任を有し

ている。党首は党規約には拘束されるが，党大会等の機関が行った決定は，参考として，党首に「伝達される」にすぎない。実際に，これらの決定を黙殺ないし拒絶することは現実的ではないにしろ，党首は，直接拘束されることはない。さらに，保守党キャンペーン本部は，実質的には，党首の個人的影響力の及ぶ機関である。党首は，同組織の主要な役員を任命することによって，党の宣伝，調査，財政等の主要な手段を効果的に管理することができる。

党首の自律性強化を促す動きは，党首選挙改革においても見られる。1998年に，ヘイグは，下院議員のみが党首選挙の有権者であった制度を改めた。ヘイグによる制度改革によって，次の手続を備えた新制度が導入された（Quinn 2005）。まず初めに，① 2名の下院議員の推薦によって党首選挙の立候補が決定され，② 立候補者が2名以上の場合は，候補者が2名になるまで下院議員の投票が実施され，③ 勝ち残った上位2名の候補者が，1党員1票制の下で，党首に選出される。

労働党においても，2011年に「1党員1票制」が導入されたことにより，党首の地位が自律性を持ち，党員からの支持調達が重要になった。保守党では，労働党にさきがけて「1党員1票制」が導入され，党首の自律性が強化された。加えて，ヘイグの改革で重要な点は，党首の不信任投票制度である。従来の規定では，党首の不信任を提出するために，下院議員10％の要求が必要であったのに対し，新規定では15％に引き上げられている。また，新規定では，党首が信任投票を要求することが可能となっている。不信任が否決されるか，信任を得た党首は，その後1年の間，党首選挙を避けることができるため，自身の地位の安定性強化を図ることが可能である。したがって，保守党における党首選挙改革の動きも労働党と同様に党首の自律性を高める方向に作用している。

しかしながら，自律性を強化した党首の地位は，いくつかの改革によって変化がもたらされた。1922年委員会改革は，バックベンチャーとの関係を変化させた。1922年委員会は，党が政権担当時には，政府に入っていない全ての下院議員が所属する委員会であった。同委員会は，野党であれば，党首以外の全ての下院議員が所属することとなっていた。キャメロンは，2010年に自民党との連立政権を形成すると，1922年委員会にフロントベンチャーを送り込もうと試みた。バックベンチャーのみで構成される同委員会は，潜在的に執行部に対して批判的になる。彼は，党内からの批判の芽を摘むため，1922年委員会にフロントベンチャーを送り込むことを目指した。同委員会は，キャメロンの提案を168対118で可決し，フ

ロントベンチャーの出席を認めたが，投票権は付与しなかった[2]。

　キャメロンは，党内におけるバックベンチャーの牙城たる1922年委員会の改革を通して，連立政権の脅威を取り除こうとしたが，ドラスティックな変化をもたらすことができなかった。彼は，自民党の政策志向に批判的であったバックベンチャーが中心となって，連立に反対することを恐れた。そのためにフロントベンチャーを送り込んで，反対派を希釈しようとしたが，キャメロンの試みは成功しなかった。ただし，1922年委員会は，党首の行動を制限するような権限を与えられていないことから，公式的に党首の権限を制約するものではないことに留意する必要がある。

　固定任期議会法は，党首と下院議員との関係をも変える制度である。バックベンチャーにとって，同法が成立したことにより，議会解散の恐怖から逃れることが可能となった。政府提案の法案に造反投票をしたとしても，首相は議会の解散を選択できないため，党内の資源を利用するしか対抗手段がなくなってしまう。保守党党首の権限は確かに強力ではあるが，バックベンチャーを意のままにすることは困難が伴う。例えば，選挙における公認権は党首に与えられていない。選挙の候補者選出に大きな影響力を行使しているのは選挙区協会である。選挙区協会は独自予算によって，党本部から自律的に活動できるため，党首がそこに介入できなかった。党所属の下院議員が造反投票を行った場合の処分は，選挙区協会が独自に決定するため，同組織が当該下院議員を支持した場合，党首にできることはなかった。

　それでも解散権は，造反の棄権性がある議員に対する「大権」として首相に備わっていたが，固定任期議会法の成立は，首相の資源を奪い去った。2010年総選挙の結果をベースにして考えると，保守党党首に不信任を突きつけるためには下院議員47人以上の要求が必要であったのに対して，政府提案の法案を否決するには40人の造反で十分であった。このことは，保守党バックベンチャーにとって，党内の公式の制度である党首への不信任提出というかたちをとらなくとも，議会の採決で造反することにより，首相の権威を低下させることが可能であることを意味していた。権威が低下した首相がとり得る選択は，究極的には自らの辞任しかなくなるため，バックベンチャーのリスクは，従来に比べて低下する。実際にキャメロン政権下である2010年から2014年のデータでは，およそ35％以上の政府提出法案で造反投票がなされている（Cowley and Stuart 2014）。例えば，シリア

派兵問題をめぐっては，保守党政権の提案が覆される結果となった。また，ヨーロッパ統合に関しては，国民投票を求める動議に対して，党議拘束を無視した造反投票が見られた。

　キャメロンの事例に即して考えるならば，連立政権という条件の下で，脆弱な党内基盤であったがためにEU離脱を問う国民投票が選択された。1990年代以降，党内では EU 反対派であるヨーロッパ懐疑論者の存在感が増していた。キャメロンにしてみれば，EU が現状維持で良いとは思っていないが，懐疑論者のようにイギリスの離脱が必要とも思っていなかった。リーマンショック以降，ギリシャをはじめとした南欧諸国で経済危機が勃発したのに伴って，EU 批判が高まっていた。勢いを増す懐疑論者の存在感を前にしたキャメロンは，脆弱な党内基盤の下で，懐疑論者に対抗するのは困難であった。国民投票の実施によって，国民から直接支持を調達することで，党内基盤を強化しようとする誘因がキャメロンに働いた。彼は，国民投票という手段で正統性を担保することによって，党内の懐疑論者を抑え込もうとしたが，結果はキャメロンの意図に反して，EU 離脱派の勝利であった[3]。

　国民投票での勝利が正統性の確保であるならば，国民投票での敗北は正統性の確保に失敗したことになる。したがって，キャメロンは国民投票の敗北の責任をとって，首相を辞任した。キャメロン辞任の直接的原因が固定任期議会法の成立ではないものの，首相の解散権喪失は，下院議員への権力行使の手段が減ったことを意味している。

　大統領制化現象を政党次元で検討してみると，労働党と保守党ともに，党首選挙に「1党員1票制」を導入したことで，下院議員の影響力を相対的に弱めることに成功している。従来の党首選挙制度の下では，「議員の」党首であった。「議員の」党首である以上，議員に対するアカウンタビリティが求められる。

　両党とも，党首選挙改革を行った結果，一般党員からの支持をいかに調達するかが党首選挙での重要事になった。選挙制度改革によって，「議員の」党首は，広い意味での「政党の」党首となった。「政党の」党首となったことで，党首は，個人党員に対して責任を負うことになる。議員によって，党首の地位が脅かされたコービンが，再選挙で個人党員の支持を集めて当選したことは，党首のあり方が変化した典型例であった。議員の側からすれば，一般党員の多数から支持を集めている党首に挑戦し続けることは，自身の選挙での公認問題にまで発展しかね

ない。
　党首選挙が民主化し，党首の地位の正統性が強化されたことで，議員に対する権威が増したといえる。党首選挙改革によって，自律性を増したという点を捉えてみても，一般党員に支持を求める傾向が強まることから大統領制化の傾向が見られるといえる。両党とも，党内で党首の権限や自律性を低下させる公式の制度が設けられていないことを考えると，制度面での大統領制化は進展しているといえるだろう。

4　リーダーシップ様式の変容

（1）党首中心選挙への転換
　ブレア時代における大統領制化の主たる特徴として，スピンドクターを利用した巧みなメディア戦術が挙げられる。ブレアの登場以降，政党の党首には，卓越したコミュニケーション技術とともにメディア戦略が必要とされるようになった。ブレア以降のメディア戦術によって，党首のパーソナリティへの注目が増したことに対応して，総選挙のあり方にも変化が見られるようになった。アメリカ大統領選挙ではお馴染みともいえる大統領候補者討論会のような党首討論会がイギリスでも導入された。
　イギリス初の党首討論会は2010年総選挙時に実施された。同年の総選挙における党首討論は，主要3党（保守党，労働党，自民党）のみの参加であった。3度にわたる討論会の模様は，多くのマスメディアが取り上げた。4月14日にITVで放送された第1回のテレビ討論のテーマは内政問題で，歳出削減，税，教育，移民問題，政治改革などが取り上げられた。テレビ討論での各党首の扱いは平等で，ブラウン，キャメロン，クレッグ（Nick Clegg）の3人が並んで立つかたちで討論は進められた。初めてのテレビ討論に対する国民の関心は高く，瞬間最高では990万人が番組を視聴したとされる。さらに，インターネット上で各党首の発言への好感度が公開されたり，ツイッター上でも活発なやりとりがなされるなど，予想を越える盛り上がりを見せた。第1回のテレビ討論では，表2-3の通り，ほとんどのメディアは，クレッグが勝者であると報じた[4]。
　同月22日に，British Sky が第2回討論会を主催した。同討論会では，主に外交問題が議論の中心を占めた。第1回討論会の反省から，キャメロンとブラウン

表2-3 2010年総選挙 TV 討論会（第1回から3回まで）の結果

	キャメロン			ブラウン			クレッグ		
	第1回	第2回	第3回	第1回	第2回	第3回	第1回	第2回	第3回
ITV News/ComRes	26	30	35	20	30	26	43	33	33
Sky News/Fizzback	31			32			37		
Times/Populus	22	37	38	17	23	25	61	36	38
Sun/YouGov	29	36	41	19	29	25	51	32	32
Angus Reid Public Opinion	20	32	37	18	23	23	49	33	29
The Guardian/ICM		29	35		29	29		33	27

出典：各社の調査を基に筆者作成。

が盛り返した。彼らは，クレッグの語る安全保障政策の不備を突くかたちで，クレッグと互角の論争を繰り広げた。特にブラウンは，自身が平時より首相として困難な決断を下している経験から，クレッグの政権担当能力を厳しく批判するように，「ニック，現実を見ろ，現実を見ろ（Nick, get real, get real）」と責め立てていた（BBC News 2010：8）。第2回の党首討論会では，第1回討論会と打って変わって，3党の党首がそれぞれライバルとして議論を戦わせることになった。その結果，クレッグ・バブルは一旦のところ収束し，キャメロンやブラウンが支持を回復させることに成功している。

第3回討論会は，経済問題をテーマとして BBC が主催して開催された。経済問題は，長らく大蔵大臣を務めたブラウンの得意分野であったが，彼は，討論会が始まる前から劣勢に立たされていた。討論会前日の4月28日に，有権者の女性と対談していたブラウンは，帰りの車内でピンマイクを外し忘れたまま，「偏屈な女め（bigoted woman）」と罵っていたことが報道されてしまう[5]。ブラウンは，このスキャンダルの対応に追われることになり，十分準備ができないまま討論会に臨むことになった（Kavanagh and Cowley 2010：182）。実質的に，キャメロンとクレッグの一騎打ちの様相を呈した討論会は，キャメロンの一人勝ちの結果となった。何よりも，3度の討論会を通じていえるのは，当時，極めて不人気であったブラウンが一貫して敗者であったことである。

第3回党首討論の結果，キャメロンが多くの支持を獲得し，クレッグが第3政党の党首ながらも注目を集めた事実は，総選挙の結果にも反映された。最大の敗者であった労働党が過半数を獲得できなかったことは，事前の党首討論の結果か

第 2 章　ブレア後のイギリス

らも当然といえるものであった。保守党は，36.1％の得票率を獲得して，第 1 党となった。第 3 回討論会に際して行われた各社の調査で，キャメロンへの支持の平均が37.2％であったことを考えると，順当な結果であった。自民党は第 3 政党であったにもかかわらず，労働党に肉薄する22.9％の得票率を獲得し，存在感を示したものの，小選挙区制の壁に阻まれて57議席にとどまった。クレッグが党首討論会で存在感を示したように，党首討論会の重要性は，着実に有権者の間にも広がっており（成廣 2014：118-119），政党ラベルと並んで，党首の持つ選挙の顔としての役割が重要であることが印象付けられた選挙であった。

　2015年総選挙においても，党首討論会が実施された。同年の党首討論会の特徴は，主要 3 党のみならず，小政党の党首も参加したことである。4 月 2 日に ITV が開催した討論会では，7 政党の党首が参加している。参加者は，保守党からキャメロン，労働党からブラウン，自民党からクレッグ，イギリス独立党（UKIP）からファラージ（Nigel Farage），スコットランド国民党からスタージョン（Nicola Sturgeon），緑の党からベネット（Natalie Bennett），プライドカムリからウッド（Leanne Wood）の 7 人である。この討論会は約700万人が視聴していたとされるように注目を集めていた[6]。

　同年の討論会は，もう一つの特徴をもっていた。討論会の参加者の門戸を広げると同時に，出席者のバリエーションも多彩であった。例えば，4 月16日にBBC が開催した党首討論会は，野党 5 党によるものであった。キャメロンとクレッグは選挙キャンペーンのために討論会を欠席したが，野党のみで開催された討論会は BBC だけで430万人，トータルでは880万人が視聴したといわれている[7]。また，ウェールズ，北アイルランド，スコットランドの各地でも討論会が開催されたように，選挙戦における人格化の傾向が進んでいた。

　エドは，党首就任以来，支持率の低さに悩まされていたが，討論会を通じて，高いパフォーマンスを示してきた。4 月 2 日の党首討論会後の調査では，ITV，ガーディアン（*The Guardian*），デイリーミラー（*The Dairy Mirror*）の三つで，エドが勝者であるとの結果が示されている（ITV News 2015；Guardian 2015；Daily Mirror 2015）。労働党は，得票率こそ伸ばしたものの，議席は前回を下回る結果となった。キャメロンは，2010年以降，個人的な知名度を着実に伸ばしていった結果，単独過半数となる330議席の獲得に成功している。ウェブらは，対照的な 2 人の党首と有権者の投票行動について，次のように説明している。保守

53

党に投票した者は党首への支持がゆえに投票態度を決めたが，労働党に投票した者は党首への支持にかかわらず投票態度を決めた（Poguntke and Webb 2015：263）。彼らの指摘は，もはや政党ラベルだけでは，広範な支持を獲得することが困難になってきていることを示唆している。党首への支持を投票につなげることができてこそ，選挙での勝利が導かれるという意味で，ますます党首イメージが持つ重要性が増しているといえる。

　2017年に総選挙を実施したメイは，党首討論会を回避したことで，大きな批判にさらされた。各党が党首クラスを参加させた討論会が開かれた席上で，議論に参加していた保守党の代表は，内務大臣のラッド（Amber Rudd）であった。また，BBC や Sky News 主催の討論会でも，メイは，コービンと同席せずに，それぞれが司会者と討論を交わすスタイルを選択した。YouGov の調査によれば，2017年1月の時点で，メイが首相に相応しいと考えていた有権者は，47％に上り，コービンに対して33％の差をつけていたのに対して，総選挙直前の6月7日時点では，わずかに11％の差にまで縮められていた（YouGov 2018）。保守党は，第1党の座を守りこそしたものの，事前の調査では圧倒的に不利な状況にあった労働党に追い込まれるかたちで過半数の獲得に失敗している。もちろん，党首イメージだけで総選挙の結果が左右されるわけではないものの，ブレアが首相を辞任した後に行われた3度の総選挙ではいずれも，党首の存在がメディアの注目を集めているといえる。

（2）脱議会化としての国民投票

　キャメロン政権発足以降，2016年に首相が交代するまでの間，イギリスでは2度の国民投票が実施された。1度目が2011年に行われた選挙制度改革の是非を問う国民投票であり，2度目が2016年の EU 離脱の是非を問う国民投票である。強固な議会主権が確立されたイギリスにおいて，国民投票は，忌避される手法であった。政治的リーダーは，国民投票を用いることで，困難な政治的決定から逃げ出したと見られることを嫌っていた上に，議会主権を掘り崩す行動であるとみなしていた。実際に，国政レベルで行われた国民投票は，イギリス憲政上，1975年を含めて3度しかない。その中で，キャメロンが2度の国民投票を行ったことは異例の事態であった。

　2011年の選挙制度改革をめぐる国民投票は，連立政権の産物といえるもので

あった。連立協定書の中には，自民党がかねてから主張していた優先順位付投票制（Alternative Vote）の導入を問う国民投票の実施が盛り込まれていた（HM Government 2010：27）。保守党側は，自民党の選挙制度改革に難色を示していたものの，自民党が最重要視する政策課題であるために，無視することはできなかった。保守党は，マニフェストで小選挙区制を維持すると公約しており（Conservative Party 2010），この立場と自民党の改革案との整合性をとる必要に迫られていた。

　キャメロンは，保守党のマニフェストと自民党の要求との妥協によって，優先順位付投票制を連立協定に盛り込んだ。さらに，国民投票にあたって，保守党は独自の立場によって選挙運動を展開できるとされていた。元来，自民党は，比例代表制の導入を求めていたが，悲願の成就には妥協が必要であった。優先順位付投票制は，自民党からすればベストではないが，過去の総選挙に同制度を当てはめると，ほとんどのケースで議席増という結果であったため，自党に有利な制度であると見なしていた（Renwick 2011）。

　キャメロンは，連立政権によって執政権を制限されていたため，自民党の要求を議会で棄却できなかった。そこで残された選択肢は，議会で困難な決断を避けることで，自民党との決定的な亀裂を避けながら，国民投票によって，現状維持を図るというものであった。キャメロンは，連立政権という状況であるがゆえに，国民投票という立法府から自律したリーダーシップの発揮を試みたといえる。フランス第5共和政下でドゴール（Charles de Gaulle）が国民投票を多用したことを想起するとキャメロンのリーダーシップ様式に変化が見られたと指摘できる。

　優先順位付投票制と国民投票でのフリーハンドという二つの妥協を得たキャメロンは，選挙戦で改革反対の立場を明確に示した。彼は，優先順位付投票制を「不公平で，非民主的で，不明瞭な制度である」と断じた[8]。キャメロンが指摘した通り，イギリス国民は，少なくとも同制度が不明瞭なものであると感じていた。選挙キャンペーンは，資金面でも差がつけられていた。新制度導入賛成派が220万9,748ポンドを支出したのに対して，反対派は259万8,194ポンドであった。1975年国民投票のときほどに資金力に差が開いていなかったといえども，厳しい状況であることに変わりはなかった。また，賛成キャンペーンの先頭に立ったのがクレッグとエドという不人気な党首であったことも，選挙戦を有利に展開できなかった一因として指摘されている。特に，クレッグは，保守党の大学の学費値

上げを容認した張本人として批判を集めていた最中であった。

　制度の複雑さ，選挙資金の脆弱さ，キャンペーンの顔という三つの点で強みを発揮することができなかったことにより，国民投票の結果は，優先順位付投票制導入に賛成が32.1％，反対が67.9％であった。キャメロンは，国民投票というイギリス政治では特異な決定作成方式を用いることで，自身の脆弱な権力基盤を補うことに成功したのである。

　2011年の国民投票で成功を収めたキャメロンは，首相在任期間中に，もう一つの困難に見舞われることになる。その困難とはEU問題である。保守党には，EC加盟が実現して以来，根強い反ヨーロッパ統合論者が存在した。ヨーロッパ懐疑論者が勢いを持つ保守党内で党首となったキャメロンは，党首就任時から脆弱な支持基盤しか持たなかった。党首選挙で，キャメロンは，反EUを明確にするデーヴィス（David Davis）から票を奪うために，EUに対して厳しい姿勢を示さざるを得なかった。自身の立ち位置を反EUに寄せたことによって，党首の地位を獲得したため，その後もEU問題をめぐっては，難しい判断に迫られた。

　1993年に結成されたUKIPが，ヨーロッパ議会選挙で勢力を拡大し，2009年には労働党と並んで第2党に躍進していた。保守党内では，懐疑論者が勢力を増しており，2011年10月に下院に提出された議員提案のEU国民投票法案は，保守党から81名の下院議員が造反投票をしている。同法案の採決では，厳重登院命令（three-line-whip）が出ていたにもかかわらず，多くの議員が造反し，棄権した者が15名にも上った[9]。日を追うごとに勢力を拡大していくUKIPと党内で存在感をみせる懐疑論者からの圧力にさらされたキャメロンは，イギリスのEU離脱を問う国民投票の実施を提案せざるを得なかった。

　優先順位付投票制をめぐる国民投票と同様に，キャメロン自身のリーダーシップによって，政権党を抑え込めない場合，国民に直接訴えかけていくことによって，彼は権力基盤の強化を図ろうとした。キャメロンは，国民投票を通じてイギリスをEU離脱へと追い込むつもりはなかった。あくまでも国民投票は，自身の権力基盤の強化でしかなかった。キャメロンは，再び国民投票を実施したものの，多くの調査会社が事前に予測した結果が見事に裏切られた。当初より，最終的には残留支持派が多数を占めるとされていたものの，残留が48.11％に対して，離脱が51.89％となった。

　国民投票という議会を迂回した決定作成方式を用いてきたキャメロンにとって，

EU 離脱の結果は，自身の権力基盤を喪失させるような効果をもっていた。直接的に国民から支持を調達する手段としての国民投票は，権力基盤を強化する道具ともなるが，諸刃の剣であった。しかしながら，キャメロンのこのようなリーダーシップの形式は，議会との融合を特徴とする議院内閣制とは異なるものである。

5　イギリスは大統領制化したといえるのか

　ブレア後のイギリスを検討したときに，果たして大統領制化が観察され続けたということは可能であるのか。執政府を見ると，首相の権力は一定の制限がかかっているといえる。キャメロン以降の首相に当てはまることでは，固定任期議会法の成立が，首相の解散権を制限する方向に働いており，立法府をコントロールする資源の喪失を意味している。任期途中での解散を心配しなくても良いバックベンチャーにとって，立法府で政府を敗北に追い込むリスクが低下した。実際にキャメロン政権期には，多くの造反投票がなされていた。

　また，偶発的な要因といえるが，2010年と2017年総選挙の結果は，それぞれ連立政権と閣外協力という事態を生み出している。2010年総選挙によって，連立政権が誕生したことで，イギリスは，二大政党制のモデルからかけ離れていったが，ハングパーラメントが常態化するようであれば，首相の権限は制限される。もちろん，連立政権が弱体なリーダーシップしか発揮できないわけではないが，政府内での合意形成には，連立パートナーとの協議が不可欠である。大統領制化という文脈で考えるならば，首相が自律的に決定を下せる政策領域が減少するという点で，権力の低下は免れない。

　ただし，首相の権力資源を高める制度は，ブレア後も機能している。ウィルソン（Harold Wilson）が政務室（Political Office）を創設して以降，首相官邸の機能を拡充したことによって，首相直轄の人的資源が整備された。ブレアの統治手法に否定的であったブラウンは，始めこそ特別補佐官の削減を行ったが，すぐに以前の水準に戻したし，キャメロンやメイもこの傾向を維持した。上述の点を総合的に捉えると，執政府内では，大統領制化が進んでいるということは困難であろう。

　政党に目を向けると，党首のあり方が変化したことによる影響がある。労働党では，党首選挙改革が実施された。選挙人団方式の特徴の一つは，相対的に人数

が少ない議会労働党やヨーロッパ議会議員のグループにも，全体の3分の1の投票権が認められていたことである。個人党員グループや労働組合がそれぞれ3分の1ずつの投票権を認められていたことと比べると，明らかに議員グループが過大に影響力を有していた。この選挙人団方式の党首選挙が1党員1票制に改まったのは2014年のことであった。1党員1票制の実現によって，議員の1票も個人党員の1票も等価値となったことで，党首の座を勝ち取るには，個人党員との結びつきが必要となった。コービンの事例が示すものは，議会労働党の支持が得られなくとも，個人党員から支持を調達することで，党首としての地位を維持できるということである。その意味で，労働党党首の地位は，以前に比べて相対的に自律性が高まったと評価できる。

　党首選挙改革と並んで，労働党では党首の権限も強化されている。従来では，シャドーキャビネットの形成には，投票が伴っており，党首の意向がそのまま反映されるわけではなかった。しかしながら，2011年に党首がシャドーキャビネットを形成できるようになった。人事面における党首の資源が拡大することにより，党首の権限が強化された。

　保守党においても，党首選挙の改革が進展した。保守党における党首選挙改革の柱の一つが1党員1票制の実現である。労働党同様に，議員の重要性は，相対的に低下したが，立候補者が複数名の場合は，2名になるまで下院議員のみの投票が行われるため，議員は一定の影響力を担保している。党首選挙改革のもう一つの柱が不信投票の敷居を高めたことである。従来の規定では，下院議員の10％の要求で十分であったのが，15％に引き上げられている。これらの改革により，保守党でも党首の地位が安定的なものとなった。少なくとも，政党内の側面では，党首と党員との結びつきが重視されるようになったことから，議員が党首をコントロールし難くなったのである。

　選挙過程に関していえば，ブレア後も党首に注目が集まる状況に変化は見られない。むしろ党首討論会というかたちで，選挙戦に党首の存在が組み込まれたことにより，一層党首の人格化が進んでいった。党首の人格化が進んでいくにつれ，首相（党首）のリーダーシップの発揮の仕方にも変化が見られた。脆弱な党内基盤という状況があったにしろ，首相は，議会を迂回することで直接，国民に政策課題を訴えかけた。国民から支持を調達することで，権力強化が図られた。

　3つの側面を総合的に検討したとき，現在のイギリスにおいて，必ずしも大統

領制化が見られると結論づけることは困難であるが，このことはイギリスの大統領制化が止まってしまったことを意味するのではない。ブレア後の首相に共通していることは，2010年，2015年，2017年総選挙のいずれでも，明確な勝者といえる政党がいなかったことである。2010年と2017年総選挙の結果，単独政権が形成されなかったし，2015年総選挙も保守党が過半数をわずかに5議席上回ったにすぎない。単独政権による統治を所与のものとしてきたイギリスにおいて，安定的な議会勢力を創出することができるか否かが首相として，党首として権力の源泉を確保できるかにつながってくる。イギリスにおいて，大統領制化が現れる構造的な条件が失われてはいない以上，今後ともイギリス政治の動向に注目していく意義があるだろう。

注
1) ヨーロッパ懐疑論（EUroscepticism）は，学問的文脈で，等閑視されてきた。本章では，ヨーロッパ懐疑論者とは，ヨーロッパ統合への参加に反対したり，離脱を主張し，EUの目的や理念に懐疑的な人々を指す言葉として用いる。イギリスにおけるヨーロッパ懐疑論については，フォースターが分析を行っている（Forster 2002）。
2) BBC News 20 May 2010.
3) 国民投票の結果は，EU離脱賛成派が51.89%，反対派が48.11%であった。
4) REUters 15 April 2010; Sky News 15 April 2010; The Times 15 April 2010.
5) BBC News 29 April 2010.
6) BBC News 3 April 2015.
7) BBC News 17 April 2015.
8) *The Independent* 1 April 2011.
9) BBC News 25 October 2011.

新聞，ニュースサイト
BBC News
The Daily Mirror
The Guardian
The Independent

参考文献
Bale, Tim (2015) *Five Year Mission : The Labour Party under Ed Miliband*, Oxford University Press.

Bartels, John and Ivor Crewe (2002) "The Impact of Party Leaders in Britain : Strong Assumptions, Weak Evidence," Anthony King (ed.), *Leaders' Personalities and the Outcomes of Democratic Elections*, Oxford University Press, 70-95.

Bennister, Mark and Richard Heffernan (2015) "The Limits to Prime Ministerial Autonomy : Cameron and the Constraints of Coalition," *Parliamentary Affairs*, Volume 68, Number 1 : 25-41.

Burch, Martin and Ian Holliday (1999) "The Prime Minister's and Cabinet Offices : An Executive Office in All But Name," *Parliamentary Affairs*, Volume 52, Number 1 : 32-45.

Butler, David and Gareth Butler (2011) *British Political Facts*, Palgrave Macmillan.

Cole, Matt and Helen Deighan (2012) *Political Parties in Britain*, Edinburgh University Press.

Conservative Party (2010) "Invitation to Join the Government of Britain," Conservative Party.

Cowley, Philip and Mark Stuart (2014) "Revolts : Philip Cowley and Mark Stuart's Research on Parliament". http://revolts.co.uk/

Foley, Michael (2000) *The British Presidency*, Manchester University Press.

Forster, Anthony (2002) *Euroscepticism in Contemporary British Politics : Opposition to Europe in the British Conservative and Labour Parties since 1945*, Routledge.

Hayton, Richard and Timothy Heppell (2015) "The Presidentialization of Party Politics in the UK," Gianluca Passarelli (ed.), *The Presidentialization of Political Parties : Organizations, Institutions and Leaders*, Palgrave Macmillan, 142-159.

Heffernan, Richard and Paul Webb (2007) "The British Prime Minister : Much More Than 'First Among Equals'," Thomas Poguntke and Paul Webb (eds.), *The Presidentialization of Politics : A Comparative Study of Modern Democracies*, Oxford University Press. リチャード・ヘファーナン／ポール・ウェブ，渡辺容一郎訳（2014）「イギリスの首相──もはや『同輩中の首席』ではない」岩崎正洋監訳『民主政治はなぜ「大統領制化」するのか──現代民主主義国家の比較研究』ミネルヴァ書房，37-93。

Her Majesty Government (2010) "The Coalition : Our Programme for Government".

ITV News (2015) 'ITV News Debates Snap Poll'. http://www.comresglobal.com/wp-content/uploads/2015/04/ITV-News-Leaders-Debate-Snap-Poll_Table.pdf

Kam, Christopher (2009) *Party Discipline and Parliamentary Politics*, Cambridge University Press.

Kavanagh, Dennis and Philip Cowley (2010) *The British General Election of 2010*,

Palgrave Macmillan.

Lijphart, Arend (2012) *Patterns of Democracies : Government Forms and Performance in Thirty-Six Countries*, Yale University Press. アレンド・レイプハルト，粕谷祐子・菊池啓一訳（2014）『民主主義対民主主義──多数決型とコンセンサス型の36カ国比較研究（ポリティカル・サイエンス・クラシックス）』勁草書房。

McKenzie, Robert (1964) *British Political Parties : The Distribution of Power within the Conservative and Labour Party*, Heinemann Educational Books. ロバート・マッケンジー，早川崇・三澤潤生訳（1970）『英国の政党（上・下）』有斐閣。

Poguntke, Thomas and Paul Webb (2007) "The Presidentialization of Politics in Democratic Societies : A Framework for Analysis," Thomas Poguntke and Paul Webb (eds.), *The Presidentialization of Politics : A Comparative Study of Modern Democracies*, Oxford University Press. トーマス・ポグントケ／ポール・ウェブ，荒井祐介訳（2014）「民主主義社会における政治の大統領制化」岩崎正洋監訳『民主政治はなぜ「大統領制化」するのか──現代民主主義国家の比較研究』ミネルヴァ書房，1-36。

Poguntke, Thomas and Paul Webb (2015) "Presidentialization and the Politics of Coalition : Lessons from Germany and Britain," *Italian Political Science Review*, Volume 45, Issue 3 : 249-275.

Quinn, Thomas (2005) "Leader-Eviction Rules in British Conservative and Labour Parties," *Political Studies*, Volume 53, Issue 4 : 793-815.

Renwick, Alan (2011) "The Alternative Vote : A Briefing Paper," Political Studies Association.

Schleiter, Petra (2016) "How the Fixed-Term Parliaments Act Changes UK Politics," *Parliamentary Affairs*, Volume 69, Number 1 : 1-2.

Stuart, Mark (2015) "The Formation of the Coalition," Simon Lee and Matt Beech (eds.), *The Cameron-Clegg Government : Coalition Politics in an Age of Austerity*, Palgrave Macmillan, 38-58.

The Dairy Mirror (2015) "Snap Post-Debate Poll : Survation for Daily Mirror." http://survation.com/snap-post-debate-poll-survation-for-daily-mirror/

The Guardian (2015) "Leaders' debate : ICM/Guardian poll puts Miliband ahead." https://www. theguardian. com/politics/blog/live/2015/apr/02/leaders-debate-cameron-and-miliband-go-head-to-head-with-other-parties-live

YouGov (2018) "Best Prime Minister (GB)." http : //d25d2506sfb94s. cloudfront. net/cumulus_uploads/document/r602b9ua89/YG%20Trackers%20-%20 Best %20 Prime %20Minister.pdf

池本大輔（2016）「『ブレアの後継者』から『サッチャーの息子』へ――キャメロン政権 2010年」梅川正美・阪野智一・力久昌幸編著『イギリス現代政治史 第2版』ミネルヴァ書房，239-267．

岩崎正洋（2016）「大統領制化論の課題」『政経研究』第53巻第2号：59-75．

小堀眞裕（2012）『ウェストミンスターモデルの変容――日本政治の「英国化」を問い直す』法律文化社．

近藤康史（2016）『社会民主主義は生き残れるか――政党組織の条件』勁草書房．

阪野智一（2006）「ブレアは大統領型首相か？」梅川正美・阪野智一・力久昌幸編著『現代イギリス政治』成文堂，23-42．

――――（2008）「イギリスにおける中核的執政の変容――脱集権化のなかの集権化」伊藤光利編著『政治的エグゼクティブの比較研究』早稲田大学出版部，33-62．

――――（2014）「執政府はどのように変化しているのか」梅川正美・阪野智一・力久昌幸編著『現代イギリス政治 第2版』成文堂，21-42．

高安健将（2010）「英国政治における人格化と集権化――大統領化論の再検討」『選挙研究』第26巻第1号：67-77．

――――（2011）「動揺するウェストミンスター・モデル？――戦後英国における政党政治と議院内閣制」『レファレンス』No. 731：33-47．

――――（2018）『議院内閣制――変貌する英国モデル』中央公論新社．

戸澤健次（2014）「保守党――野党暮らしから20世紀以来初の連立政権与党へ」梅川正美・阪野智一・力久昌幸編著『現代イギリス政治 第2版』成文堂，123-142．

成廣孝（2014）「選挙――政治と政治を繋ぐしくみ」梅川正美・阪野智一・力久昌幸編著『現代イギリス政治 第2版』成文堂，101-121．

原田久（2008）「政治の大統領制化の比較研究」『日本比較政治学会年報』第10巻：1-17．

宮畑建志（2011）「英国保守党の組織と党内ガバナンス――キャメロン党首下の保守党を中心に」『レファレンス』No. 731：167-197．

渡辺容一郎（2014）「イギリス政治の大統領制化に関する一考察」『政経研究』第50巻第3号：867-897．

第3章

フランス——「半大統領制」の大統領制化は進んでいるか

佐川泰弘

1 フランス政治研究における「大統領制化」とその指標

ポグントケ (Thomas Poguntke), ウェブ (Paul Webb) らの「大統領制化」に関する研究 (Poguntke and Webb 2005) の影響もあり, 国内外のフランス政治研究においても「大統領制化 (大統領化)」が意識されている。例えば吉田徹は,「大統領化」とは, 政治的原理やその空間の編成, 競争の形態などが, 国家元首たる大統領を中心に構成される方向性の現象であるとする。かつ大統領化は「1962年の憲法改正, すなわち大統領の直接選出制の国民投票でもって本格的なスタートを切った」(吉田 2016：177-178) としている。

川嶋周一はフランスにおける「大統領制化」には, 次の四つの用法があるとする (川嶋 2014：152-153)。第一は, 第五共和制の制度を導入することで生まれた執行権優位の状況つまり第五共和制の導入そのものである。第二は, 1962年に大統領直接選挙制が導入されたことで, フランス政治に起こった大統領 (選挙) を中心として, 政党の論理が組み換えられていく様子つまり政党政治の大統領化である。第三は, コアビタシオン期以降に見られる「首相の大統領制化」, つまり現実政治上の首相の存在感の上昇である。第四に, 2つ目の意味での大統領制化が進むことで, 2002年のシラク (Jacques Chirac) や2007年のサルコジ (Nicolas Sarközy) のように, トップリーダーの権力と自立性が増すという意味での大統領制化である。

第四共和制末期の混乱を収束させるために, ドゴール (Charles de Gaulle) が政治の表舞台に再登場し, 混乱を乗り越えられる執行権優位の政治体制を確立するために第五共和制に移行し, 新憲法を制定の上, 大統領に就いた。しかしながら, ここでは執行権は議会により選出される大統領と首相の「二頭制」であり, 実権は大統領にあるように見えるが, 憲法上は首相優位であるため, フランスの政治

体制は「半大統領制」であるとされてきた。1962年に大統領が直接公選されることになったことから、大統領制化が一層進んだというのが、これらの議論に共通する認識である。

一方、大統領制化は大統領制を採らない各国でも見られるのではないかという前提で、ポグントケ、ウェブらが比較研究を試みているが、そこで示されている比較の観点は、第一に「執政府内におけるリーダーの権力」がどうなっているか、第二に「政党内におけるリーダーの権力」がどうなっているか、第三に「候補者中心の選挙過程」となっているかである（岩崎 2015：201-203）。これを前提に行われた比較研究においては、クリフト（Ben Clift）がフランスの分析を行っているが、そこでは2000年代前半までの状況が踏まえられている（Clift 2005）。

大統領任期を7年から5年に短縮する2000年憲法改正が同時期に行われ、同制度下でのサルコジ、オランド（François Hollande）大統領の時期を経て、2017年にはマクロン（Emmanuel Macron）大統領が誕生した。これらの過程の中で、「半大統領制」国家フランスの「大統領制化」は一層進行したのか。とりわけマクロン大統領および同政権の誕生をどう評価すべきか。本章ではこのことを考察していく。

2　憲法上の大統領と首相——執政府内におけるリーダーの権力

1958年に創設された第五共和制の起源は、第四共和制が危機に際して、実効性ある政府と議会制度を一致させることができなかったことにある。アルジェリア戦争の圧力に直面し、相争う多党制に悩まされて、第四共和制の権威は崩壊した。その中で、ドゴールが、フランスの民主的政府を保ちながら、アルジェリアの危機を何とか「解決する」ことのできる英雄的リーダーとして、権力に返り咲いた（土倉 2016：15-16；Morris 1994：20）。

以後ドゴールからマクロンまで、大統領を8人が、首相を22人が務めている（表3-1参照）。その中で、ミッテラン（François Mitterrand）大統領（社会党、Parti Socialiste）下のシラク首相（ドゴール派）期、同バラデュール（Édouard Balladur）首相（ドゴール派）期、シラク大統領下のジョスパン（Lionel Jospin）首相（社会党）期が、大統領と首相の所属政党が異なるコアビタシオン（保革同居、共存）の時期となる。

第3章 フランス

表3-1 第五共和制期の大統領と首相

大統領	在任期間	首相	(備考)
ドゴール (UNR→UDR)	第1期 1959年1月~ 1966年1月	ドブレ(1959年1月~1962年4月)	
		ポンピドゥ(1962年4月~1966年1月)	
	第2期 1966年1月~ 1969年4月 (任期途中で辞任)	ポンピドゥ(1966年1月~1968年7月)	これ以降,大統領直接公選
		クーヴ・ドゥ・ミュルヴィル (1968年7月~1969年6月)	
ポンピドゥ (UDR)	1969年6月~ 1974年4月 (在職中に死去)	シャバン=デルマス(1969年6月~1972年7月)	
		メスメル(1972年7月~1974年5月)	
ジスカール=デスタン (FNRI→PR→UDF)	1974年5月~ 1981年5月	シラク(1974年5月~1976年8月)	
		バール(1976年8月~1981年5月)	
ミッテラン (PS)	第1期 1981年5月~ 1988年5月	モーロワ(1981年5月~1984年7月)	
		ファビウス(1984年7月~1986年3月)	
		シラク(1986年3月~1988年5月)	第一次コアビタシオン
	第2期 1988年5月~ 1995年5月	ロカール(1988年5月~1991年5月)	
		クレッソン(1991年5月~1992年4月)	
		ベレゴヴォワ(1992年4月~1993年3月)	
		バラデュール(1993年3月~1995年5月)	第二次コアビタシオン
シラク (RPR→UMP)	第1期 1995年5月~ 2002年5月	ジュペ(1995年5月~1997年6月)	
		ジョスパン(1997年6月~2002年5月)	第三次コアビタシオン
	第2期 2002年5月~ 2007年5月	ラファラン(2002年5月~2005年5月)	これ以降,大統領任期5年に
		ドビルパン(2005年5月~2007年5月)	
サルコジ (UMP)	2007年5月~ 2012年5月	フィヨン(2007年5月~2012年5月)	
オランド (PS)	2012年5月~ 2017年5月	アロー(2012年5月~2014年3月)	
		ヴァルス(2014年3月~2016年12月)	
		カズヌーヴ(2016年12月~2017年5月)	
マクロン (LREM)	2017年5月~	フィリップ(2017年5月~)	

出典:Massot(2008:172-173)などを基に著者作成。

（1）1958年憲法とその後の主要な改定

　第五共和制憲法において，ドゴールの権威主義的な憲法思想を反映して，大統領が強力な権限を有する強い行政府の統治構造を特徴とする体制が確立された。フランスの政治的伝統においては，「強い政府」に対する特別な警戒心が存在し，「行政権に対する議会の優位」という思想が定着していたが，第五共和制憲法は，「議会中心主義」から「議会に対する行政権の優位」へ転換した。これは，下院たる国民議会中心の一元主義型議院内閣制を定めた第四共和制憲法の統治構造が，その運用上，結束力ある恒常的な与党多数派に基盤を置く安定した内閣を創り出すことができず，不安定な内閣が国政の停滞を招き，とりわけアルジェリア事件に対して効果的に対処できなかったためである。

　執政府は，「大統領」と「政府」から成り立っている。大統領は国家元首であるが，「政府」は合議体であり，「首相」がその首長として政府の活動を指揮する。大統領は，「憲法の尊重を監視」し，「その裁定（arbitire）によって，公権力の適正な運営と国家の継続性を確保」する（5条1項）とともに，「国の独立，領土の一体性，条約の尊重の保障者」（同2項）としての職務を遂行する。これに対して，政府は，「国政を決定し，遂行する」（20条1項）とともに，「行政および軍事力を司る」（20条2項）ことを任務としている。ただし，大統領は地方名士層を事実上の母体とする限定的な選挙人団により当初選出されていた。

　ともかく，大統領を統治構造の中心に据えて，政府が国会のみに依拠するのではなく，大統領に依拠することによって，国会の信任が不安定であっても，大統領の信任があれば存立しうるように制度設計がなされた。政府は大統領と共に執行権の一翼を担うが，議院内閣制システムの中にありつつ政府構成員は大統領が任免することから，フランスの統治制度は「二元主義型議院内閣制」である。これを大統領中心主義の観点から評価すると「半大統領制」だということになる（横尾 2010：265）。

　第五共和制憲法は今日までに24回改正されているが，本章との関係でとりわけ重要なのが，1962年，2000年と2008年の改正である（横尾 2010；鈴木 2008）。

　まず，1962年11月6日の憲法改正で，大統領直接公選制が導入された。これに当たっては，10月に国民投票が実施され，有権者の62.25%が大統領直接選挙制を承認した。当時，ドゴールは大統領と議会の任期をあえて非同調化することで，議会によって覆される内閣の脆弱性が大統領に及ばないように任期の短縮をしな

かったという証言もある（Peyrefitte 2000：453-454；吉田 2016：104）。大統領の直接公選化により，第五共和制憲法の中に，大統領制的構造と議院内閣制の構造が同時に組み込まれた。それと同時に，ドブレ（Michel Debré）が構想していたような議会主義への回帰の可能性が排除された。この憲法改正が，フランス第五共和制の大統領制化を進めたのである。

　2000年改正では，大統領の任期を7年から5年とした。大統領選挙の直後に国民議会（下院）総選挙が実施されるのが通常であるため，これにより大統領と国民議会の任期サイクルが同調するようになる。エルギー（Robert Elgie）は，この憲法改正は大統領に何か新しい権力を与えたわけではないが，大統領と国民議会の任期サイクルが同調するようになったことにより，大統領はより力のあるアクターとなり，議会多数派が大統領の任期期間中，ずっと大統領を支えることが可能となったとしている（Elgie 2013：21）。つまり，コアビタシオンが生じる可能性が，以後，極めて低くなったということである。

　2008年改正は多岐にわたっている。大統領の国民投票付託権や非常事態措置権に制約を課す，大統領による文官・武官の任命に関する関与などの議会の権限強化や，市民の権利保障と参画の拡大とともに，大統領の任期を2期最長10年とすることを内容としていた（渡邊 2015：181；鈴木 2008）。この改正には議会主義および市民中心的な方向が含まれているなど大統領の実権を抑制する傾向も見られる。しかしながら，それらは大統領化によって実現されたものである。よって，1962年改正で確立された体制（吉田は「1962年体制」と呼ぶ）の枠組みと基本原理を強化するものではあっても，塗り替えるものではなかった（吉田 2016：198）。

　このように，フランス第五共和制は総じて「二元主義的議院内閣制」を特徴とするが，直接公選制の導入により「議院内閣制寄り」から「大統領制寄り」へと移行し，それを基本構造として推移している。

（2）大統領と首相の権限（現行）

　次に，現行憲法にしたがって大統領と首相の権限を整理しながら，執政府内での大統領と首相の力関係を見ていく（主に野中（2015），Massot（2008）を参照した）。

■大統領の権限

　まず大統領の権限を見ていく。第一に，大統領の権限には，単独で行使できるもの，つまり首相等の副署（輔弼する者による署名）を必要としない，もしくは副署は必要だが首相の提案に基づかないものがある。これには，首相の任命（8条1項），閣議の主宰（9条），国民議会の解散（12条），非常時における緊急大権（16条），議会へのメッセージの発出権（18条）などがある。

　第二に，大統領に特に優越性が認められている権限として，外交と防衛がある。「国の独立，領土の一体性，条約の尊重の保障者」（5条2項）としての職務，「軍隊の長である」と共に「国防の上級諸会議・諸委員会を主宰する」（15条）ことである。

　第三に，他のアクター特に首相と共有する権限がある。うち首相の提案が必要なものには，政府の辞職，大臣の任命（首相の副署も必要），大臣の解任，閣議の議題決定，議会の特別会期招集，憲法改正（第11条による場合は政府提案，第89条による場合は首相提案）がある。さらに，大臣の任命，憲法改正，条約の批准・公布，国防，恩赦，司法官の任命，第10条に基づく法律公布，第13条によるオルドナンスへの署名と閣議で審議されたデクレへの署名，公務員の任命などには，首相の副署が必要である。

　こうしてみると，法令上は，どれが大統領の自由裁量的な権限であるのか必ずしも明確ではなく，大統領が絶対とまでは言いがたい。

■首相の地位と権限

　次に首相についてである。首相は大統領によって指名される。大統領は，首相からの政府辞職の申し出に基づき首相を解任する。首相の提案に基づき，大統領が大臣を任免する。憲法上は，行政権は政府に委ねられており，首相がその首長である。具体的には，以下のように定められている。政府が国家の政策を決定し執行する。政府は行政と軍を自由に用いることができる（20条）。首相が政府の行為を指揮する。首相は国防に責任を負う。首相は法律の執行を保証する。第13条の規定の留保の下に，首相は命令制定権を行使し，文官および武官を任命する（21条）。法案提出権は，首相と国会議員にある（39条）。国際条約について憲法院への付託権をもつ（54条）。法律について憲法院への付託権をもつ（61条）。

　こうしてみると，首相の権限は広い範囲に及んでおり，かつ強力である。しか

し現実は単純ではなく，大統領との力関係の中で首相の行動は制約されることになる。次にそのいくつかの例を見てみよう。

■大統領と首相

　第一に，法令上は，大統領は首相からの政府辞職の申し出に基づき首相を解任する。しかし，実際には，大統領が議会多数派に対する権威をもっていた場合，事実上首相に辞任を強制することができる。1962年のドブレ，68年のポンピドゥー（Georges Pompidou），72年のシャバン-デルマス（Jacques Chaban-Delmas），そしておそらくは，84年のモーロワ（Pierre Mauroy），91年のロカール（Michel Rocard），92年のクレッソン（Édith Cresson），2004年のラファラン（Jean-Pierre Raffarin），14年のエロー（Jean-Marc Ayrault）がこれに当たると思われる。68年のポンピドゥーと72年のシャバン-デルマス辞任の際の書簡には，「大統領からの要請を受け容れて」の辞任と書かれているとされる（野中 2015：305；Duverger 1996：303-304）。

　第二に，首相が政府全体を指揮するものの，それは閣議決定が前提である。その閣議は大統領が主宰する。国民投票実施の大統領への提案（11条），国家の最高レベルの官僚の任命（13条3項），オルドナンスおよび最も重要なデクレの案（13条，38条），非常事態をデクレで宣言する時（36条），政府提出法案（39条），首相によって政府の信任を国民議会に問うこと（49条1項，3項）については，大統領が主宰する閣議で審議する必要がある。大統領は，優先議題を設定することも，議題から排除することもできる。こうしたことから，「少なくとも，コアビタシオンの時期を除けば，大統領の意向が政府活動の大きな部分に相当な影響力を持つしくみとして機能するようになったと考えられる」（野中 2015：309）。

　さらに，閣議で審議したデクレとオルドナンスに署名することは，これによって首相のもつ行政規制権限をかなりコントロールすることができることから，大統領にとって極めて重要な権限（13条）となっている。これまでのところ，コアビタシオン期を含めて，大統領が議会での審議を経たデクレへの署名を拒否したことはない。しかし，コアビタシオン期の1986年に，シラク首相が委任立法で進めようとした民営化や労働時間に関する法案への署名をミッテラン大統領が拒否したことがある（同前：311-312）。

　このように，現実政治においては，首相が政府全体を指揮するものの，究極的

には大統領の方が有力であるといえる。

（3）執政府内での資源，政策形成上の調整

次に，執政府内での資源の配置状況，政策形成上の調整過程について見ていく。

まず，大統領府の組織・人員・予算は首相府のそれに比べて圧倒的に小さい。2008年時点の大統領府の予算は約1億2,000万ユーロであるのに対し，首相府の予算は約18億ユーロである。同時期の大統領府スタッフが983名であるのに対し，首相府スタッフ数は8,366名である（Massot 2008：169-170）。

第二に，デクレの署名数から見てみる。閣議決定を経て大統領が署名するものの方が重要度が高いとはいえ，大統領が関与せず首相によって決済されるデクレ（政令）が数的には圧倒的に多い。2006年には1,728本，2007年には1,834本のデクレが発効しているが，後者の首相によるデクレが，それぞれ88％，87％となっている[1]。

首相は実際上大統領により任命されるなど，大統領に対して従属的な地位にあるものの，組織資源を見ると，憲法21条が定めるように，巨大な政府機構をコントロールする役割は首相や首相府にあるといえる。

では，政策形成上の調整過程，政府内での意思決定プロセスにおける大統領と首相の関係はどうだろうか。端的に言えば，首相と首相官房の役割が決定的に大きく，それを政府事務総局が支える構造になっている。政府の活動全般を指揮するために，首相は通達を発する。各省間の調整過程では，省庁間委員会（comité interministériels，首相を中心とする大臣・官僚の会合。常設），限定委員会（comités restraints，首相を中心とする大臣・官僚の特定テーマで協議するアドホック委員会）を首相が主宰する。首相官房や政府事務総局といった事務方が，省庁間会議（réunion interministérielles）を開催したり，閣議決定事項の事前調整を計画会議や裁定決定会合で行い，国務院の見解を仰ぎ，関係大臣の副書を集める。閣議は水曜日に開催されるが，月曜日の夜には政府事務総長と大統領府事務総長が議題調整を行った上で，大統領が最終的に議題を決定する。この調整段階で政府側から提案されていない議題は，閣議の議題とはならない。ジスカール＝デスタン（Valéry Giscard d'Estaing）大統領，サルコジ大統領の時代には，大統領府での大臣会合が頻繁に行われたが，それはむしろ例外である（野中 2015：322-329）。これらの点から，例外はあるものの，平時には多くの場合大統領よりも首

相(政府)を中軸に政策形成上の調整が行われるといえる。

(4) 大統領による政府人事

　人事権については,大統領の影響力が大きくなっている。大統領は直接的には首相を任命し,首相が政府メンバーの案を作成する。しかし,実際上は大統領は,自分の側近を重要ポストに送り込むことができる。例えばシラクは,大統領再選後,大統領府事務総長であったドビルパン(Dominique de Villepin)を外相に起用し,さらに首相にした。サルコジも内務相時の側近ゲアン(Claude Guéant)を大統領府事務総長にして,2011年には内務相に据えた(同前:313-314)。マクロン新大統領の選挙参謀でメディア対策を行った若手実業家マジュビ(Mounir Mahjoubi)の首相付デジタル担当副大臣就任も同様である。これをもって世論の動向を計りつつ政経運営に当たる方針である。

(5) 大統領(候補)のイメージ戦略

　サルコジは,ドゴール以来の大統領の「国父」としてのイメージやスタイルを変えようとした。選挙時だけでなく就任後もマスメディアに頻繁に登場して存在感を常に示し,話題を提供した。大手メディアを掌握し,自身の離婚やスーパーモデルとの再婚といった私生活をマスコミに流し,人気取りを図った(渡邊 2015:177-178;Kuhn and Murray 2013:3)。イギリスのブレア(Tony Blair)首相と同様に,次から次へと様々な分野の政策を打ち出すことで国民の関心を引きつける。そうすることで,活発で精力的なイメージを作ることができ,メディアの議論を自らリードできる。実際に予算と具体策という実体を伴った権力者として振る舞えるようにした(国末 2009:29-33)。これは極端な例であるが,選挙時も選挙後も大統領はイメージ戦略を多かれ少なかれ駆使しようとする。

(6) ポグントケとウェブの指標に照らして

　フランスにおいては,大統領直接公選制が導入されて以降,同選挙は人物本位の投票となる。大統領は首相を選び,政党政治家でない実務家も閣僚として登用してきた。政策立案の根本に対しては,大統領の意図が大きく影響するが,執政府の資源が大統領に集中しているわけではなく,政策形成過程の調整が主に大統領府にあるというわけでもない。この状況は,21世紀に入って憲法改正が行われ

ても本質的に変わったわけではない。サルコジのように，すべてを自分で取り仕切ろうとする大統領も現れたが，一般化はできない。

かといって執政府における大統領の主導性が全体として弱まったわけではない。大統領と国民議会の任期が5年で揃えられ，大統領選挙の直後に国民議会選挙が実施されることになった。そのため，コアビタシオンが生じる可能性がほぼなくなり，現実政治上は大統領が議会多数派も基盤として，安定的な政権運営を行える可能性が高まった。

3　大統領と政党──選挙制度と政党システム

（1）大統領と政党システム

続いて，ポグントケとウェブが大統領制化の第二の観点として挙げている「政党内におけるリーダーの権力」について見ることとする。まずフランスの政党制は元来多党制である。1962年の憲法改正で，大統領選が直接二回投票制となって以来20世紀の間は，有意な四大政党による右派-左派の二大ブロックが形成されていた。大統領になるためには，まず二大ブロックを形成する四大政党の党首となる必要がある。大統領選挙の決戦投票では候補は2人に絞られるため，形式上は左右二大勢力に分裂しているかのような印象が強いが，同選挙や国民議会選挙の第1回投票では得票率が分散する傾向が強い。例えば，1978年国民議会選挙では，社会党・共産党（Parti Communiste Française）とRPR（Rassemblement pour la République，共和国連合）・UDF（Union pour la Démoctatie Française，フランス民主連合）の四つの勢力が，いずれも20～23％台の得票率を得た。その後，共産党が凋落し，それに代わって極左や環境派が伸張してきた（渡邊 2015：123）。さらに右派側でも極右が台頭してきた。

その経緯を右派，左派について大まかに見てみよう。まず右派については，大統領候補が，「選挙運動を連合（ressemblement）という考え，つまり特定党派により代表される政治空間を越えて全体包括的な主張に基礎づけようとする」（Cole 1990a：13）傾向があった。これがドゴールの主張と最初の「ドゴール派」政党時代から見られた。ドゴールの強烈なパーソナリティゆえUNR（Union pour la Nouvelle Republique，新共和国連合）は結束していた。そのため，強力な政党組織は不要であり「連合」でよかった。しかし，ドゴールが表舞台から去った後，

UNR が RPR へと改変されるにつれ，党となり，高度に大統領制化していった。RPR の主要機能はシラクを大統領にすることであった。非ドゴール派の右派 UDF も，「大統領の意を受けた連合体」(Cole 1990b：126) として1978年に形成された。同党も際だって大統領制化された政党であった。同党のジスカール゠デスタンが，草の根の支持を集めるために力を割かず，単に「大統領の意思を接合する」(同前：128) 政党の創設を行おうとした。それゆえ，UDF の大統領候補には，党の組織化を軽視する傾向があった (Samuels and Shugart 2010：171-172)。

次に左派側，特に社会党についてである。第三・第四共和制時代の旧社会党 SFIO (Section Française de l'Internationale Ouvrière，労働者インターナショナル・フランス支部) の党組織，イデオロギー，選挙戦略は一貫していなかった。純粋な議会主義システムにおいて，党は議会取引を担当しており，議員団と地方議会の基盤が中心であった。万年野党に留まり続けることへの危機感から，社会党は1970年代に大統領制化を目指そうとした。71年に入党し，74年大統領選への立候補を表明したミッテランが，「全国化」に注力した。このことで社会党は中道派支持の有権者も取り込めることになる。このようにして，社会党においても大統領候補の個人化が生じ，党の組織化と草の根的動員は減退した。ミッテランの選挙対策組織は党内民主主義に拘束されず，選対メンバーはミッテランに対してのみ責任を負うことになる (同前：172-173)。

第四共和制時代の議院内閣制から前節までで述べたような二回投票による直接公選の半大統領制への転換が，政党リーダーと議会内政党との関係を新たにし，党内競争の在り様も変化させた。イデオロギーの重要性の低下や政治の人格化がもたらされ，政党のエネルギーと資源は，議会選挙での勝利のためではなく，信頼できる大統領候補者を発掘し，大統領選挙に勝利することに集中的に費やされた。その結果，政党は「大統領のマシーン」とみなされるようになり，その主要な機能は，大統領候補の跳躍台として，また，自党出身の大統領の組織的資源として活動することである。主要政党のスケジュールも議会選挙よりも，大統領選挙を軸として立てられる。というのは，大統領選直後に下院総選挙が行われるため，大統領選の動向が議会選に直結するからである (Clift 2005：225；Pierce 1995：189-189)。

フランスには，大統領と政党役職の兼職禁止を規定した法令はない。しかし，ドゴール大統領以来，大統領は政党を超越した地位に立つという伝統が踏襲され

ており，大統領に就任する前，あるいは大統領候補として党内選挙に出馬する際に，党役職を辞することが通例となっている。したがって，事実上，大統領と党首が同一人物になることはない。よって，フランスの政党党首は，大統領職への待機組とみなされるか，自党出身の大統領のために党務に専念する者とみなされる傾向にある（宮畑 2012：93）。

　社会党の場合，党首にあたるのは第一書記（Premier Secrétaire）である。第一書記は，3年ごとに開かれる全国大会（党大会）の後，各支部総会において実施される党員投票により選出される（同前）。右派 UMP（Union pour un Mouvement Populaire, 国民運動連合）の場合，党首に当たる職は，総裁（Le Président）である。総裁は，副総裁及び幹事長の補佐を受ける。総裁，副総裁及び幹事長は幹部チーム（L'équipe dirigeante）を構成し，3年ごとに開かれる党大会においてチームとして選出される。党大会の構成員は，党費を支払った全党員である（同前：96）。

（2）大統領（候補）個人と政党

　次に，主要大統領時代の大統領（候補）個人と政党の関係について見てみよう。まずドゴール時代についてである。62年憲法改正は，ドゴールの意に反して次のような帰結をもたらした（高橋 1994：131-133；土倉 2016：21）。ドゴールは，ドゴール政党の党首として一般国民に受け入れられるにいたった。しかし，ドゴール自身からすれば，大統領はあらゆる政党から超然としているべき者であった。ドゴール政党は政党ではなく，左右を超えた国民全体の結束を表す，フランス全体を代表するものと主張した。それゆえ，先述したように，組織名も政党（parti）ではなく，結集ないし連合（rassemblement）であった（川嶋 2014：165）。とはいえ，1962年の国民投票と国民議会選挙はドゴールの陣頭指揮のもとに戦われた。この過程で，58年時点におけるようなドゴールへの党派を超えた圧倒的な支持はなくなる。

　結果的には62年国民議会選挙はドゴール派の政党 UNR と UDT（Union Démocratique du Travail, 労働民主連合）に圧倒的な勝利をもたらした。反ドゴール派の中では，社会党と共産党が議席を伸ばしたのに対し，中間派および極右が大きく後退した。したがって，ドゴール派対反ドゴール派の対立が，右派対左派の対立として現れることになった。この対立がその後のフランスの政治構造

の持続的な特徴となる。

　第二に，ミッテラン時代についてである。フランス社会党は1905年に SFIO として結成された。1960年代末に存亡の危機に立たされた同党は，派閥を結集して1971年のエピネー大会で党員でもない弱小党派のミッテランを第一書記に選出し，社会党となった。同党は柔軟で分権的な組織体を維持し，地方選挙で公職を獲得し，市民団体や労働組合の支持を得るようになる。ミッテランは，このように政党を踏み台として大統領に上り詰める。

　ミッテランは共産党等を含めた左派を統一し，左派ブロックでドゴール派に対峙するという戦略を採った。そもそもはドゴールの第五共和制と憲法に反対していたミッテランだが，憲法と二回投票制で直接選出される大統領になるために積極的にその制度を用いることとした。「転向」を遂げたのである。74年大統領選では僅差で敗れたが，これを契機に左派陣営内の支配基盤を確立した（ヴィノック 2016）。

　しかし，その後も党内での派閥争いは続く。政権獲得後の社会党はイデオロギー的一貫性を欠き，派閥領袖にポストを配分する「大統領選のための厩舎」化（レイ・吉田 2015：115）していく。その意味で，大統領や党首が常に絶対というわけではない。

　第三にシラク時代についてである。シラクは官僚からドゴール派の政治家になった。しかしながら1974年の大統領選挙ではドゴール派直系候補を支持せず，ジスカール＝デスタンを支持し，同大統領の下で首相に就任した。同時にドゴール派の UDR（Union des démocrates pour la République，共和国民主連合）党首に選出され，76年の首相辞任後に RPR を創設した。また，1977年から95年の大統領就任までパリ市長を同時に務める。その後，大統領一期目までは，RPR は事実上シラクの政党であった。

　しかしながら，極右候補が2002年の大統領選挙で決選投票に残ったことから，同選挙および直後の国民議会選挙の過程で，中道派がシラク派に吸収された。大統領選挙後の同年4月，シラク大統領を中心とした旧ドゴール派 RPR と DL（Démocratie Libérale，自由民主党），中道派 UDF の多くにより国民議会選挙のために集結した政党連合 UMP（Union pour la Majorité Présidentielle，大統領多数派のための連合）が結成され，同国民議会選挙で大勝した。同連合は，UMP（国民運動連合）へと同年11月に改称した。同党はシラク大統領の与党ではあっ

たが，憲法改正により彼の任期が2007年までと決まってしまっていたこと，自身や側近であったジュペ（Allan Juppé）らの汚職疑惑，05年の欧州憲法批准の国民投票での否決の中で，シラクは球心力を低下させた。

（3）党のリーダーと大統領候補選考：サルコジ時代，オランド時代
　このように2000年代になると，大統領候補となるべき者が，外部から政党組織を掌握すること（ミッテランの事例）や個人のカリスマ性を基に党組織を掌握すること（シラクの事例）が困難となってきた。しかしながら，大統領を目指す者は党組織を掌握しなければ選挙に勝てないし，大統領候補を輩出しない政党には存在意義はない。その中で，社会党でも UMP でも，党員の関与拡大，党組織の民主化の傾向が生じる。社会党はオープン・プライマリ（開かれた予備選挙）の実施によって大統領候補者選びに決着を付け（後述），その過程で党員や党活動家が果たす役割が高まった。UMP においても，党員はリーダー・幹部の決定を承認・追認するためのリザーブ源としての機能を果たしてきたが，党員を2004年には20万人にまで増やすなど，構成の刷新を実現しつつ，多元的な党内をコントロールする力量をもつリーダー選出に党員が関与するようになった（レイ・吉田 2015：138）。さらに，二大政党共に，党首の選出とは別に大統領候補の選出を行うことが，党規約上，明記された（宮畑 2012：93）。
　UMP の規約では，大統領候補は党大会で選出されるが，現職大統領が再び大統領候補となる場合であっても，党大会における投票に付されることになっている。2007年及び12年の大統領候補予備選挙では，いずれも候補者が1名（サルコジ）のみであったため，競争的な選挙は行われなかった。2007年の場合，サルコジは1月の党大会で98.1％の支持を受け，正式に同党公認の大統領候補となった。12年の場合，まずサルコジ大統領が正式に次期大統領選挙への再出馬を表明した。規約上は現職大統領であっても党公認の候補者となるためには，党大会での投票を経なければならないが，実際には党大会は開催されず，同年3月11日のヴィルパントにおける集会において承認するという手続が採られた。
　社会党は大統領候補者指名に際し，党員による予備選挙を行うことを規約に定めている。同候補者は，支部総会に参集した党員全員の秘密投票によって選出される。第1回投票における当選のためには過半数獲得が要件となる。該当者がいない場合に行われる決戦投票には，得票数上位2名が進み，第1回投票と同様の

第3章　フランス

方法で行われる。立候補者の登録は，全国評議会（Conseil national）が行う。なお，選挙権は6か月以上在籍している党費納入党員にある。党員が参加する競争的な予備選挙は，1995年，2007年，12年，17年の大統領選挙の候補者指名の際に実施されている。その内前2回は，上記手続のとおり有権者が党員のみに限定される閉鎖型予備選挙が実施されたが，2012年大統領選挙に向けて実施された選挙（2011年10月）から，オープン・プライマリ（一般有権者による党大統領選候補者の指名制度）が採用されている（宮畑 2012：95）。

■サルコジ時代

　サルコジは，2004年11月に党総裁のポストに就き，党員数を倍増させた上で，UMPを「選挙マシーン」として活用するようになる（渡邊 2015：173）。さらに，シラクやその側近であり首相であったドビルパンの支持低下の間隙を縫って，一気に大統領候補に躍り出て，バラデュール，ラファラン，ジュぺらの重鎮かつ首相経験者，さらにはシラクの支持を取り付けた。その後，前述のように，党員による大統領候補者指名制により，2007年1月に大統領候補となっていく。
　サルコジは大統領就任後も選挙マシーンとしての党を活用すると共に，個人的なパフォーマンスを展開し続けたものの，2012年大統領選で社会党オランドに敗退してしまう。

■オランド時代

　前述したように，社会党は候補者選出にオープン・プライマリ導入し，2011年10月に実施した（レイ・吉田 2015：123-126）。全国9,400以上の投票所で投票が行われた。投票資格は1ユーロ（約130円）以上を払えば誰でも得られた。この制度の効果は上々であり，第1回投票で260万人，第2回投票では286万人以上の投票者があった。第1回投票では過半数の票を得た候補者がいなかったことから，オランド前第一書記とオブリ（Martine Aubry）第一書記が決選投票に進み，オランドが勝利した。一連の過程を経て，社会党の国民人気は一気に上昇した（渡邊 2015：229）。
　オランド自身は，それまでに下院議員，第一書記を務めたが，閣僚経験はなかった。党内では強力なリーダーというよりは，合意追求型のマネージャーと見なされていた。党内での選考過程においても，有力であったシュトラウス＝カン

(Dominique Strauss-Kahn) が性的スキャンダルで離脱するなどした結果，大統領候補となり得た。大統領選挙でも「ハイパー大統領」サルコジへの国民の拒絶感とともに，彼が「凡人」であることが奏功した (Kuhn and Murray 2013：3-4)。

（4）ポグントケとウェブの指標に照らして

フランスにおいては，自らの政党から自立的に政策を立案するリーダーの能力は，第五共和制以降元来高い。「政党内におけるリーダーの権力」について見ると，リーダーを選ぶための党内直接選挙の制度化が21世紀に入ってから見られ，最も経験のある政党政治家ではないサルコジのような人物が筆頭候補者に選ばれることもある。とはいえ，リーダーの党内基盤や資源が強力なまま推移する期間は短くなってきている。よって，第二の観点に照らした時，大統領制化が近年一層進んでいるとはいえない状況である。

4　大統領選挙の過程とメディア

クリフトはフランスの選挙過程の大統領制化について，マスメディアの個人への焦点化に着目した（クリフト 2014：335-342）。フランスにおいては，世論調査機関やマスメディアによる世論調査が頻繁に行われる。特に大統領選挙に対する調査は多く，「次の大統領にふさわしいのは誰か」「次の大統領選で決選投票に進むのは誰か」といった問いを含む調査が，早い時期から頻繁に行われる。例えば，オランド大統領就任1年後の2013年4月の CSA と BFMTV による調査では，「次の日曜に大統領選第一次投票が行われるとしたら，誰に投票しますか」という設問がある。任期を4年残した現職オランドという回答は19％しかなく，サルコジ34％，ルペン (Marine Le Pen) 23％というような結果が公表される (BFMTV 2013)。このような形でマスメディアによっても，フランス政治は大統領（候補）に個人化されていく。

次に大統領選挙の過程におけるメディアと候補者中心主義についてである。

1981年の大統領選挙の際には，フランス人の68％がテレビで選挙運動を追い，45％が新聞・雑誌で，33％がラジオで追っていたというデータがある（イスマル 1994：157）。

21世紀に入って以降，その動向が変化してきている。2012年の世論調査では，

まずニュース一般の主要な入手源は，テレビが56％，ラジオ19％，インターネット12％，新聞・雑誌が12％となっている（TNS-La Croix 2012）。それが2016年には，テレビ54％，インターネット20％，ラジオ18％，新聞・雑誌が7％となっている（TNS Sofres-La Croix 2016）。インターネット利用率が上昇した分，紙媒体が減っている。

　2012年大統領選挙時に選挙に関わる主要情報源の調査（二つまで回答可）では，テレビ（74％），インターネット（40％），ラジオ（34％），全国紙（20％），地方紙（6％），フリーペーパー（6％）という順になっている（Institut CSA-Observatoire Orange-Terrafemina 2012）。なかでも，BFM TV や i>Télé といった無料の24時間ニュース専門チャンネルができ，大きな影響を及ぼしている。

　2011年10月の社会党候補選出予備選挙において，テレビ局 France 2 は9月15日に6予定候補の討論会を企画し，平均500万人の視聴者を得た。i>Télé は同じく28日に60万人，10月6日の BFM は140万人を得た。オランド対オブリの決選投票前の10月12日の France 2 での討論会は590万人が視聴した。2012年1月には，経済危機などに関するサルコジへのジャーナリストのインタビューが，九つのチャンネルで放映され，1,650万人が視聴した。3月上旬の TF 1 での「候補者が語る」には国民戦線候補が登場し，500万人が視聴した。オランドとサルコジへの継続的なインタビューをまとめ，大統領選挙第1回投票1週間後に放映された France 2 の番組「言葉と行動」は，620万人が視聴しており，視聴率は25％を超えた。伝統的に決選投票の数日前に行われている1対1のテレビ討論は，2007年選挙時の2,000万人には及ばなかったが，1,700万人以上が視聴したことになる。これらのデータから，多くのフランス人が選挙運動に関心を持っていると同時に，候補者個人に焦点が当てられる選挙戦において，テレビが候補者にとってのイメージ作りに重要な役割を果たしていることがわかる（Kuhn 2013：144-147）。

　インターネットも候補者と有権者の双方向性が確保されるという理由で積極的に活用されるようになってきている。しかしながら，2012年の調査によると，メディアに対する信頼度は，テレビが48％，ラジオ58％，新聞51％に対し，インターネットは37％にとどまっている（TNS-La Croix 2012）。選挙戦において，テレビは候補者を追い，候補者においてはテレビ活用戦略が引き続き極めて重要ということになる。

オランドも大統領選挙においてイメージ戦略を駆使した。10キロの減量に成功し，「お人好し」のイメージを払拭，精かんで俊敏な政治家のイメージを有権者に焼き付ける戦術を採り，成功した（渡邊 2015：229）。

5　国民戦線の伸張とマクロン大統領誕生

　2017年4月から5月にかけて行われる大統領選挙について，オランド大統領は2016年12月1日に早々と不出馬宣言をテレビ演説で行った。現職大統領が2期目の再出馬を断念したのは，第五共和制で彼が初めてであった。オランドは「シャルリー・エブド」襲撃事件への対応で一時期評価されたものの，失業問題やテロ事件多発により，その支持率は低迷を続けた。その中で，17年1月に社会党が大統領候補を選ぶ予備選挙を実施した。候補者9名による第1回投票，決選投票の結果，アモン（Benoît Hamon）が候補者に決まった。しかしながら，予備選のしこりが残り，敗退したヴァルス（Manuel Valls）前首相がマクロン支持にまわるといった亀裂が生じた。現大統領与党の候補者が自党議員や有力者すら取り込むことができず，大統領選本戦での社会党の分裂と凋落は決定的となった。

　かたや最大野党共和党（Les Républicains, UMPから2015年5月30日に改名）は，2016年11月に党内予備選挙を行った。第1回投票では，フィヨン（François Fillon）とジュペ（いずれも元首相）が上位を占め，第3位に終わったサルコジ前大統領が，政界引退と決選投票でのフィヨン支持を表明した。第2回投票（決選投票）では，フィヨンが66.5％の得票率でジュペを破り，大統領候補に選ばれた。

　二大政党の候補者が出そろった時点では，フィヨンが最有力候補であった。しかし，勤務実態のない妻への給与不正支払い疑惑，つまり「政治とカネ」の問題が2017年1月下旬に表面化して以降，彼の支持率は低下し，国民戦線のルペンとマクロンの後塵を拝することとなった。

　マクロンはトップエリート養成校国立行政学院（ENA）卒業後，財務省財政監査総局，ロチルド＆Cie（投資銀行）を経て，オランド政権下で大統領府副事務総長の後，経済・産業・デジタル大臣を務めた。2016年4月には，「左派右派のあらゆる良き意思を結集」して「左派でも右派でもない政治」を目指すと宣言し，政治運動「前進！（En Marche !）」を結成した。8月30日に経済相を辞任するもの

の，大統領選出馬表明を行ったのは11月16日になってからである。社会党予備選前に「前進！」のみから支持を受けた無所属での立候補である。

　上記のような政権与党社会党の不人気，共和党フィヨンの不正疑惑による自滅の結果，第1回投票ではマクロンが24.0％，ルペンが21.3％を獲得し，決選投票に進んだ。共和党と社会党という既存二大政党，二大ブロックの候補が誰も決選投票に進めなかったことは第五共和制史で初めてのことであり，二大政党の得票率は合計でも約25％と過去最低となった。ルペンは約750万の有権者の支持を得た。2002年にその父親であるジャン・マリー・ルペン（Jean-Marie Le Pen）前党首が決選投票に進んだ際の約480万という第1回投票での獲得票数を大きく上回った。

　決選投票では，マクロンが66.10％，ルペンが33.90％とマクロンが圧勝した。しかし，第1回投票から決選投票までの期間中，反ルペンや反国民戦線だけでなく，「ルペンでもマクロンでもない」という有権者によるデモが起こったことに象徴されるように，投票率は74.56％と1969年に次ぐ史上2番目の低さとなり，白票・無効票も計8.59％と史上最高になった。

　マクロンはこのような経緯の後，5月14日に第八代大統領に就任し，翌15日には共和党のフィリップ（Édouard Philippe）を首相に任命する。フィリップはENAを出た後，コンセイユ・デタ（国務院），UMP事務総局長，下院議員などを経ている。17日には首相の提案に基づいて，22名から成る新内閣が発足した。中道，右派，左派，環境派，マクロンの側近が混在する内閣である。

　続く6月に実施された国民議会選挙（小選挙区二回投票制，定数577）で，マクロン派（5月8日に党名を変更した「共和国前進」La République En Marche！と中道派）は350議席を獲得した。特に彼の支持母体「共和国前進」の当選者308人中の91％が，民間企業や市民団体出身の新人である。続く共和党会派が140議席，社会党会派が34議席，共産党会派が27議席，国民戦線が8議席等となっている。公職兼任の制限が厳しくなり，多くの大物政治家が国会議員職よりも地方の公職に就くことを選択し，総選挙で立候補すらしなかったこともマクロン派には有利に働いた。また，この総選挙でも棄権率が際立った。

　選挙での得票率と議席獲得率で見ると，マクロンは50年前のドゴール並みの政権基盤を得ており，5年間は安泰であり，盤石であるように見える。しかしながら，世論の評価は厳しい。発政権足後100日間の政策に「満足」と答えた国民は

36％に過ぎず，2ヶ月前の64％の支持率から急落している。同時期のオランド前大統領に対する「満足」との回答率（46％）をも下回った（Ifop 2017）。

　こうしてみると，フランスにおける狭い意味での政治システム上の大統領制化ないし大統領中心主義は，21世紀に入っても第五共和制初期（1962年当時）と大きくは変わってはいない。つまり「半大統領制」の大統領制化が近年一層進んでいるとはいうことはできない。しかしながら，執政府と議会多数派を掌握したと見える大統領でも，就任直後から国民の支持を失い，その存在感や権威を喪失するという状況が生じている。これをどう見るかは本稿の課題ではないが，経済だけでない政治のヨーロッパ化やグローバル化に，強い大統領であっても立ち向かえないという皮肉な事態が生じているようである。

　注
　1）　Massot（2008：149）に掲載されたデータを基に割合を算出。

　参考文献
BFMTV (2013) "Sondage BFMTV - Aujourd'hui, Marine Le Pen serait au second tour de la présidentielle." http://www.bfmtv.com/politique/sondage-bfmtv-aujourdhui-marine-pen-serait-second-tour-presidentielle-504138.html（2017年11月6日）
Cayrol, R. (1985) "Le Rôle des Campagnes Électorales," in D. Gaxie (dir.), *Explication du Vote Un Billion des Études Électorales en France*, Paris: Presses de la FNSP, 385-417.
Clift, B. (2005) "Dyarchic Presidentialization in a Presidentialized Polity: The French Fifth Republic," in T. Poguntke and P. Webb (eds.), *The Presidentialization of Politics: A Comparative Study of Modern Democracies*, Oxford: Oxford University Press, 221-245. ベン・クリフト，佐川泰弘訳（2014）「大統領制化された政治体における双頭的大統領制化──フランス第五共和制」T・ポグントケ／P・ウェブ編，岩崎正洋監訳『民主政治はなぜ「大統領制化」するのか──現代民主主義国家の比較研究』ミネルヴァ書房，318-353。
Cole, A. (1990a) "The Evolution of the Party System, 1974-1990," in A. Cole (ed.), *French Political Parties in Transition*, Aldershot: Dartmouth, 3-24.
─── (1990b) "The Return of the Orleanist Right: The Union for French Democracy," in A. Cole (ed.), *French Political Parties in Transition*, Aldershot: Dartmouth, 106-139.
Duverger, M. (1996) *Le Système Politique Français*, 21ème éd, Paris: PUF.

Elgie, R. (2013) "The French Presidency," in A. Cole et al. (eds.), *Developments in French Politics 5*, London: Palagrave Macmillan, 19-32.

Ifop (2017) "Le Bilan Des 100 Jours d'Emmanuel Macron." (2017.08.18). http://www.ifop.com/?option=com_publication&type=poll&id=3829（2017年11月6日）

Institut CSA-Observatoire Orange -Terrafemina (2012) "La Webcampagne 2012." http://www.lefigaro.fr/assets/pdf/observatoire-orange-terrafemina.pdf（2017年11月6日）

Ismal, C. (1990) *Le Comportement Electral des Français*, nouvelle édition, Paris: La Découverte. コレット・イスマル，森本哲郎訳（1994）『選挙と投票行動の政治学』法律文化社。

Kuhn, R. and R. Murray (2013) "France's Left Turn: Mapping the 2012 Elections," *Parliamentary Affairs*, Vol. 66, Issue 1: 1-16.

Kuhn, R. (2013) "The Box Trumps the Net? Mediatising the 2012 Presidential Campaign," *Parliamentary Affairs*, Vol. 66, Issue 1: 142-159.

Massot, J. (2008) *Chef de l'État et Chef du Gouvernement*, Paris: La Documentation Française.

Morris, P. (1994). *French Politics Today*, Manchester; New York: Manchester University Press. ピーター・モリス，土倉莞爾・今林直樹・増島建訳（1998）『現代のフランス政治』晃洋書房。

Peyrefitte, A. (2000) *C'Était de Gaulle*, Paris: Gallimard.

Pierce, R. (1995). *Choosing the Chief: Presidential Elections in France and the United States*. Ann Arbor: University of Michigan Press.

Poguntke, T. and P. Webb (2005) *The Presidentialization of Politics: A Comparative Study of Modern Democracies*, Oxford: Oxford University Press. T・ポグントケ／P・ウェブ編，岩崎正洋監訳（2014）『民主政治はなぜ「大統領制化」するのか──現代民主主義国家の比較研究』ミネルヴァ書房。

Samuels, D. J. and M. S. Shugart (2010) *Presidents, Parties, and Prime Ministers: How the Separation of Powers Affects Party Organization and Behavior*. Cambridge: Cambridge University Press.

TNS-La Croix. (2012) "Baromètre 2012 de confiance des Français dans les media." http://www.tns-sofres.com/publications/barometre-2012-de-confiance-des-francais-dans-les-medias（2017年11月6日）

────── (2016) "Baromètre 2016 de confiance des Français dans les media." http://www.tns-sofres.com/publications/barometre-2016-de-confiance-des-francais-dans-les-media#（2017年11月6日）

Winock, M. (2015) *François Mitterand,* Paris：Gallimard．ミシェル・ヴィノック，大島厚訳（2016）『ミッテラン──カトリック少年から社会主義者の大統領へ』吉田書店．

岩崎正洋（2015）『比較政治学入門』勁草書房．

川嶋周一（2014）「フランス」，網谷龍介他編『ヨーロッパのデモクラシー（改訂第2版）』ナカニシヤ出版，122-170．

国末憲人（2009）『サルコジ──マーケティングで政治を変えた大統領』新潮選書．

鈴木尊紘（2008）「第5共和国憲法の改正」『外国の立法』2008年10月号．http://www.ndl.go.jp/jp/diet/publication/legis/23701/02370104.pdf（2017年11月6日）

高橋和之（1994）『国民内閣制の理念と運用』有斐閣．

土倉莞爾（2016）「半大統領制とコアビタシオン──ド・ゴールからミッテランへ」『関西大学法学論集』第66巻第4号：787-830．

野中尚人（2015）「フランス──第五共和制の『半大統領』と『合理化された議会主義』」佐々木毅編『21世紀デモクラシーの課題』吉田書店，299-347．

宮畑建志（2012）「政党リーダーの選び方──諸外国主要政党の党首選出手続を中心に」『レファレンス』平成24年8月号：65-98．

横尾日出雄（2010）「二〇〇八年七月二三日憲法改正とフランス第五共和制憲法における統治制度の改革」『社会科学研究』（中京大学社会科学研究所）第30巻第1・2号：270-226．

吉田徹（2016）「『大統領化』の中のフランス憲法改正」駒村圭吾・待鳥聡史編『『憲法改正』の比較政治学』弘文堂，176-199．

レイ，アンリ＆吉田徹（2015）「フランス二大政党の大統領制化」吉田徹編著『野党とは何か』ミネルヴァ書房，109-141．

渡邊啓貴（2015）『現代フランス──「栄光の時代」の終焉，欧州への活路』岩波現代全書．

第4章

多極共存型民主主義における大統領制化とその後
―― ベルギーの場合

松尾秀哉

1　ベルギーと大統領制化

　本章は，非同質的な社会を有し，本来合意や妥協の政治を必要とするベルギーにおける「大統領制化」（ファイアース&クロウェル 2014：182-225．以下 F&K）をめぐって考察する。特に本章では，かつてファイアース（Stefaan Fiers）とクロウェル（André Krouwel）によって論じられた，ベルギーにおける大統領制化の「その後」の動向を検討したい。すなわちベルギーの大統領制化は進行しているのか。そして，その検討を通じて改めて大統領制化という議論の妥当性とベルギー政治の展望を考察してみたい。

　以下ではまずベルギーという国を簡単に紹介し，近年の政治の動向を述べて，本章が扱う時期とその意義を明確にする。続いてファイアースとクロウェルの議論，その後のベルギーに関する「大統領制化」の議論を検討し，本稿の分析視角を論じる。そして，主にベルギーの大統領制化の「その後」を，政党組織，選挙過程，執政府の別で検討する。

　本章の主張は，第一にベルギーでは「その後」において，「分裂危機」という政治的空白期が見られたが，それにもかかわらず，ユーロ危機を背景に政策決定の「大統領制化」傾向が見いだせたこと，第二に，ファイアースとクロウェルが掲げていた首相の「在職期間の長期化」が，必ずしも「大統領制化」する首相の権力資源になるとは限らず，むしろ「危機」的状況こそが「大統領制化」を促すこと，よってヨーロッパが混乱している時には，「大統領制化」傾向が顕著になる可能性が高いという点である。

2　ベルギー政治と「分裂危機」[1]

（1）ベルギーの歴史

　ベルギー王国は1830年にオランダから独立した。フランス，ドイツと国境を接し，海を隔ててはいるがイギリスとも近い。主要三大国に挟まれる「西欧の十字路」に位置する。面積は約3万平方キロメートルで日本の四国程度，人口は1,100万人程度の小国である。小国ではあるが，「十字路」という地理的条件ゆえに交易，軍事の拠点として，歴史上，フランス，スペイン，オーストリア，ネーデルラント（現在のオランダ）等がこの地を支配してきた。こうした複雑な歴史を経て，ベルギーは多言語国家として独立した。北部フランデレン地方はオランダ語を話す人びとが住み，南部ワロン地方はフランス語を話す人びとが住む。人口比はおよそ6対4である。ただし，首都ブリュッセルは古くから欧州の交易，軍事拠点そしてキリスト教の布教拠点として発展し，現在ではEUやNATOの本部がある国際都市である。そのような歴史を抱えているため，フランデレン地方に位置するが，人口のおよそ8割がフランス語を話し，「両語圏」とされる。

　独立当初は，フランスの革命思想に影響され，オランダの君主政治に反発したフランス語話者が中心となって，フランス語を唯一の公用語とした国家形成が進んだ。しかし，やがてそれに対抗して，オランダ語話者による，オランダ語の公用語化を目指す「フランデレン運動」が台頭した。特に普通選挙制が成立した19世紀末以降，フランデレン運動は拡がり，オランダ語とフランス語の対立が政治化していくようになった。この対立を一般に「言語問題」と呼ぶ。言語問題の結果，20世紀前半にベルギーは地域によって公用語が異なる国となった。

　本来こうした社会的亀裂を抱える国家において安定的な民主主義は維持できないと考えられていた。しかし，長い時間をかけて対立と和解を繰り返した結果，それぞれの宗教や階級的イデオロギーに基づく既成政党による「政党支配体制」が確立され，さらにそれぞれの「卓越したエリート」間の「妥協」による合意形成によって，政治的，社会的安定が維持されてきた。

　このような，社会的亀裂を前提とした「政党支配体制」とエリート間の「妥協」を特徴とする民主主義を「多極共存型民主主義」と呼ぶ。これは少数派の拒否権を保障することが多く，多民族国家において少数派の利益を排除しない政治

のスタイルであり、即断即決を旨とする多数決型民主主義とは異なる民主主義の類型として、制度的にも理念的にも一定の評価を得てきた。

しかし第二次世界大戦後になると、それまでベルギーの経済をけん引してきたワロン地方（フランス語）の石炭の需要が急落し、他方で大きな港を有するフランデレンに外資が集中し、双方の経済的地位が逆転した。当時の政府が炭鉱閉鎖を強行したため、失業者を大量に抱えたワロンの炭鉱労働者を中心とする労働組合は激しく抵抗し、単に言語が異なるだけではなく、「貧しいワロン（フランス語）」と「裕福なフランデレン（オランダ語）」の対立が激しくなっていった。特に1960年代には両語圏であるブリュッセルの位置づけをめぐって双方の対立が激しくなり、キリスト教民主主義、社会、自由党といった主要3政党が言語・地域の別で対立して、ベルギーは危機的状況に陥った。1968年以降、それぞれがフランデレン、ワロンの地域政党に分裂していった。

当時のベルギー政府はこの行き詰まりを打開しようとして、1970年からそれぞれの地域（言語）の自治を認める分権改革を進め、さらに約四半世紀の議論と改革を経て1993年には連邦制を導入した。この間、ベルギー政府が担うことは主に安全保障（軍）や外交、社会保障に限定され、公共事業などの経済政策はそれぞれの地域政府に委ねることとした。さらに少数派（フランス語話者）が政策過程において一定の拒否権を行使できる「アラームベル制度」や、言語別の大臣数を同数にすることを憲法上保障し、少数派の利益を保護した。多極共存型民主主義の仕組みをより制度化して徹底し、言語問題を解消しようとしたという点で、これは「多極共存型連邦制」と呼ばれ、成立当初は「地域的一言語主義の採用と言語境界線の確定により、独立後生じた主要な問題は一応の解決が与えられ、今日では言語境界線沿いの少数者保護措置を巡る問題に収斂した」（武居 2002：52）と評価されていた。

（2）現代のベルギーが抱える問題

ところが、その後約20年を経て対立が再燃した。最大の問題はフランデレンとワロンの経済格差であった。1960年代の対立の原因となったフランデレンとワロンの経済格差は、連邦制の導入後も解消されず、「フランデレンの税収に依存するワロン経済」という図式が定着していた。特に冷戦が終結して「小さな政府」を掲げる新自由党勢力が台頭すると、それに乗じて中央（連邦）政府から分権化

を進めてフランデレンの経済的自治を高め，フランデレンの独立を主張する地域主義政党が支持されるようになった。

やがて主要政党も地域主義の主張に追従するようになり，2007年選挙においては野党であったフランデレン・カトリック政党（Christen-Democratisch en Vlaams：CD&V）が，フランデレンの分離独立を掲げた地域主義政党，新フランデレン同盟（Nieuw-Vlaamse Alliantie：N-VA）と選挙連合を形成し，さらに「フランス語話者にはオランダ語を理解できない」と民族主義的アピールを繰り返して勝利した。しかしワロンに敵対的な発言を繰り返した CD&V のリーダー，ルテルム（Yves Leterme）を中心にしたワロンとの連立交渉はスムーズに進まなかった。約半年の対立と交渉が続き，国王アルベール 2 世（Albert II）の指示により，同年12月に N-VA を排除した暫定政権を発足させた。

その後2010年の選挙では N-VA が第一党に躍進した。選挙後「将来的なフランデレンの分離独立」を掲げる N-VA と，それに反発するワロン諸政党との連立合意形成は前回以上に困難で，結局第一党の N-VA を排除して，ディ・ルポ（Elio Di Rupo）を首班とする大連立政権が成立するまで541日もの時間を要した。おおよそ2007年選挙以降繰り返された合意困難な時期を「分裂危機」と呼ぶ。

しかし，その後のディ・ルポ新政権の下では，財源の分権化が進み，その補償としてフランス語地域に対する補助金の拠出も認められた。すなわち双方の要求に応えた，妥協的な政策に落ち着いたのである。

こうして見てみると，主に2007年以降（つまり『大統領制化』原著出版以後），ベルギーでは地域主義政党が台頭し，主要政党がそれに追従する状況が生まれ，「分裂危機」に陥った[2]。以上のような「分裂危機」という状況を大統領制化論の文脈で再考することが本章の目的である。以下では改めてファイアースとクロウェルの議論を見て分析の視点を明確にしておこう。

3　先行研究と分析の視点

（1）ベルギーにおける大統領制化

ファイアースとクロウェルは，ベルギーを取り上げ，特に1980年代以降のマルテンス（Wilfried Martens），デハーネ（Jean-Luc Dehaene），フェルホフスタット（Guy Verhofstadt）の各政権において，「首相の憲法上の権限や公式の政治的権限

に何ら重要な変更がなかったにもかかわらず」執政府レベル，政党レベル，選挙レベルにおいて，「明確な統治スタイルを取ることで自らを『強力な』首相として誇示することに成功した」(F&K：183) と指摘し，多極共存型民主主義国家における「政治の大統領制化」を指摘した。つまり「多極共存型民主主義」のまま，非公式な「巧みな政治的行為」(F&K：185) によって「大統領制化」が進行したと指摘している。

　より具体的には，第一に，執政府における閣僚の任命権は，議会外勢力や派閥（ポグントケらの言い方を用いれば「拒否権プレイヤー」）の影響が排除され，実質的に党首に移行した。第二に，連邦制による分権化の結果，主要な政策決定権を地方に奪われたため閣僚が権限を失う傾向が進み，「首相に対する閣僚の影響力が低下」し，また政策的な自律性を高めた各地方政府の調停者として「首相は自身の閣僚に対して戦略的および心理的強みを得ている」ことが挙げられている。そして，特に「ベルギー……の首相が政策形成に対して行使する最大の権限」として，アジェンダ・セッティングにおける「閣内内閣」の影響力が高まっていることを強調している。以上のような執政府レベルにおける首相の，他の閣僚や議会からの自律が「大統領制化」の第一の特徴である (F&K：186-188)[3]。

　次に政党レベルでは，党指導部の権限の強化，そして議会外組織からの自律性の増大が指摘されている (F&K：193-195)。より具体的には，1990年代に各主要政党において候補者リスト作成方法や党首選出方法の改革が進み，党指導者の発言力の強化が進んだという。従来議会外組織と派閥によって決められていた党首や候補者リストは，民主的な方法で決められることとなり，それに従って派閥の影響力が排除され，相対的に党首や指導部の権限が暗黙裡のうちに高まったという (F&K：198-200)。換言すれば，政党指導部が政党から影響を受けず，自律する傾向が高まったのである。

　最後に選挙レベルにおいては，従来，階級や宗派性，言語といった属性によって投票行動が強く左右されるはずの多極共存型民主主義において，メディア報道と政治の個人化が指摘される[4]。ただし，ファイアースとクロウェルによれば，こうした「個人化」はオランダに顕著であり，ベルギーにおいては1958年の選挙に遡ることが指摘されるが，近年において目立つ現象ではない (F&K：204-208)。よって，メディアの問題を除く他の視点で，ベルギーの「その後」の「大統領制化」の可能性について検討することにしたい。以下，本章では特に「在職期間の

長期化」に注目することを説明する。

（2）分析視角：在職期間の短縮化と大統領制化？
　ファイアースとクロウェルは，ベルギーにおいて，1980年代以降の3人の首相，すなわちマルテンスが9期12年，デハーネ，フェルホフスタットがそれぞれ2期8年の政権を維持したことを取り上げて「在職期間の長期化」が見られるとし，「概して言えば，ベルギーとオランダの政権の持続性が高くなったことで，両国首脳は，閣僚および官僚に対するより一層の権威を獲得し，政策決定における自律性を高めた」(K&F：193)とする。すなわち在職期間の長期化は，ファイアースとクロウェルによれば，大統領制化を支える権力資源の一つになっている。
　もしこの点をそのまま受け止めるならば，戦後のベルギーにおいては，戦後直後の混乱期を除くと，1950年から79年までの30年間で10名の首相が交替した（平均3年/人）。ファイアースとクロウェルが指摘した，続く1980年から2007年までの約30年間は先の3人である（平均10年/人）。確かに在職期間は長く，それゆえ80年代以降の首相は「長期化」という権力資源も用いて大統領制化を進めたということができる。
　確かに「長期化」は大統領制化の権力資源の一つとして考えることもできよう。例えばサッチャー（Margaret Thatcher）やブレア（Tony Blair）などこの文脈で引き合いに出される代表的な首相は，相対的に長期の政権を維持した。それがそれぞれを強い首相としたことも直感的に理解できる。もし「長期化」によって「大統領制化」がもたらされるのであれば，在職期間が長くなればなるほど当該首相は拒否権プレイヤーを封じ込め，自律的に行動して「自らを『強力な』首相として誇示する」ことができるはずだ。換言すれば，在職期間が長くなればなるほど，首相は強くなる。
　しかし，理論的には若干の疑問も残る。実際には長く在職していれば，国際環境の変化の中で判断ミスや汚職が発生し，永遠にそこに留まることはできないのが現実だ。在職期間が長くなれば自然に首相が強くなるわけではなかろう。よって，本章ではこの「在職期間」という権力資源が理論的にどの程度妥当性をもつのかという点を念頭に議論を進めてみたい。
　この点を考慮すると，事例としてのベルギーは，2007年以降，フランデレンと

第 4 章　多極共存型民主主義における大統領制化とその後

表 4-1　在職期間と空白期間の長さ[5]

政　権	選　挙	交渉期間	成　立	在職期間（約）
フェルホフスタット（暫定）	2007年6月	186日	2007年12月	3か月
ルテルムⅠ	───	───	2008年3月	9か月
ファン・ロンパイ	───	───	2008年12月	11か月
ルテルムⅡ	───	───	2009年12月	6か月
ディ・ルポ	2010年6月	541日	2011年12月	2年半（～2014年6月）
期間計（約）	7年	2年		5年（平均1年/人）

出典：松尾（2015a, 2015b）をもとに筆者作成。

　ワロンの交渉が長引き，すなわち言語問題を要因として，7年で延べ五つの政権が交代した。つまり，相対的に短命政権が続いたのである。この時期のベルギーの首相の「大統領制化」の程度を見ることは，通時比較しやすいという点で一考の価値があろう。

　全体の傾向を見てみたい。表 4-1 には，2007年以降の「分裂危機」期のベルギーにおいて，各政権が誕生するきっかけとなった選挙が行われた年月，選挙後の政権成立までの交渉期間の日数，正式な成立年月，その日を起点にしたおおよその在職期間を一覧にした。例えばディ・ルポ政権は2010年6月の選挙後，541日の交渉を経て2011年12月に成立し，残りの任期（約2年半）を全うしたことを示す。

　また一番下の行には，この7年間において交渉期間の合計と，在職期間の合計が概算で示してある。それに従えば，この期間は一つの政権の在職期間が平均して1年で推移しており，これはベルギー政治史においては第二次世界大戦直後と同程度の短さである。

　実際にファイアースとクロウェルが示した「政治の大統領制化」の時期を過ぎると，ベルギーでは「分裂危機」の時期を迎えて，むしろ「ベルギー（首相）不要論」が際立っていた。この点を考慮すると，従来「長期化」という権力資源を有して大統領制化を進めてきたベルギーの首相は，その資源を喪失したといえる。よって「その後」において「大統領制化」が進んでいると言い切ることは難しい。

　この点について「その後」を論じる先行研究は，例えば地方政府の自律性が高まり，市長が地方議会においてアジェンダ設定に及ぼす影響力が増していると指摘するもの（Steyvers 2012）があり，これによれば地方における首長の独立性が

高まり，中央よりむしろ地方が相対的に自律性を高めているといえよう。また，特に最近の研究では，党首以外の政治家個人への選好投票が減ったという分析（Bram et al. 2016）や，地域主義を掲げる新政党において選好投票における党首への個人票の集中がみられるという指摘（Wauters et al. 2016：10）もあり，「その後」においては，むしろ「地方の大統領制化」というべき現象が生じているといえる。

　しかし，たとえ「地方の大統領制化」現象が進んだと見るにせよ，これらの成果は「地方」「地域」の動向のみに注目しており，連邦政府における大統領制化について見ていない。特に「在職期間」が短縮している期間の執政府（連邦政府）の大統領制化の状況を検討しなければ，ベルギーにおける大統領制化の進行具合は判断できないだろう。そこで本章では，特に「在職期間」が短縮するなかでの執政府の動向に注目して，ベルギーにおける政治の大統領制化の「その後」を検討したい。

4　ベルギーにおける大統領制化のその後

　本章が特に注目するのは，「執政府レベルで大統領化――分裂危機であるにもかかわらず――しているか否か」であるが，まず政党レベル，選挙過程レベルにおける大統領制化の側面を検討する[6]。

（1）政党レベルの党指導者のさらなる強化へ

　ベルギーは1993年に連邦制を導入した。これに伴い，政党の意思決定はより分権的になると考えるのが妥当であろう。つまり連邦制が導入されると，党組織も分散的になり党リーダーが自律的に行動する余地はなくなるのではないかとも考えられる。しかし，例えばフェルホフスタットは，1980年代末から1990年代初頭に移民排斥とフランデレンの独立を争点化して台頭した右派ポピュリスト政党，フラームス・ブロック（Vlaams Blok）に対抗して，「民主的な政党」を目指した。彼は，従来議会外集団が実質的に決定していた党首を，党員の選挙によって決定する等，意思決定の民主化を進めた。民主化とは，一見「大統領制化」とは反する改革のように映るが，これを通じて派閥が意思決定に及ぼす影響力は大いに弱められた。

ちなみに自由党はベルギーにおける最も古い政党であったが，19世紀末に大衆政党であるキリスト教民主主義政党や社会党が台頭するにつれ，1884年以来，第3党の地位に甘んじてきた。1955年に社会党と組んで4年間政権に復帰したが，その後は第3党，また連邦制改革が争点化した時は地域主義政党以下に，さらに環境問題が争点化した時は環境政党が支持を集めて，それ以下に転落することもあり，抜本的な改革に対する抵抗は小さかった。

　フェルホフスタットは「開かれた」自由で民主的な政党というイメージを打ち出し，政党名を OpenVLD（Open Vlaamse Liberalen en Democraten，開かれた自由民主党）に変更した。こうした改革が功を奏して，党は世論調査での支持を獲得していった。すなわち民主的な改革の故に自律性を強め，党指導部の「大統領制化」が進んだのである。

　1999年の選挙で党は半世紀ぶりにキリスト教民主主義政党である CVP（フランデレン）と PSC（ワロン）に勝利し，歴史的な政権交代につながった（松尾 2015b）。執筆時点において，党組織の改革の成功という点で，ファイアースとクロウェルが指摘するとおり，フェルホフスタットは，ベルギーにおける代表的な「大統領制化」した首相だった。

　他方で，この時半世紀ぶりに敗北したキリスト教民主主義政党（CD&V の前身で CVP）は，その後政権奪回のための党改革を急いぐことになる。しかし，その結果は単なる「顔」の交替だった（松尾 2015a）。実は1990年代前半の自由党の改革，その後の世論調査での自由党の支持の伸びを受けて，CVP も同様の「民主化」改革を試みた。しかし長い間与党の地位にあり続けた政党の改革は困難で，派閥の激しい抵抗のため改革は進まなかった。改革の機運が固まったのは1999年に CVP が野党に転落した後であったが，既得権益に執着する派閥の力はなお強く，党内は混乱して，党首が次々と交代しただけだったのである（Van Hecke 2012：4）。

　つまりフェルホフスタットによる自由党の改革が成功し，それに呼応して他の政党も同様の改革に乗り出した。しかし，常に与党であり続けた政党（CVP）においては，党改革は遅れ，むしろリーダーシップの交替が頻繁で党は混乱した。

　実はベルギーでは，その後選挙アリーナの競合がもたらされ，その結果として（やや遠回りに）「大統領制化」が進んだ。以下ではそのプロセスを検討しよう。

（2）選挙過程における党指導者の役割

　フェルホフスタットは2期8年の任期を務めたが，その政局の末期は必ずしも順調ではなかった。フェルホフスタットの民主化改革を発端に，フランデレンとワロンの対立が再燃したからである。背景にはフランデレンとワロンの経済格差がある。1993年にベルギーは連邦制を導入したものの，この連邦制は社会保障の財源までは分割しなかった。社会保障は国家をつなぎとめる重要な制度的装置として中央（国家）の役割と考えられていたし，失業者が多く低迷していたワロン経済を好調なフランデレンが支援することを前提として，連邦制の導入にワロン側が同意したという経緯もあった。

　しかし，連邦制を導入してもワロン経済はフランデレン経済に依存したままであり続けたため，フランデレンにおいては「フランデレンに依存するワロン」に対する批判が高まっていった。同時に，この時期，フェルホフスタット政権が選挙制度改革を進めていった。この選挙制度改革は，選挙区の数を減らし，一つの選挙区の有権者数を増やし，同時に多党化を防ぐために5％の敷居（議席獲得のための最低得票率）を導入したもので，フェルホフスタットは「数多くの有権者に支持される政党が政治を動かすことが市民の民主主義だ」と説明したが，他方で極右ポピュリスト政党の台頭を抑制しようとしたこと，地方選挙区で強いキリスト教民主主義政党の基盤を壊そうとしたことも意図にあったともいわれている（松尾 2013）。

　特に選挙における敷居を導入したことによって危機感を高めた小政党が大政党との選挙連合を模索した（Leterm 2006：118）。他方で大政党の側も，選挙制度改革は戦略を見直す契機となり，例えば野党の CVP は，過去の選挙結果や地方遊説の結果から「なお地方では根強い人気を維持している」（Leterm 2006：118）ことを見いだし，綱領で「フランデレンのため」と記し，党名を「キリスト教人民党」から「キリスト教民主フランデレン党（CD&V）」と改名して，「フランデレン主義の政党」であることを強調した。

　さらに「変化を人びとに気付かせることができる」（*De Standaard* 28/06/2003），すなわち「顔」を変えるため，党首にフランデレンの地域政府首相を務めたルテルムを選び，ルテルムと親しかったデ・ウェーヴェル（Bart de Wever）が率いる，フランデレン地域主義政党 N-VA と選挙連合を組んだ。CVP は「顔」の交替と同時に「地域主義」化したのである（松尾 2015a）。

第 4 章　多極共存型民主主義における大統領制化とその後

　引き続く2007年の選挙においては，政策差よりもリーダーの「顔」が重要になった。否，ルテルムはそのように振る舞った。「フランス語話者は馬鹿でオランダ語がわからない」，インタビューで「ベルギーの国歌を」と頼まれ，フランスの国歌を歌う〔ベルギーのフランス語話者はフランス人だというメッセージ〕など，過激なパフォーマンスで「CD&V こそが最大のフランデレン主義政党である」と，フランデレンの有権者に訴えた。結果は，CD&V と N-VA の連合が前与党を破り，政権に返り咲くことになった。

　こうした結果を顧みるに，フェルホフスタットの登場以降，1999年の政権交代を経て，ベルギーにおいてリーダーの顔や過激な言説が選挙において一層影響力を持つようになったといえる。また，その後 N-VA が2010年，2014年の選挙で勝利するが，その言説はしばしば合意型の政治や制度，既存の権威を批判し，リーダーのカリスマ性に依存する，ポピュリズム的傾向を帯びていると指摘されている（Hakhverdian and Koop 2007）。つまりフェルホフスタット以降も，選挙結果がリーダーの扇動的言動に左右されるようになったという点で，多極共存型民主主義であるはずのベルギーにおいても，選挙後の合意形成が困難になるほど，選挙過程で大統領制化が進行したといっていいだろう。

　また CVP においては，結局選挙過程における大統領制化を通じてルテルムの指導力が発揮され，（CD&V へ）党名変更が進んだこと，フランデレン主義政党との選挙連合が進められたことを考慮すれば，結果的に政党組織レベルの大統領制化もこの時期進んだというべきだろう[7]。

　以上のような選挙と政党という次元での大統領制化を前提にすると，ポグントケらのいう「すなわち，『民主主義体制の大統領制化』には，一つ，二つ，あるいは三つすべての大統領制化の側面で政党主導型の民主主義からの乖離が伴うのである」（ポグントケ／ウェブ 2014：15）という定義に基づけば，「その後」においてもなおベルギーで大統領制化が進んでいるということができよう。だとすれば，在職期間の短縮化との関係をどう見るかが問題である。この間，執政府レベルでは何が生じていたのだろうか。

(3) 執政府における「大統領制化」の展開
■閣内内閣の慣例化

　先に示したように，フェルホフスタット政権の後，ベルギーでは短命政権が続いた。在職期間の長期化という観点からは，一見政治の大統領制化は進んでいないように映る。しかし，まず，近年においても政策決定における一部閣僚の役割が重要性を増しているという指摘がある（Bursens et al. 2014）。これは1999年の歴史的政権交代後，新自由主義的なフェルホフスタット政権の下で，政官の癒着による政治腐敗を断ち切るため，ラディカルな政治改革が進められたことに起因する。この改革は当時「コペルニクス的改革」と呼ばれ，官僚のテニュア制の廃止，スタッフの削減等が進められた（Pelgrims 2007）。いわば官僚主導から政治家主導の政治へと改革が進み，官僚には（政党）政治に対する忠誠心が求められた（Svetens and Walgrave 2001）。すなわち官僚の指導力は低下し，閣僚の発言権の強大化傾向が進んだ（Vercesi 2012）。

　さらにユーロ危機の時期になると，そのさなかに外務次官であったヴァン・デ・ヴォールデ（Willem Van de Voorde）によれば，分裂危機の間，つまり新政府が形成されない間，深刻な金融危機に対して，暫定内閣であるルテルム政権のトップダウンで対応が進められた（Van de Voorde 2012）。実際にこの暫定内閣は新政権誕生までの間，「事務処理」のみを行う権限しか与えられていなかったが，正式な政権が不在のため，「暫定的」だが金融危機の対処に尽力した。2007年の選挙の時点では「フランス語話者は馬鹿だ」と言語対立を煽っていたルテルムが，首相を辞してから「政治的リーダーというものは，国家的に，集合的に良い方向へと変化する勢いを作り出し，維持する責任を果たさなければならないのだ」（Leterme 2010）と述べたことは滑稽とも解せるが，ともかく，財政危機に対応したのである。

　トバク（Ellen Tobback）の調査によれば，金融機関（救済のため）の国有化を進めた後の2011年11月に，副首相を含む閣内内閣が主導で次年度の予算を決定している（Tobback 2016）。この時期は，541日の「新政権不在」のなかで，次年度予算が争点化して政権交渉が（再び）頓挫した時期であった（詳しくは松尾 2015aを参照）。この予算編成が困難な時期に予算立案に尽力したのは，暫定内閣で組織された閣内内閣とその下におかれた監査委員会であった（Troupin et al. 2012）。

　政府関係者の報告書によれば，この時期，監査委員が（閣内内閣を担う）

副大臣をサポートする体制が作られて,実働に当たり,予算案が決まっていった(Gouglas et al. 2015)。すなわち政党間の交渉が進まず政権が不在の時,政治を担ったのは,(当然だが)政党ではない。暫定内閣と,特に閣内内閣であった。

　閣内内閣とは,ファイアースとクロウェルも注目している(F&T：186)が,執政府における中核的意思決定機関で,ベルギーの場合,主に首相と副首相からなる。1960年代の言語紛争時に設置され,その後1970年代に向けて重要性を増したが,不透明性という観点から1980年代以降批判され,90年代初頭には公式には廃止された。しかしそれでも非公式には継続し,時に閣内内閣は週に何度も招集された。2000年には66回も開催され,閣議はその決定を追認するだけの場合もあった(Claes 2000)。

　ベルギーは本来,建国時から多言語からなる社会を有しており,選挙から新政権が成立するまでは,長く時間をかけて多くの政党が交渉して新政権を形成する慣例がある。これはあくまで政党が主体となって進められる。そのため閣僚人事は慣例的に党(ないし党首)の意向が強くなる傾向がある。それが「政党支配体制」のゆえんである。

　しかし2007年以降の長期にわたる政党対立のなかで,必然的に政策決定における政党の影響力は相対的に低下し,非公式の暫定内閣と閣内内閣が政策決定過程を主導した。すなわち政権ができない状況だからこそ,旧来型の政党が主導する合意型の政治は進められず,閣内内閣によるトップダウン型の政治にならざるを得なかったのである。

　ある意味,これは分裂危機(新政権不在)の最中の時期ゆえ当然のことではある。しかし長期の新政権不在が終わり,ディ・ルポ新政権が成立した後の政権においても閣内内閣が主導的な役割を果たす傾向が見られることには留意しておきたい。例えばディ・ルポ政権においても「分権改革〔という大きな仕事〕を進めるために閣内内閣を用いた」(Stroobants et al. 2013)と報告されている。つまり国家改革という急務かつ重要な──失敗すればまた分裂危機を引き起こしかねない──問題に対処するため,閣内内閣が用いられたのである。

　閣内内閣について,現ミシェル(Charles Michel)政権を確認すると,着任早々自身の公式ホームページで,新しい失業保険スキームや年金スキームを「閣内内閣が決定」したことを,「閣議決定(Décisions du Conseil des Ministres)」として

表 4-2 ディ・ルポ政権以降の閣内内閣の開催

内閣	実質的な在職期間	閣内内閣に関する新聞記事の掲載回数[8]	主要テーマ
ディ・ルポ	2年半	329件	予算,国家改革
ミシェル	3年（執筆時現職）	242件	施政方針,社会保障改革,安全保障（テロ対策）

出典：*De Standad* 紙をもとに筆者作成。

アップしている（Michel HP 23/10/2014）。また,表4-2に「分裂危機」後のベルギーの政権における閣内内閣の頻度に関する数値を示す。

こうしてみると,「閣内内閣」はディ・ルポ政権（検索対象は2012年12月1日から2014年5月31日）で329件の記事となり報道された。またミシェル政権（検索対象は2014年10月1日から2018年11月30日）で242件の報道がされた。以前のフェルホフスタット政権では1999年5月1日から2007年6月までに1,120件の報道があった。月平均ではフェルホフスタットは11.4件,ディ・ルポは18.3件,ミシェルは7.2件の報道があったことになる。回数だけで単純に結論づけることはできないが,フェルホフスタット政権以降も,閣内内閣は一定の重要性を維持していたと考えていいだろう。つまり分裂危機の時期およびそれ以降も「大統領制化」の傾向を見いだすことができるのである（なおミシェル政権については回数が減りつつあるが,これについては後述する）。だとすれば,次の問いは,この近年の「大統領制化」を引き起こす要因についてである。この分裂危機以降の大統領制化という傾向は,なぜ生じているのだろうか。そして,「在職期間の短縮」化にもかかわらず,「大統領制化」が見られるということは理論的に何を意味するのだろうか。

5 危機管理システムとしての大統領制化

改めて冒頭にも挙げた「『民主主義体制の大統領制化』には,一つ,二つ,あるいは三つすべての大統領制化の側面で政党主導型の民主主義からの乖離が伴うのである」というファイアースらの定義を借りれば,フェルホフスタット政権以降のベルギー政治においても,少なくとも政党,選挙の二つの次元においての大

統領制化の進行が見られた。
　加えて分裂危機とユーロ危機とが複合的に，暫定内閣における執政府レベルの「大統領制化」も進めた。この「分裂危機」の間，一見政権はないが，そうした「危機」であるがゆえに首相ら一部リーダーの自律化が進んだというべきであろう。そして，さらにこの現象は継続し，閣内内閣によるトップダウンの決定方式の重要性，すなわち「大統領制化」という現象はまだ見られるのである[9]。
　このディ・ルポ政権およびミシェル政権の閣内内閣については，予算案の審議を別にすれば，原発事故，王位継承問題，議員スキャンダル，シリアから帰還した武装勢力の対応を含むテロ対策など，多くが突発的な，事前のアジェンダに入っていない事項を取り上げていたことも特徴的である。すなわちベルギー政治が非日常的なイシューを取り上げねばならないとき，閣内内閣が危機管理システムとして発動される，すなわち大統領制化傾向を強めていると考えられる。
　本章の理論的課題であった「大統領制化」と「在職期間」の関係についてまとめておけば，本章の事例は在職期間が短縮しても大統領制化の傾向を見いだせた例として，理論的にファイアースとクロウェルの主張を批判することになる。在職期間が長期化することで自律性を高めたリーダーが存在することは否定できないにせよ，在職期間の長さが単純に権力資源として当該首相の大統領制化を進めるわけではなかった。本章が明らかにしたのは，政治の国際化や亀裂構造の変化を前提にしたうえで，「危機」こそが首相の大統領制化を進めるということである。
　では，今後，ベルギーの政治はどうなっていくのだろうか。一つの鍵は欧州の動向である。ベルギーが2007年から分裂危機に陥り短命政権が続いたと述べたが，そのうちファン・ロンパイ（Herman Van Rompuy）政権（2008年12月から11か月）が短命であった直截的な理由は，彼が初代の欧州理事会常任議長に選ばれたからであった。また2014年に成立した新政権（ミシェル）においても，実は直前まで首相は別の候補で決まりかけていた。しかし次期欧州委員会委員長であったユンカー（Jean-Claude Juncker）がベルギーの欧州委員人事に口を出した影響で候補が降り，ミシェルになったという経緯がある（松尾 2016）。
　おそらくファイアースとクロウェルが論じたときよりも，ますますベルギーの政権は欧州の動向に左右されている。混乱する EU の影響がベルギーの「政治の大統領制化」をどう左右するかは予測がつかない。現状のように欧州政治が不

安定化している状態では，首相がすぐ辞められても困る。過去デハーネなどは何か意にそぐわぬ状況になると「辞任」というカードをすぐ切って，逆に難局を乗り切った（Moury and Timmermans 2013）。「首相が辞任する」という「危機」ゆえに，逆に首相が強くなることもあるのかもしれない。

　ベルギーの場合，現状の最大の「危機」変数はテロであろう。特にミシェル政権においては，パリ同時多発テロ（2015年11月）以降，ブリュッセル連続自爆テロ（2016年3月）を含む半年間に83件の記事（月平均13.8件）が見られた。テロの不安が続けば，今後一層トップダウンで治安政策が決定されていくという指摘もある（Devroe 2013）。明言はできないが，欧州の不安定化に応じて，大統領制化，すなわちリーダーのありかたも変化していくのであろう。

　多極共存型民主主義という伝統的な「妥協の政治」は，その制度を残しつつ，政策決定における政党の影響力は低下し，一部のリーダーが主導する傾向を高めるかもしれない。それが現実のものとなるかどうかは，ひとえに欧州ないし EU 次第である。

　　　［付記］　本章は科学研究費補助金基盤研究（C）「なぜブリュッセルはテロの巣窟と化したか——もう1つの連邦制の逆説？」（18K01441）（研究代表者　松尾秀哉）（ベルギーと大統領制化〜先行研究と分析の視点）および平成29年度北海学園学術研究助成（一般）「ブリュッセルはなぜテロの温床になったのか——連邦制導入が首都ブリュッセルの行政に及ぼす影響」（研究代表者：松尾秀哉）による研究成果（ベルギーにおける大統領制化のその後〜危機管理システムとしての大統領制化）の一部である。また，2017年度日本政治学会分科会「大統領制化と民主主義」（企画代表　岩崎正洋）における三竹直哉会員，浜中新吾会員のコメントに感謝する。

注
1）　以下は主に松尾（2015a）に負う。
2）　ちなみに，続く2014年の選挙では，再び N-VA が圧勝し，前回の長期にわたる新政権不在に対する反省を背景に，相対的に早く，5か月の交渉で政権が成立した。しかし，ユーロ危機に起因する財政再建が優先され，従来であれば危機的状況においてフランデレンとワロンのバランスを重んじ，かつイデオロギーを越えて大連合を形成するベルギーにおいては異例の，フランデレン3政党，ワロン1政党による，しかも社会党を26年ぶりに含まない緊縮財政政策を進める新政権が成立した（詳しくは，松

尾 2016)。
3) 他に取り上げている点として，首相執務室（prime ministerial office）の拡大，公務員数，スタッフ数の増大（F&K：191）がある。
4) ポグントケ（Thomas Poguntke）とウェブ（Paul Webb）は，「政治の大統領制化」の背景として，政治の国際化，国家の肥大化，マスコミ構造の変化，伝統的亀裂の衰退を挙げている。彼らが取り上げた時期と比べても本章が扱う時期において，サブプライム・ローンの破綻を発端とする一連の金融危機にみる「政治の国際化」，ベルギーにおける2002年以降の分権化の進展に見られる行政の複雑化と，調停者としての首相の役割の複雑化という意味での「国家の肥大化」，SNSの発展に見られる「マスコミ構造の変化」は明らかである。さらに「分裂危機」の時期において「伝統的亀裂の衰退」は，従来のカトリック，社会民主主義，自由主義という「柱」の「脱柱状化」という文脈で，1999年以降，一層進展していると考えられる（この点について詳しくは作内（2017）を参照のこと）。本章ではこれらを前提に，分裂危機におけるベルギーの大統領制化に注目した。
5) ――は選挙無しで政権が成立した場合。
6) なお，この点については，筆者は既出論文で論じている部分もあり，それを繰り返すことになることをご了承いただきたい。
7) ただし，ワロン（社会党）では，社会党が労働者利益を代弁する状況が続き，フランデレンの以上のような動向と比べて，ポピュリスト政党は台頭しづらい（津田 2017）。
8) 本章の初稿執筆時点では，主に *De Standaard* 紙の記事を用いて閣内内閣の開催数を調べて記載した。例えばミシェル政権の2014年10月（成立）から2015年3月（会計年度）における記事を同紙ホームページにて kernkabinet で検索すると66件がカウントされる。そのうち現地で松尾が該当記事を確認し，重複記事や，同一会議に基づいた異なる記事を省いた結果，2014年10月11日，23日，11月7日，21日，12月1日，4日，16日，23日，2015年1月15日，20日，23日，30日，2月1日，6日，10日，16日，28日，3月3日，6日，8日，12日，13日，17日，23日の計24回開催されていたことがわかった。こうしてそれぞれの任期における開催回数をカウントすると，ディ・ルポ政権では年平均76回，ミシェル政権では86回開催されていた。ただし kernkabinet が現在非公式な会合であり，公式に発表されているデータがなく，kernkabinet の語を用いずに記事が記載された場合など，検索から抜け落ちているものがあるかもしれない。また，初稿執筆時から多少の時間が経ち，初稿入稿時点でも政権にあるミシェル政権について見直す必要があると思われたが，現地で新聞を読む時間がとれず，またネットで見る記事は要約されており，開催されたかどうかを知るには限界があった。そこで曖昧にならざるを得ない「開催回数」ではなく

kernkabinet が主要新聞に掲載された数を単純に検索し，カウントした。それであっても，該当時期に kernkabinet が何らかの決定をした（ないしできなかった）という「影響力」を示すはずであろうと考えたことを了承いただきたい。*De Standaard* のホームページは http://www.standaard.be/. 最終的な回数は2018年12月2日に研究室のパソコンから確認した。

9) では，先行研究で指摘されている「地方の大統領制化」現象をどのように評価すべきだろうか。ファイアースとクロウェルは，連邦制を導入したことにより，自律的な連邦構成体政府が出現し，その利益調停者として首相の役割が増大すると述べていた（ファイアース＆クロウェル 187-188）。さらにファーブルはスペインなどを例に，欧州のマルチレベル化という政治社会的変化のなかで，変化の影響を最小化しようとして党指導者の影響力が大きくなると述べている（Fabre 2008）。また分権改革のなかで党における地域支部の自律が進み，全国政党レベルの党幹事長の権限は制約されているが，連邦政府レベル（party in government）では，地域の利益が交錯する政策分野において，調停や交渉に当たる党リーダーの権限が強くなっているという指摘もある（Xhardez 2013）。すなわち，連邦制導入，その後の欧州レベルを含めた多様な政治的，制度的環境の変化のなかで，その負の影響を最小化するためにリーダーの自律性が高まるという。こうした制度改革が複雑な影響をリーダーシップに及ぼすことは否定できない。この点について筆者がかつて検討したところによれば，2010年の政権形成交渉においても，2014年の政権形成交渉においても，選挙でリーダーを中心に一枚岩となっていた政党において，選挙が終わると，内部で「地域派」VS「連邦派」の対立が生じ，党内意志の統一に時間を要することもあった（松尾 2016）。換言すれば，ベルギー連邦制度の下では政党内部に亀裂が生じ，リーダーシップの低下をもたらすこともある。要するに，ここまで述べてきた執政府レベルにおける「大統領制化」現象は，連邦制導入と分権化によって「地方の大統領制化」が進むことによってもたらされた，選挙後における政党の交渉力低下の代償とみなすことができるのではないだろうか。党指導部のリーダーシップは，連邦国家の場合，現れ方は多様である。この点は別の機会で比較検討してみたい。

参考文献

Michel 官邸 HP

http://premier.fgov.be/fr/d%C3%A9cisions-du-conseil-des-ministres

La Libre Belgique（新聞）

http://www.lalibre.be/actu/belgique/voici-les-nouvelles-mesures-du-gouvernement-pour-combattre-le-terrorisme-564d60053570ca6ff901c5f6（19/11/2015）

http://www.lalibre.be/actu/belgique/le-gouvernement-annonce-12-mesures-contre-le-radicalisme-et-le-terrorisme-54b8fa1d35703897f83cacf6（16/01/2016）
De Standaard
http://www.standaard.be/cnt/nflf28062003_003（28/06/2003）
Bram, Wauters, Van Aelst Peter, Pilet Jean-Benoit,Thijssen Peter (2016) "Centralized personalization at the expense of decentralized personalization: the decline of preferential voting in Belgium (2003-2014)," *Party politics*: 1-13.
Bursens, Peter, Kathleen Hielscher, and Mendeltje van Keulen (2014) "Day-to-day EU coordination in the Benelux: from domestic consensus politics to consensual EU coordination," Hans Vollaard, Jan Beyers and Patrick Dumont, eds., *European Integration and Consensus Politics*, London: Routledge.
Claes, Willy (2000) "Vice-Premiers en kernkabinetten. Een evaluatie van deze innovaties.," *Res Publica*, 42: 33-44.
Devroe, Elke (2013) "Local political leadership and the governance of urban security in Belgium and the Netherlands," *European Journal of Criminology*, Vol. 10, No. 3: 314-325.
Dumont, Patrick, Stefaan Fiers and Regis Dandoy (2009) "Belgium. Ups and downs of ministerial careers in a partitocratic federal state," Dowding Keith, Dumont Patrick, eds., *The selection and de-selection of ministers in Europe*, Routledge: London.
Fabre, Elodie (2008) "Party Organization in a Multi-level System: Party Organizational Change in Spain and the UK," *Regional and Federal Studies*, Vol. 18, No. 4: 309-329.
Fiers, Stefaan and Regis Dandoy, Patric Dumont (2005) "The Selection and deselection of Belgian Federal Minister, 1946-2005," paper prepared for *Workshop10 The Selection and Deselection of Minister*, ECPR Joint Session of Workshops, Granada, 14-19 April.
Gouglas, Athaasslos, Mareen Brans, and Sylke Jasper (2015) "Political Advisers and Policy Making in Ministerial Cabinet Systems: the case of Belgium, Greece & the European Commission," paper prepared for *ICPP*, 1-4 July 2015, Milan, Italy.
Hakhverdian, Armén and Christel Koop (2007) "Consensus Democracy and Support for Populist Parties in Western Europe," *Acta Politica*, No. 42: 401-420.
Leterme, Yves, in gesprek met Filip Rogiers (2006) *Leterme uitgedaagde*, Tielt: Uitgeverij.
Leterme, Yves (2010) Toespraak Yves Leterme Op Het World Economic Forum in

Davos, cited in Femeke van Esch and Marij Swinkels 2015, "How Europe's Political Leaders Made Sense of the Euro Crisis: The Influence of Pressure and Personality," *West European Politics*, Vol. 38 (6), pp. 1203-1225.
http://www.tandfonline.com/doi/full/10.1080/01402382.2015.1010783

Moury, Catherine and Arco Timmermans (2013) "Inter-Party Conflict Management in Coalition Governments: Analyzing the Role of Coalition Agreements in Belgium, Germany, Italy and the Netherlands," *Politics and Governance*, Vol. 1, No. 2: 117-131.

Pelgrims, Christophe (2007) "The impact of politicians on administrative reform process? Analyzing the introduction and implementation of mandates for top civil servants," paper for *Leading the Future of the Public Sector*: The Third Transatlantic Dialogue University of Delaware, Newark, Delaware USA, May 31-June 2, 2007.
http://www.ipa.udel.edu/3tad/papers/workshop1/Pelgrims.pdf（2016年1月10日，現在は別アドレスでアクセス可）

Rihoux, Benoit, Astrid Spreitzer, and Ruud Koole (2014) "Europeanization, constitutional review and consensus politics in the Low Countries," Hans Vollaard, Jan Beyers and Patrick Dumont (eds.), *European Integration and Consensus Politics*, London: Routledge.

Rihoux, Benoit, Audrey Vandeleene, Lieven de Winter, Pierre Baudewyns, and Serge Deruette (2016) "Belgium," *European Journal of Political Research Political Data Yearbook*, No. 55: 30-35.

Steyvers, Kristof (2012) "Mayoral Leadership in Consensual Democracies. Towards Presidentialization in the Case of Belgium?" - *IPSA* World Congress. Madrid, 2012.
http://paperroom.ipsa.org/app/webroot/papers/paper_12490.pdf（2016年3月20日，現在はタイトルのみでダウンロードできない）

Stroobants, Jesse, Steve Troupin, Trui Steen (2013) "The global financial crisis in the public sector as an emerging coordination challenge," Short country report for Belgium. *Coordinating for Cohesion in the Public Sector of the Future (COCOPS)*.

Svetens, Mik and Stefaan Walgrave (2001) "Belgian Politics without Ministerial Cabinets? On the Possibilities and Limitations of A New Political Culture," *Acta Politica*, Vol. 36, No. 2: 180-205.

Tobback, Ellen (2016) "Belgian economic policy uncernity index: Improving through text mining," *International Journal of Forecasting*.

http://dx.doi.org/10.1016/j.ijforecast.2016.08.006（2019年2月22日）

Troupin, Steve, Jesse Stroobants, Trui Steen (2013) "The Impact of the Fiscal Crisis on Belgian Federal Government: Changes in the Budget Decision Making Process and Intra-Governmental Relations," Paper presented at *the Conference on the Impact of the Fiscal Crisis on Public Administration*, Tallinn, Estonia, 3-4 May.

Vercesi, Michelangelo (2012) "Cabineta and decision-Making Processes: Re-Assessing the Literature," *Journal of Comparative Politics*, Vol. 5, No. 2: 4-27.

Van de Voorde, Willem (2012) "Some Reflections on the Results and the Working Methods of the Belgian EU-Presidency," *Egmont Royal Institute European Policy Brief*, No. 11.

Van Hecke, Steven (2012) "Christian Democracy in Belgium," paper for *the Journal of Kansai University of Law and Politics*.

Wauters, Bram, Peter Thijssen, Peter Van Aelst, Jean-Benoit Pilet (2016) "Centralized personalization at the expense of decentralized personalization. The decline of preferential voting in Belgium (2003-2014)," *Party Politics*, Vol. 24, No. 5: 1-13.

Xhardez, Catherine (2013) "Chairman Versus Party Leader: Who is Really in Charge?" the second edition for *the Conference The Belgium: The State of the Federation*, October 13, 2013.

作内由子（2018）「柱状化社会」津田由美子・松尾秀哉・正躰朝香・日野愛郎編『現代ベルギー政治——連邦化後の20年』ミネルヴァ書房、77-96。

武居一正（2002）「ベルギーにおける言語的少数者保護」『福岡大学法学論叢』第47巻1号。

津田由美子（2017）「ベルギーにおけるポピュリズムと地域主義政党：フラームス・ブロック（フラームス・ベラング）を中心に」『關西大學法學論集』66 (5-6)：1543-1566。

トーマス・ポゲントケ／ポール・ウェブ（2014）「民主主義社会における政治の大統領制化——分析枠組み」T・ポゲントケ／P・ウェブ編、岩崎正洋監訳『民主政治はなぜ「大統領制化」するのか——現代民主主義国家の比較研究』ミネルヴァ書房。

シュテファン・ファイアース＆アンドレ・クロウェル（2014）「低地諸国——「首相」から大統領的首相へ」T・ポゲントケ／P・ウェブ編、岩崎正洋監訳『民主政治はなぜ「大統領制化」するのか——現代民主主義国家の比較研究』ミネルヴァ書房。

松尾秀哉（2013）「冷戦とベルギー・キリスト教民主主義政党——分裂危機を念頭に」聖学院大学総合研究所編『聖学院大学総合研究所紀要』54号：199-241。

―――（2015a）『連邦国家ベルギー——繰り返される分裂危機』吉田書店。

―――（2015b）「ベルギー分裂危機への道——フランデレン・キリスト教民主主義

政党の党改革」吉田徹編『野党とは何か——政党組織改革の比較政治学』ミネルヴァ書房。
―――（2016）「ベルギーにおける多極共存型連邦制の効果——2014年の連立交渉を中心に」松尾秀哉・近藤康史・溝口修平・柳原克行編『連邦制の逆説？——連邦制は効果的な統治制度か』ナカニシヤ出版。

第5章
比例配分民主主義の大統領制化？
——オーストリアにおけるシュッセル政権の位置づけをめぐって

古賀光生

1 序　論

(1) オーストリアにおける大統領制化？：シュッセル政権の位置づけをめぐって

本章では，オーストリアにおける大統領制化の展開について，シュッセル政権（2000-2007）を題材として検討する。具体的には，戦後オーストリア政治の特徴を確認したうえで，シュッセル政権が，なぜ，どのようにそこから逸脱したのか，彼の登場に先立つ政治と社会の変化を踏まえて議論する。

2000年2月に成立したシュッセル政権は，政権が存続した時点で，多くの研究者から戦後オーストリア政治の分水嶺と目された（例えば，大黒 2003；Müller and Fallend 2004）。具体的には，これまで妥協と協調によって運営されてきたオーストリア政治が，シュッセル（Wolfgang Schüssel）首相の強い指導力の下で，競争的な民主主義に変容を遂げたと指摘されたのである。

同政権は，いくつもの点で，それまでの政権とは異なる特徴を持っていた。まず，連立の構築をめぐって，従来の政治慣行が破られた。シュッセル首相は，1999年の国民議会選挙で大敗し，第三党に転落した人民党（Österreichische Volkspartei）の党首である。戦後オーストリアでは，国民議会（Nationalrat）選挙で第一党[1]となった政党が首相を輩出してきた。1999年の選挙の後も，人民党のクレスティル（Thomas Klestil）大統領は，第一党となった社会民主党（Sozialdemokratische Partei Österreichs）[2]に組閣を依頼した。しかし，人民党との協議が不調に終わり，社民党は下野を決意した。

次に，連立の構成である。シュッセルが連立相手として選択した自由党（Freiheitliche Partei Österreichs）は，ナチ党員らの権利回復運動として結成された前身の独立者同盟（Verband der Unabhängigen）の頃から，その極右主義的傾向が懸念され，政権から排除されていた[3]。後に穏健化する姿勢を示したことで，83

年には社民党との連立で政権に参加したものの，86年にハイダー（Jörg Haider）が党首に就任して再び急進化したことから，改めて政権から排除されていた。自由党の政権参加は西欧諸国のみならず，アメリカ合衆国などからも懸念され，EU からオーストリアへの制裁が課される結果となった[4]。

さらに，政権運営をめぐっては，戦後オーストリアを特徴づける「比例配分民主主義（Proporzdemokratie）」的な慣行——具体的には，議会で大半の議席を有する二大政党間の協調による政治運営，および，その過程での利益団体の意思決定への参加——が大きく姿を変えた。とりわけ，シュッセルが年金改革をめぐる法案の作成過程で労働組合との協議を事実上放棄したことは，多くの研究者に同国固有の「社会パートナーシップ」の危機と受け止められた（例えば，Obinger und Talos 2006）。

こうした政権の特徴は，シュッセル首相への権力の集中と結びつけられ，周辺諸国における大統領制化現象とも比較されている（例えば，Wineroither 2009, 2010）。新たな政権基盤の下で，シュッセルは，国有企業の民営化や社会保障改革を断行し，財政規律の強化に成功した。こうした改革も，従来の政権からの断絶と目される場合が少なくない。

ただし，同政権で見られた様々な変化は，少なくともその後の十年間は，一過性のものと目された。2006年の選挙で人民党が敗れると，翌年には第一党となった社民党が，人民党との大連立を選択した。大連立は，2度の選挙（2008年，2013年）を挟みながら，2017年まで続いた。大連立政権の下では，労組の政策形成への関与が復活した（Pernicka and Hefler 2015）。

他の西欧諸国と同様に，オーストリアでも，すでに90年代から，ポグントケ（Thomas Poguntke）とウェブ（Paul Webb）が大統領制化の要因と指摘する諸傾向が指摘されていた（Poguntke and Webb 2005 = 2014）。政治の国際化，とりわけ，欧州統合の進展に伴う歳出削減圧力は，シュッセルの改革の前提であったが，95年の EU 加盟に先立ち，すでに80年代後半から意識されていた。社会的な亀裂の揺らぎも，自由党の台頭によってすでに顕在化していた。また，自由党の台頭は選挙過程の個人化を促したが，二大政党もこうした傾向を等閑視したわけではなかった（Müller et al. 2004）。

それでは，なぜ，オーストリアの大統領制化は，シュッセル政権の下で進んだのか。また，なぜ，シュッセル退陣後には，新たな政権運用スタイルは継承され

なかったのか。こうした問いに答えるためには，周辺諸国との比較の視点とともに，オーストリア固有の文脈，同国の政治制度と政治慣習がシュッセル首相のリーダーシップに及ぼした影響を確認する必要がある。

（2）比較の中のオーストリア：オーストリア政治の独自性

岩崎が指摘するように（岩崎 2014），ポグントケとウェブの議論の枠組みは，政党研究に新たな視点を提供するものである。論文集（Poguntke and Webb 2005 = 2014）で多く扱われる西欧諸国において，戦後の政治は，社会に根ざした組織政党による民主政治を基礎とした（網谷 2014）。ドイツ，低地諸国（オランダとベルギー），デンマーク，スウェーデンを扱った各章は，これらの諸国の合意型民主主義の基礎に，大衆的な基盤をもつ組織政党の存在を念頭に置く。

同書では扱われなかったオーストリアも，同様の特徴を有する。ただし，それはかなり極端な形で見られた。具体的には，組織化の規模が大きく，例えば政党の党員数を見ても，最盛期の1970年代においては，人民党と社民党がそれぞれ70万人規模の党員数を誇り，オーストリアよりもはるかに人口が多いドイツにおける政党の党員数をも上回った。これら巨大な政党を支えたのが，世紀転換期に組織化され，戦間期には内戦をも経験した，「陣営（Lager）」と呼ばれたサブカルチャー組織であった（高橋 1984）。

さらに，こうした組織化によって，80年代まで議席が二大政党に集中したことも，オーストリアの特徴である。比較政治学でしばしば，特異な事例として扱われる，「比例代表制の下で二大政党制が実現していた」オーストリア政治は，二大政党が強固な組織的基盤を有していることを背景とする。1980年代までのオーストリアの選挙は，数多くの党員を誇る政党とそれを支える団体による組織化された選挙であった。二大組織の大規模な動員により，1986年まで国民議会選挙の投票率は常に90％を超えていた。

オーストリアは，しばしば，オランダやベルギーと同様に，「多極共存型民主主義（consociational democracy）」に分類される（Lijphart 1977）。ただし，低地諸国では60年代頃までには選挙市場が流動化していたのに対して，オーストリアでは80年代まで二大政党の得票率は安定していた。さらに，レイプハルト（Arend Lijphart）が多極共存型民主主義の条件として指摘した，すべての政党を含む「大連立」に最も近い形態は，オーストリアの連立政権であった[5]。

これらの特徴は，容易に，首相権力の自律性の抑制を予想させる。実際に，オーストリアでは，周辺諸国と比して首相のリーダーシップは限定されていた（Wineroither 2010）。首相の権限や官邸機能の強化に関する特段の法改正はなく，少なくとも制度的には，大統領制化を進める要因には乏しかった。

　本章の以下の箇所では，これらの固有の文脈を踏まえ，ポグントケとウェブの枠組みに沿って，執政，政党，選挙の三つの局面におけるオーストリアにおける大統領制化の条件を確認する。その際には，周辺諸国との比較を念頭に置きつつも，オーストリア固有の文脈の中でのシュッセル政権の位置づけを検討する。

2　執 政 府

（1）オーストリアにおける執政権力：憲法上の規定と運用の実態

　執政権力の所在を確認するためには，まず，オーストリアにおける連邦大統領（Bundespräsident）と首相（Bundeskanzler）の権限について確認する必要がある。結論を先取りすれば，憲法上の規定にもかかわらず，大統領の「役割放棄（Rollenverzicht）」により，戦後オーストリアは，実質的に，議院内閣制を採用してきた。

　憲法の条文を素直に読めば，オーストリアは半大統領制の国に分類できる。大統領は，直接選挙で選ばれ，任期は6年，再選が一度だけ認められている。大統領は首相を指名し，首相の提案に基づき内閣（Bundesregierung）を組織する。また，大統領は議会を解散する権限を有する（Müller 2006a：142-143）。これらは，1929年の憲法改正により導入された。

　しかし，戦後のオーストリアにおいては，具体的な改正を伴うことなく，憲法の運用を通じて大統領の権限は抑制された。具体的には，大統領は議会第一党の党首を首相に指名し，内閣を組織するにあたっては，首相の提案をそのまま採用した。議会の解散はいずれも内閣が主導した。二大政党の党首は，大統領選挙ではなく国民議会選挙に出馬し，首相を目指した[6]。

　もっとも，大統領が唯一その権限を活用した領域が，連立形成の場面であった。いずれも，自由党（前身の独立者同盟を含む）との連立を回避するように働きかけた。社民党出身の大統領たちは，1953年と59年には，それぞれ，人民党の党首に，62年と70年には，それぞれ社民党の政治家たちとクライスキー（Bruno

Kreisky）党首に，自由党との連立を避けるよう伝えたのである（Ucakar und Gschiegl 2014：136)。シュッセル政権の成立に先立っても，時のクレスティル大統領（人民党出身）は自由党の政権参加に難色を示した。しかし，シュッセルが連立構築を強行すると，自由党が提出した閣僚リストから2人の閣僚を交代させ，シュッセルとハイダーに人種差別を否定しナチスの過去と向き合う旨の宣言書に署名させることで，政権の成立を承認した（近藤 2001：13-14)。

　大統領の「役割放棄」の背景には，議会における二大政党への議席の集中とその下での大連立があった日（Pelinka 1998：38)。大統領は議会多数派の支持を必要としたため，大連立の下では，大統領が独自の権限を行使する余地は乏しかった。また，議会と大統領の間の意見の不一致を根拠として国民議会を解散することは，受け入れがたいものと見なされた（Müller 2006a：143)。

　多くの場合，大統領と首相は異なる党から輩出された。具体的には，大統領は，戦後，1986年まで社民党が輩出したが[7]，首相は70年まで議会第一党の人民党が得た。86年から1999年までは，大統領は人民党，首相は社民党からそれぞれ輩出された。こうしたねじれの背景には，有権者のバランス感覚が指摘されている（高橋 1984：75-77)。ねじれが解消されたのは，70年から86年まで社民党が，2000年から2004年まで人民党が，それぞれ大統領と首相を同時に輩出した時期である。いずれも，大連立が解消された時期であったが，大統領は党派的な利害を前面に押し出すことはなかった。

（2）大連立から小連立へ：シュッセルの下での新たな連立の構築

　シュッセルは，自由党との連立を選択して政権枠組みを大きく変えた。国際的には，自由党の極右的な性質が注目されたが，それに劣らず，新たな連立枠組みは，それを構築する過程自体に新しさを含んだとともに，政権運営に大きな影響を及ぼした。

　戦後オーストリア政治の最大の特徴の一つが，大連立（Große Koalition）の存在であった。大連立を，人民党，社民党の二大政党を含む連立と定義すれば，1945年から66年，1986年から99年，2006年から2017年と，戦後政治の大半の時期に大連立が組織されていた。自由党が台頭する以前の1983年までは，二大政党の議席占有率は平均で93.7％に及んでおり（Müller 2000：16)，大連立は，事実上，ほぼすべての政党による連立であった。もちろん，戦後初期の大連立と，80年代

以降のそれは多くの点で性質を異にしてはいる。しかし，大連立が例外的な位置づけと目されるドイツとは異なり，オーストリアでは二大政党による連立こそ政治の常態であった。

66年まで，二大政党がそれぞれ五割弱の議席を有したこともあり，二大政党による大連立か，両党のうちのいずれかと第三党の自由党との連立以外に，過半数に到達可能な連立の選択肢はなかった。自由党は，ナチスに対して肯定的な立場を示しており，反ナチズムに基づくオーストリア・アイデンティティ構築の国是に相いれなかった。そのため，自由党の政権参加は，同党の穏健化に伴って社民党と自由党の「小連立（kleine Koalition）」が誕生した83年を待たなければならなかった。しかし，政権参加に伴う党勢の低迷を受けて，86年に急進派のハイダーが自由党の党首に就任すると，極右的な傾向を嫌い社民党が連立を破棄し，再度，大連立政権が誕生した。

2000年に人民党が自由党との連立を選択した理由は多岐にわたる。まず，人民党が長期にわたり，首相を輩出できなかった事情がある。1966年に過半数の議席を獲得して単独政権を組織したものの，70年に下野して以降，17年もの間，野党に甘んじた。87年に大連立の下で政権に復帰したものの，首相職は第一党の社民党に譲らざるを得なかった。

大連立のジュニア・パートナーとしての地位は，人民党に不利なものと認識された。クレジット・アンシュタルト銀行の民営化に象徴されるように[8]，大連立の下では，改革の主導権は社民党に導権を握られた。その結果，人民党は伝統的な支持層――例えば，農業従事者や自営業者――を自由党に奪われるとともに，都市部の中間層など新たな支持層の獲得にも苦戦した（古賀 2012）。

支持層を奪われた原因ともなったものの，連立を組むには好条件であったのが，経済政策や社会的な価値に関して，自由党と人民党の政策的な距離の近さがある（Wineroither 2010：64）。特に90年代の前半には，自由党は新自由主義的な政策を支持していたが，これはシュッセルの出身である経済同盟（ÖWB）の方針とも合致した。また，外国人問題や家族観などで自由党が示した保守的な志向については，人民党内の保守派からも注目された。

小連立の形成には，自由党の部分的ながらの穏健化も重要な要因となった（Luther 2010）。人民党内の情勢も踏まえて，90年代の中ごろには，自由党も政権に参加する意欲を示していた。すでに90年には，同年の選挙での議席拡大を受け

て，ハイダーが90年代末の政権参加を目標に掲げていた（古賀 2013）。さらに，95年から97年にかけて，ドイツナショナリズムや世俗主義など政権参加の足かせとなる争点を撤回するともに，政権運営能力を示すために，政策を整備するなど姿勢を示した（Luther 2010：83）。

シュッセルは既に党首に就任した直後から自由党と接触し連立の可能性を模索していた。99年の国民議会選挙には敗れたものの，第二党となった自由党と第一党の社民党との連立は事実上不可能であったことから，いずれとも連立が可能な人民党が連立構築の主導権を握った。その後，自由党の内紛により議会が解散され実施された2002年の国民議会選挙で人民党は大勝して，社民党，緑の党，自由党のいずれとの組み合わせでも過半数に到達するという立場を得た。シュッセルは当初，緑の党や社民党とも交渉する姿勢を示したが，最終的には自由党との連立を継続させた。

（3）シュッセルの下での連立運営：連立パートナーとの関係を中心に

小連立の形成により，シュッセルの政権運営は，従来の大連立の下の首相のそれとは大きく異なるものとなった。66年まで続いた戦後初期の大連立は，二大政党の相互不信を背景に，監視と抑止を目的とするものであった（高橋 1984）。そのため，一方が他方に権力を独占させないように，連立を組み権力を分有するとともに，主要な省庁において大臣ポストと次官ポストを両党が分け合うなど，相互抑止の体制を構築して首相をけん制した。

大連立の下では，二大政党間の協調に基づき，政治が運営された。まず，閣僚の配分では，人民党は農政，教育，社民党は社会問題，運輸など，両党は支持者の重大な関心領域に関するポストを確保した。そのうえで，閣僚のみならず，政府機関や国有企業などの幹部ポストは，両党の勢力比に応じて「比例配分」された（高橋 1984：118-120）。こうした「比例配分」が全国各地に浸透した結果，66年から83年まで人民党と社民党がそれぞれ単独政権を組織していた時期においても，両党による協調的な政治運営は続いた。

小連立においても，閣僚の人選は各党に委ねられた。第一次・第二次シュッセル政権ともに，自由党からの入閣者は，ハイダーが中心となって選定した。第一次政権においては，ハイダーは新党首に据えたリース＝パッサー（Susanne Riess-Passer）や，自身の支持基盤であるケルンテン州で抜擢したグラッサー（Karl-

Heinz Grasser）など，彼の「子飼い」と目された，若い，政治経験の乏しい議員を入閣させた[9]。第二次政権でも，党内の政治基盤の弱い人物を閣僚に充てるなど，自身の政治的な主導権を確保した（Luther 2010：97）。

　大連立のパートナーであった社民党と比べれば，自由党の連邦レベルでの政権運用経験の乏しさは際立っていた。政権参加直後から，自由党内では政権における方向性をめぐる内紛とともに，閣僚の交代も相次ぎ，政権内で存在感を発揮できなかった（Luther 2010：88-91）。第一次シュッセル内閣においては，党躍進の立役者であるハイダーが閣外で政権批判を行ったことも，自由党の政権担当の力への疑義を生じさせた[10]。シュッセルは，党内の不一致で交渉能力を失った自由党を相手に，政権運営の主導権を握った。

　自由党出身の閣僚は，党内の不一致によって，難しい選択を迫られた。第一次シュッセル内閣では，ハイダーの度重なる批判を受けてリース＝パッサー副首相が辞任した。第二次政権では，現場組織の党員らの突き上げを受けて，閣僚らは連立協議で決定した事項について，たびたび言を翻した（Luther 2010：96）。

　それでも，シュッセルの主導権は覆らなかった。第一次内閣では，自由党の閣僚たちは党執行部よりも内閣の意向を優先した。シュッセルが内閣のチームワークを重視して，閣内の合意形成に尽力したこともあって，内閣は一体性を保持したとされる（Wineroither 2010）。蔵相に就任したグラッサーは，シュッセルの掲げた「赤字ゼロ」を強力に推進し，自由党内でハイダー以上の注目を集めた[11]。第二次政権の成立に先立ちグラッサーは自由党を離れ，シュッセルは彼を蔵相に留任させた。

　第二次政権の成立後は，大幅な議席減に伴い，自由党の閣僚ポストも減少した。さらに，ハイダーが政権支持に方針を転換したことで，シュッセルとハイダーの定期的な協議が可能となった。ハイダーは，現場の自由党員の批判から逃れることを目的に，閣僚や現職議員を引き連れて2005年に未来同盟（Bündnis für Zukunft Österreichs）を結成した。自由党は連立から離脱したものの，未来同盟が政権に残ったため，政権運営は揺らがなかった。

（4）社会パートナーシップと法制定過程の変化

　大連立と並んで首相の自律性を制約したのが，ネオ・コーポラティズムのオーストリア的な形態と目される，社会パートナーシップである。具体的には，人民

党を支える経営者団体，農業団体と社民党傘下の労働組合の代表者が物価や賃金に関わる法案等について協議し，各団体の妥協によって政策を決定するシステムを指す。当初は，利益団体と政党の密接な関係や構成員の重複を利用したインフォーマルな意思決定過程であったが，徐々に定着し，政治慣行として確立された（Peklinka und Rosenberger 2007：204-205）。

社会パートナーシップの基礎には，オーストリア固有の「会議所（Kammer）」制度がある。会議所は，公法上の組織であり，経済生活を送るほぼすべての市民は，自営業者や経営者の経済会議所（Wirtschaftkammer）や被用者の労働会議所（Arbeiterskammer）など，何らかの会議所への加入を義務付けられた。これらの団体は，法で定められた民主的な意思決定システムを持つが，実質的には，各党の指導する派閥が大きな影響力を持った。具体的には，連邦レベルの労働会議所では，人民党系の派閥もあるものの，社民党系の派閥が優位にあり，経済会議所や農業会議所は人民党の影響下にある。

1957年に発足した「賃金と物価に関する平等委員会」には，これら会議所に加えて，自発的な組織である労働組合（ÖGB）が代表者を派遣する。会議所への加入義務と労組の高い組織率によって，事実上，オーストリアで働くほぼすべての人々はこれら団体を通じて利害を代表されると目された。また，これらの団体の幹部の多くは国会議員を兼ねていた[12]。そのため，団体間の協議は，二大政党間の協議とほぼ同義であり，両者の合意なしには，労働者の権利などの経済・社会問題に関する重要な決定は行われなかった。

こうした仕組みは，法制定過程に深く組み込まれた。賃金や物価，社会問題に関係する法案は，まず，会議所や労組など，関連する団体に諮問され，草案の形成に際して当事者の意向が反映された（Pelinka 1998：52）。さらに，「平等委員会」をはじめ，労使の代表者による協議を踏まえた法案が練られ，両党幹部の交渉を経て，妥協可能な水準まで調整された。こうした政権運営は，単独政権時代に継続した。その結果，単独政権時代にも，多くの法案が与野党の賛成により成立した。

シュッセル政権は，これらの政治慣行から逸脱した。具体的には，政策決定過程において社会パートナー，とりわけ労働者側の意思の確認を回避し，政府の決定を押し付ける姿勢を示した。典型的には，2003年の年金改革に際して，シュッセルは法案草稿の作成に先立つ労働者側への諮問を拒絶し，労組の反対を受けて

も，それを修正しなかった（Karlhofer 2010：112）。労組は大規模なストライキを組織してこれに対抗したが，ストライキが極めて稀なオーストリアでは，異例の事態であった。

　こうした姿勢の背景には，シュッセルが首相就任以前から，政府の経済への関与を減らして民間企業の活動領域を広げることを主張してきたことがある。そのうえで，首相就任後には，政権綱領において，社会パートナーシップの改革を掲げている。従来の意思決定過程では，決定に時間がかかりすぎることに加えて，充分な改革を断行できないことがその根拠に挙げられていた。

　さらに，社会パートナーシップの改革を進めるうえで，自由党は格好の連立相手であった。自由党のハイダーは「会議所国家」に対して敵対的な姿勢を隠さなかった。その背景には，動員力のある選挙争点であることと並んで，主要な会議所や団体の主導権を二大政党に握られている状況を前提として，それらの団体が意思決定で大きな役割を果たすことは，議会での議席拡大にもかかわらず，同党の影響力が限定される恐れがあった。

3　政　　党

（1）人民党の分権的な構造

　人民党所属の首相にとって，同党の分権的な構造はリーダーシップを発揮するうえで大きな制約となった。第二次世界大戦後，保守系の諸団体が結集して結成された人民党は，党内に多様な潮流を含み，それらの住み分けと妥協によって運営されていたためである。

　具体的には，農民同盟（Bauernbund），被用者同盟（ÖAAB），経済同盟という，結党を支援した諸団体の幹部が党の意思決定にかかわった。2017年にクルツ（Sebastian Kurz）が党首になるまで，第二共和制の歴代の人民党党首は，常に，これらの組織から選出された。党首のみならず，国民議会の候補者擁立や議会会派幹部や閣僚の選出に際して，団体間の比例配分的な原則を採用していた（Wagner 2014：147）。人民党員の多くは間接加盟で，これらの組織への所属を通じて人民党の党員となっていた。

　さらに，連邦制のオーストリアにおいて，各州の組織が高い自律性を擁したことも人民党の特徴であった。80年代までは連邦組織と州組織の役割についての明

確な規約はなく，党は各州組織の代表者らの合議で運営された[13]。連邦議会選挙の比例名簿は州単位で作成されたこともあり，党首の介入は難しかった。州の現場でも，例えば選挙における候補者の擁立に際しては，性別や出身地域のバランスなどを踏まえる必要があり，調整には時間と労力を要した（Wagner 2014：148）。

こうした構造は党の意思決定過程にも反映された。後に廃止されることとなる連邦党指導部（Bundesparteileitung）は，党首や幹事長，閣僚に加えて，各州の代表者，各団体の代表者など80名ものメンバーによって構成されて，規模の大きさゆえにそこでの実質的な議論が困難であった（Müller 2006b：268-269）。

こうした分権的な構造は，各団体の利害にかかわる対立が浮上した際には，意思決定の遅さとして大きな問題となった。さらに，自由党の台頭により，80年代以降，党の支持が低迷すると，党内では紛争が勃発し，それがさらなる支持率低下をもたらす悪循環に陥った。州議会選挙での度重なる敗北を受けて，89年にモック（Alois Mock）が党首を辞任すると，リーグラー（Josef Riegler）が党首に就任したが，わずか2年で退任を迫られた。後を襲ったブゼック（Erhard Busek）も，1994年の国民議会選挙での惨敗を受けて退任を迫られた。

(2) 党改革の試み

こうした構造を改革するための試みは，周辺諸国と同様，執行部の権力強化や候補者選出に関わるルールの変更として実行に移された。具体的には，1990年の国民議会選挙での敗北を契機として，91年に党の組織改編が行われた。まず，連邦党大会（Bundesparteitag）の開催間隔[14]の延長により党首任期を伸ばすとともに，規模が大きく実効的な意思決定が難しくなっていた指導部を廃止した。また，89年に創設した連邦党首脳部（Bundesparteipräsidium）の規模をさらに縮小し，ポストを21から9に減らした（Müller 2006b：269）。ただし，党の意思決定における州有力者の排除の試みは，各州組織からの反発を招きかねなかった。90年代を通じて，州組織は徐々に連邦執行部と距離を置き始めた（梶原 2017：292-293）。

もっとも，これらの改革は，ただちには党首の権力強化には結び付かなかった。何より，党首の選出過程が変更されなかったためである。党首の選出は，公式には，従来通り党大会での代議員の投票によるものであった。代議員は，国会議員，各州閣僚とともに，各州組織と各団体に割り振られ，それぞれ得票数，構成員数に応じて代議員を輩出した（Müller 2006b：267）。しかし，実際には党首選挙の候

補者は事前に党代表部（Bundesparteivorstand）を中心に調整されており，党大会までには候補者は一人に絞られた[15]。シュッセルも党大会に推薦された唯一の候補者として代議員による信任投票で党首に就任しており，一般党員の直接投票の導入で党首権限が強化される事態は，オーストリアでは生じなかった。連邦党代表部は，各州の代表者と上述の3団体を含む構成団体[16]のトップによって構成されたため，党首選出は，各州幹部と団体の意向に左右された。

　議員の候補者の選出過程については，一部で改革が試みられたものの，それも党首権限の強化につながるものではなかった。具体的には，自由党の台頭によって党の閉鎖的な性格への批判が高まると，94年の議会選挙に先立って，非党員にも選挙権と被選挙権が与えられる，候補者の予備選挙（Vorwahl）が導入された（Wagner 2014：159）。しかし，予備選挙は州組織や党員から否定的に受け止められ，かろうじて実施された94年においても州執行部が候補者擁立に際して参考とする程度の位置づけとされるなど形骸化して，それ以降の選挙では立ち消えとなり，従来通りの「妥協的な候補」の擁立に終始した（Wagner 2014：161）。

（3）シュッセルの党首就任

　シュッセルは，党内の激しい路線対立の最中に党首に就任した。当時，人民党は，元党首のブゼックとモックの支持者を中心として自由主義的な潮流と保守派の間で激しい対立が展開していた。ブゼックは，経済同盟出身者として経済的な自由主義を支持するのみならず，社会倫理的にも自己決定を尊重する立場を採り，連立政策の上では，社民党との連立を尊重した。他方，モックは，長く被用者同盟の代表を務めた人物で，伝統的な価値を擁護するとともにハイダーが率いる自由党との連立を推奨した（Pelinka 2003：121）。

　こうした路線対立とともに，人民党は，新たな支持層の開拓の必要性に迫られていた。党の中核的支持層である農民と自営業者は，人口構成上，数が大幅に減少していた。人民党は，都市部の新中間層を新たな支持層とすることを目指した（梶原 2017：291）。ただし，経済同盟がそれを減税や歳出削減などの新自由主義的な政策で実現することを図ったのに対して，被用者同盟は過度な自由主義的方針に警戒を示していた。

　シュッセルは経済同盟の事務局長を務めた人物で，彼を引き立てたサリンジャー（Rudolf Sallinger）の人脈からも，「自由派」と目された。経済同盟の系列

第5章　比例配分民主主義の大統領制化？

からサリンジャー，モックらの支持を受けたが，保守派は，コール（Andreas Kohl）を候補者として推した。選考の過程では，両派の対立を緩和するために，妥協可能な候補を党外から擁立する案も出された。しかし，最終的には，党が課題とする都市部の新中間層への受けが良く，テレビ討論会でハイダーと渡り合える唯一の人物で，人民党の閣僚の中では最も世論調査での人気がある候補であったことから，シュッセルが党首候補として党大会に推薦された（Pelinka 2003：128）。シュッセル自身は人民党の中では比較的リベラルな政治家ではあったが，保守的な価値観も大事にした（梶原 2017：299）。こうした政治姿勢から，二大潮流のいずれからも受け入れ可能な候補であったこともシュッセルには有利であった。党大会では95％の信任票を集めて，党首に就任した。

（4）シュッセルの党運営

　シュッセルは，ブゼックとモックの対立に象徴される党内の亀裂を緩和し，挙党体制の確立を目指した。具体的には，人事として，議員団長に保守派で党首候補にも推薦されたコールを留任させ，党首就任まで自身が務めた経済相のポストには，ディッツ（Johannes Ditz）を据えた。こうした人事は，対立する両派の重要人物のうち，他の派閥からも許容可能な人物を要職に据えることで，党内融和を図るものであった。すなわち，コールは保守的な価値観の持ち主であったが，自由党との連立を拒否しており，経済同盟出身のディッツは，社民党への厳しい姿勢で予算協議に臨む人物であった（Pelinka 2003：135-136）。

　さらに，シュッセルは，州組織や構成団体との関係も尊重し，日常的な意思決定において，公式・非公式のレベルで，州の代表者や団体幹部との連絡を欠かすことがなかった。また，州組織の運営には関与しなかった（Wineroither 2010：62-63）。この点は，自由党のハイダーが，各州の選挙名簿の作成に介入してまで，党内で自身の支持者を増やしたことと対照的である[17]。

　シュッセルが党首として期待されたのは，人民党の支持の立て直しであった。95年の国民議会選挙，96年の欧州議会選挙では部分的ながらそれに成功して得票を上積みした。欧州議会選挙においては，党の開放性を世論にアピールするために，ニュースキャスターで非党員のステンツェル（Ursula Stenzel）を候補者に擁立して注目を集めるなど，新たな取り組みにも着手した（Wagner 2014：164）。

　さらにシュッセルは，1999年国民議会選挙に際して，党の劣勢が伝えられると，

自由党に抜かれ第三党となった場合には下野することを宣言して，連立の構成を一躍選挙の争点に押し上げた。そのうえで，すでに述べたように，第三党の地位にありながら自由党との交渉をまとめ，人民党に30年ぶりの首相の座をもたらした。第一次内閣における人民党内部の結束の一因は，新たな連立をシュッセルが主導して組織したことによる。

党組織内で確固たる支持基盤を作らなかったシュッセルは，各潮流の妥協的な候補者としての立場と2002年選挙における勝利を背景に，派閥横断的な支持を確保した。こうした立ち位置から，他に代替する候補者が存在しないことが，彼の権力の源泉であった。

4 選　挙

（1）比例配分システムの変容：オーストリアにおけるクライエンテリズム

既に述べたように，オーストリアでは，組織政党の得票上の安定性が1980年代前半まで続いた。こうした安定性の背景として，たしかに，社会的な要因も無視できない。オーストリアの「陣営」組織は，重複した社会的な亀裂に沿って組織化された。世俗主義的な自由主義勢力が弱かったこともあり，宗派的な価値をめぐる対立と階級対立が重なり，都市と農村の対立と相まって二大勢力間の対立が一層激しいものとなった（高橋 1984：84-85）。

しかし，オーストリアでも，これらの特徴は1960年代頃には希薄化していた。世俗化，都市化の進展，農業人口の減少で，二大陣営間の対立は相対的に弱まっていた。オーストリア固有の制度的な要因としては，先述の「会議所」システムが挙げられる。オーストリアの特徴は，賃金交渉のみならず政策形成に関与する組織が一団体に集約され，そこへの団体への加入義務が法的に定められている点にある。義務的な加入は組織の動員率を高め，意思決定過程における正統性を高めた。また，これらの組織内部での意思決定過程が法で規制されていることも，組織の公的な性格を強めた。

さらに，政治的な要因としては，「比例配分民主主義」の派生的現象としてのクライエンテリズムの存在が無視できない（古賀 2008）。二大政党の相互抑止に出発点を持つ比例配分の原則であるが，この仕組みは，国有企業のポストや地方自治体，あるいは現業公務員のポストにまで拡大した。そのため，両党は，支持

者の動員のために，ポストの配分を行った。イデオロギー的な対立の弱まった1960年代以降，市民の多くは，経済的な動機で政党に入党するようになる。戦後直後に巨大銀行や重厚長大産業で大規模に国営化が進んだことで，配分されるポストは多岐にわたった。「オーストリアの職場には，常に三人の職員が必要である。一人は黒い党員証を持つもの，一人は赤い党員証を持つもの，さらにもう一人は実際に働く人である」(黒と赤は，それぞれ，人民党と社民党のシンボルカラー)というジョークは，少なからぬオーストリア人には実感をもって受け止められた。クライエンテリズムの中心的な役割を果たした国有企業群は，1970年代の経済危機の最中には，失業率の抑制のために採算性を度外視した職員の拡充を行った。

(2) ハイダーの登場と「陣営」組織の融解

こうした事態を批判して登場したのが，自由党のハイダーであった。彼は，第二共和制の基本構造そのものを批判することで，現体制に批判的な有権者からの支持を集めた。たしかにハイダーは，ナチ党員を父にもち，しばしば第三帝国に肯定的な言及を行うなど，極右的な傾向が顕著であった。彼が党首に就任した86年は，大統領選挙に出馬したクルト・ヴァルトハイム元国連事務総長が大戦中にユダヤ人強制移送に関与した，また，その事実を隠ぺいした疑惑が大きく取り上げられ，海外から，オーストリアの対独協力，並びに，その責任を戦後追及してこなかった過去が批判されていた。その中で極右的な政治家が急速に台頭したことから，周辺諸国でオーストリアの右傾化への懸念が高まったのは当然であろう。

ただし，オーストリア国内の事情を踏まえれば，彼は，「極右であるがゆえに」というよりも，「極右であるにもかかわらず」支持された側面も強い。なぜならば，ハイダーの主張の柱の一つに「会議所国家」と「党員証経済」への批判が含まれたためである。

前者は，「会議所」加入の法的義務を廃止し，自由加入に改めることを主張するものである。その根拠として，「会議所」は，当該職業にかかわるすべての人を代表することに正統性の根拠をもつと主張するものの，選挙への参加率は低下傾向にあった[18]。実質的には内部の派閥によって意思決定がなされており，それが特定の政党の支持団体と密接に結びついていることが挙げられた。ハイダーは，それら「会議所」の幹部による意思決定への関与を，これら幹部の高給や二重年

金などの「特権」と結びつけつつ，一般の市民の意思とは乖離した「煙の充満した密室での意思決定」と攻撃した。むしろ，公開の場での決定を重視し，民意をより直接的に反映させる方法，例えば，イニシアチブやレファレンダムなど，住民参加の仕組みを活用するよう訴えた。

　後者は，端的にはクライエンテリズムへの批判であった。ハイダーが党首に就任する前年には，国有企業の経営不振が政治争点化した。不振の背景には，経営合理性を無視した政治介入の存在が指摘され，世論は，政府の補助金による支援に対する否定的な姿勢に傾いた。さらに，国有企業が絡む政治家のスキャンダルが公になるなど，かつては高度成長を支えた国有企業は，非効率と腐敗の象徴としてやり玉に挙げられるにいたった。ハイダーはこうした機会を得て，国有企業の民営化を主張するとともに，経済への政治の介入の現状を政治腐敗と結びつけて非難し，自由党内外から支持を集めた。

　民営化を主張する自由党への支持拡大もあって，86年に首相に就任した社民党のフラニツキー（Franz Vranitzky）は国有企業の民営化に着手した。民営化に伴い国有企業が雇用を削減したことで，二大政党は，配分可能なポストを失うこととなった（古賀 2008）。その結果，自由主義的な経済政策を支持する有権者層を自由党に奪われた人民党のみならず，配分資源を失った社民党も支持を減らし，オーストリアの政党支持は，90年代以降，流動性を増すこととなった。

　ハイダーの登場は，一面では，オーストリアにおける「陣営」組織の揺らぎを背景とするものである。しかし，彼の台頭により，二大政党は伝統的な政治手法の修正を迫られた。その結果，党組織の基礎を支える前提条件にもメスを入れる必要が生じた。その意味では，ハイダーは，この後のオーストリア政治の変革の原因とも目される（Müller 2002）。

（3）選挙過程の変化とシュッセルの対応

　ハイダーが指導する自由党は，「持たざる者の強み」を発揮して，オーストリアの選挙に新たな要素を数多く持ち込んだ（Müller et al. 2004）。組織による動員では得票が見込めないことから，候補者個人への注目を集める選挙戦術を採用した。とりわけ，ハイダー党首個人の特徴を生かして，テレビを活用して有権者の関心を引いたのである（古賀 2013）。マーケティングの手法を活用しながら，政治以外でも話題となるよう，彼個人への関心を引き付けるための活動を積極的に

行った。ハイダーの攻撃的な二大政党批判も，特徴的な表現と相まって，テレビへの露出に結び付いた。さらに，テレビ受けする候補者として，党組織外部からの候補者の擁立を積極的に行った。組織外からの候補者は，従来の組織型の積み上げ候補者と一線を画した[19]。

　ハイダーの登場に伴って，選挙過程でもテレビの役割はより重要なものとなった。94年の国民議会選挙以降，テレビでの党首討論が定着した。各党党首の一対一の討論に加えて，すべての党首が一堂に会する討論会が行われ，100万人をこえる有権者がそれを視聴したと目されている（Plasser et al. 2003：35-36）。その結果を受けて党の支持率は上下したことから，討論会でのパフォーマンスが党の支持を左右する事実が窺われた。

　シュッセルは，テレビ討論会で高い評価を受けた。とりわけ，首相就任後の2002年国民議会選挙では，社民党のグーゼンバウアー（Alfred Gusenbauer）党首との討論を経て党支持率を上昇させ，勝利に導いた（Plasse et al. 2003：41-43）。シュッセルに先立つ人民党の各党首が，テレビ受けの悪さから支持率の低迷につながったという党内の評判により党首の地位を失ったことを踏まえれば，彼のメディア受けは，党首就任の際に期待された通りであった。

　人民党は，2002年の選挙キャンペーンにおいて，「彼（＝シュッセル）でなければ，誰か？（Wer, wenn er nicht?）」をスローガンに，シュッセルの首相適格性を前面に押し出した。首相として，他の党首に比べて圧倒的にテレビ・新聞に取り上げられる機会が多かったこと（Lengauer 2010：41）もあり，党内の他の政治家に圧倒する知名度を獲得した。こうした過程は，他の諸国と同様に，シュッセルの党内における立場を強化した。

　他方，シュッセルは必ずしも積極的にメディアを活用する政治家とは目されなかった。しばしば「沈黙の首相」と呼ばれ，むしろ表舞台から遠ざかる姿勢を示した（梶原 2017：295）。シュッセルへの注目は，政権の後半には徐々に薄れ，強引な改革への批判に伴う州議会選挙での相次ぐ敗北と相まって，党内で求心力を失った。それでも，党内に火中のクリを拾うものはなく，2006年の国民議会選挙での敗北を受けてシュッセルが党首を辞任するまでの間，彼に対抗する政治家は登場しなかった（Luther 2010：94）。

5 結論に替えて——シュッセルとオーストリア政治の変容

(1) 本章の議論のまとめ

 以下では，本章の議論を，冒頭に提起した問いに沿って整理したい。シュッセル政権で大統領制化が進展した要因は一つではない。まず，90年代までの社会構造の変容，なかんずく，二大政党を支えた「陣営」組織の融解を前提とする。この変化が周辺諸国に比べて遅れた理由の一つにクライエンテリズムがあるものの，それもハイダーの躍進と国有企業の民営化によって大きく後退した。

 ただし，これらは大統領制化の「必要条件」であり，これだけで自動的に首相権限が強化されるものではない。とりわけ，オーストリアでは，内閣機能の強化や政党組織の改革など，公的な制度面での大統領制化を進める要因が乏しかった。そのため，シュッセルは，多くの点で，彼自身の政治運営によって自身への権力集中をもたらしたのである。

 執政面では，連立構成の変化が大きな要因であった。自由党との連立によって，人民党は，社民党の協力なしに議会で安定的な支持基盤を確立した。社会パートナーシップの改革に対するシュッセルの意向は，自由党の「会議所国家」批判とも合致した。実質的には労組の主張を抑えて歳出削減を実現するためには，従来の法制定過程を継承することは困難であった。連立構築を取り仕切り，自由党内の混乱にも乗じて，主導権を確保した。

 政党の面では，シュッセル政権自体に独自の傾向はみられなかった。ただし，人民党内の多様な潮流のバランスをとるために，他の適任者がいなかったことがシュッセルに有利に働いた。90年代の国政選挙での低迷は，むしろ，新たな支持層の獲得の必要性についての合意を党内にもたらした。こうした合意に基づき，シュッセルは，経済的な自由主義と伝統的な価値観の擁護という，周辺諸国の保守政党の指導者にも見られた新たな政治スタイルを通じて，党内の支持基盤を確立した[20]。選挙の面では，選挙キャンペーンの中心に党首が置かれたことが党内の権力基盤を固めるのに有利であったことは，周辺の国々とも同様である。

(2) オーストリア政治の分水嶺？：シュッセル政権の遺産をめぐって

 シュッセル政権のスタイルが継承されなかった最大の理由の一つは，2007年以

降，社民党首班の大連立が構築されたことにある。社民党政権の下で，労働組合は発言力を回復し，二大政党間の協調と社会集団との協議を基礎とした政治の復権傾向も指摘される。

しかしながら，このことは，オーストリア政治がかつての「比例配分民主主義」に戻ることは，意味しない。そもそも，ペリンカが指摘するように，シュッセル政権の「特異性」は，90年代から続いたオーストリア政治の構造変動——彼の用語に従えば「脱オーストリア化」あるいは，「西欧化」——の一環とも位置付けられ，シュッセル一人が起こした変化ではない（Pelinka 2010）。

おりしも，2017年の選挙で人民党を率いたセバスティアン・クルツは，自由党との連立を組み，行財政の改革を主張している（Bodlos and Plescia 2018）。本章で指摘したシュッセル政権の様々な特徴に加え，シュッセルには実現できなかった（あるいは，実行しなかった）政党面や選挙面での改革へも取り組んでいる。前年の大統領選挙でも，自由党と緑の党出身の候補者が，選挙過程において，従来とは異なる大統領像を提示した[21]。

それでも，シュッセル政権に見られた特徴は，これらの変化の方向性を分かりやすく示したものである。変動のただなかにあるオーストリア政治の今後を展望するうえで，それらの特徴は，改めて，検討に値すると言えよう。

注
1) この場合の第一党は，議席を最も多く獲得した政党を意味する。1950年代までには，選挙制度の仕組み上，得票率で劣る人民党が議席数の上で第一党となった事例があった。
2) 同党の正式名称は，名称を変更する1991年までは，オーストリア社会党（Sozialistische Partei Österreichs）であったが，煩雑さを避けるために，本章で扱われるすべての時期を通じて，現在の党名である社民党で統一する。
3) 戦後の自由党については，古賀（2012）参照。
4) この間の経緯については，近藤（2002）に詳しい。
5) スイスも，オーストリアと同様に大連立を採用している。ただし，オーストリアとは異なり，スイスの大連立は国民投票など直接民主制を背景に成立している。
6) 例外として，1957年に大統領選に出馬したシェルフ（Adolf Schärf）社民党党首がいる。前年の国民議会選挙で人民党に敗れた社民党が，均衡を回復するために大統領選挙に党首を出馬させた（高橋 1984：76）。

7) 74年から86年まで大統領を務めたキルヒシュレーガー（Rudolf Kirchschläger）は，無所属として大統領選挙に出馬したが，事実上，社民党が支えた．
8) 人民党の反対にもかかわらず，人民党の影響下にあるクレジット・アンシュタルト銀行の政府保有株を，社民党の影響下にあるオーストリア銀行に売却した事件で，人民党の大連立政権離脱の契機ともされる（例えば，Luther 2010：83）．
9) これらの政治家の登用は，既成政党とは異なる自由党の開放的な性質を有権者にアピールするとともに，自由党内でハイダーの権力を固める目的で行われた（古賀 2013）．
10) 彼は，連立発足当初は連立委員会のメンバーとして人民党との交渉に参加したが，不人気の争点を扱う予定の会合にしばしば欠席し，最終的には，2002年の2月に委員会から離脱した（Luther 2010：89）．
11) ハイダーの政権批判の背景には，閣僚に抜擢された若手政治家への注目が，党内における自身の地位を脅かすことへの懸念があったとも推測されている．
12) 1970年代の後半までは，半数以上の国会議員がこれらの組織の幹部を兼ねていた．ただし，2000年までには，その比率は15％にまで減少した（Karlhofer 2010：107）．
13) 後述する1991年の党改革に際して，党首の権限を明記するなど，規約の改正が行われた（Wineroither 2009：267）．
14) これまで，3年に一度の開催であったものを，4年に一度に延長した．
15) 91年のブゼック（Erhard Busek）の党首選出に際しての選挙が，党の歴史上初めての党員投票による党首選出であった（Wagner 2014：155）．
16) 職能3団体に加えて，青年団，女性団，高齢者団の6団体からなる．
17) ハイダーは，党首に就任して以降，各種の議会選挙での議席増を梃子に，自身の選出した候補者を州議会・国民議会選挙を擁立して，党内の権力基盤を強化した（古賀 2013）．
18) 例えば，労働会議所の幹部選挙の投票率は，84年の64％から94年には30％に低下した（Karlhofer 2010：114）．
19) 先述のハイダーによる州組織への介入は，こうした「選挙に勝てる」候補者の擁立を口実に行われた（古賀 2013）．
20) 右翼ポピュリスト政党の伸長への各国保守政党の対応については，古賀（2016）．
21) 具体的には，自由党のホーファー（Norbert Hofer）候補は，大統領主導による議会の解散に言及し，元緑の党党首のアレクサンダー・ファン=デル=ベレン（Alexander Van der Bellen）候補は，自由党が第一党となっても，党首のストラッヘ（Heinz-Christian Strache）を首相に指名しないことを主張した（Gavenda and Umit 2016）．

参考文献

Bishof, Günter and Fritz Plasser (eds.) (2010) *The Schüssel Era in Austria*, University of New Orlean Press.

Bodlos, Anita and Carolina Plescia (2018) "The 2017 Austrian Snap Election: A Shift Rightward," *West European Politics*: 1-10. https://doi.org/10.1080/01402382.2018.1429057

Dachs, Herbert, Peter Gerlich, Gerbert Gottweis, Franz Horner, Helmut Kramer, Volkmart Lauber, Wolfgang C. Müller, Emmerich Talos (Hrgs) (2006) *Handbuch des politischen System Österreichs. Die Zweite Republik* 3, erweiterte und völlig neu bearbeitete Auflag, Wienä MANZ Verlag.

Fallned, Franz (2005) „Die Österreichische Volkspartei (ÖVP): Erfolgreiche Wahlstrategie bei unmoderner Parteiorganisation" Josef Schmid und udo Zolleis (Hrsg.), *Zwischen Anarchie und Strategie: Der Erfolg von Parteiorganisationen*. Wiedbaden: VS Verlag: 189-206.

Gavenda, Mario, and Resul Umit (2016) "The 2016 Austrian Presidential Election: A Tale of Three Divides," *Regional & Federal Studies*, 26: 419-432.

Müller, Wolfgang C. (2002) "Evil or the 'Engine of Democracy'? Populism and Party Competition in Austria," In Yve Meny and Yve Surel (eds.), *Democracies and the Populist Challenge*, Springer, 155-175.

――― (2006a) „Bundespräsident" Dachs et al (Hrgs.), *Handbuch des politischen System Österreichs*.

――― (2006b) „Die Österreichische Volkspartei" Dachs et al (Hrg.), *Handbuch des politischen System Österreichs*.

Müller, Wolfgang, and Franz Fallend (2004) "Changing Patterns of Party Competition in Austria: From Multipolar to Bipolar System," *West European Politics*, 27: 801-835.

Müller, Wolfgang C, Fritz Plasser, and Peter A Ulram (2004) "Six Party Responses to the Erosion of Voter Loyalties in Austria: Weakness as an Advantage and Strength as a Handicap," Peter Mair, Wolfgang C. Müller and Fritz Plasser (eds.), *Political Parties and Electoral Change: Party Responses to Electoral Markets*, London: Sage.

Obinger, Herbert und Emmerich Talos (2006) *Sozialstaat Österreich zwischen Kontinuität und Umbau: Eine Bilanz der ÖVP/FPÖ/BZÖ-Koalition*, Wiesbaden: VS Verlag.

Pelinka, Anton (1998) *Austria: Out of the Shadow of the Past*, Boulder, Colo.: Westview Press.

――― (2010) "Legacies of the Schüssel Years," in Bishof and Plasser (eds.), *The*

Schüssel Era in Austria.
Pelinka, Anton und Sieglinde Rosenberger (2007) *Österreichische Politik : Grundlagen, Strukturen, Trends*, 3, aktualisiert Auflage Wien : Facultas Verlag.
Pelinka, Peter (2003) *Wolfgang Schüssel : Eine politische Biografie*, Wien : Ueberleuter.
Pernicka, Susanne and Günter Hefler (2015) "Austrian Corporatism-Erosion or Resilience ? /Österreichischer Korporatismus-Erosion Oder Resilienz ?" *Österreichische Zeitschrift für Politikwissenschaft*, 44 (3) : 39-56.
Plasser, Fritz, Peter A. Ulram und Franz Sommer (2003) „Kampagnedynamik, Mediahypes und Einfluss der TV-Konfrontationen 2002" in Fritz Plasser und Peter A. Ulram (Hrg.), *Wahlverhalten in Bewegung : Analysen zur Nationalratwahl*, WUV.
Karlhofer, Ferdinand "The Politics of Asymmetry : (Non) Corporatist Policy Making, 2000-2006," in Bishof and Plasser (eds.), *The Schüssel Era in Austria.*
Lijphart, Arend (1977) *Democracy in Plural Societies : A Comparative Exploration* : Yale University Press.
Luther, Kurt Richard (2010) "Governing with Right-Wing Populists and Managing the Consequences : Schüssel and the FPÖ," in Bishof and Plasser (eds.), *The Schüssel Era in Austria.*
Ucakar, Karl, und Stefan Gschiegl (2014) *Das politische System Österreichs und die EU*, 4 Auflage.
Wagner, Andreas (2014) *Wandel und Fortschritt in den Christdemokratien Europas : Christdemokratische Elegien angesichts fragiler volksarteilicher Symmetrien*, Wiesbaden : Springer.
Wineroither, David (2009) *Kanzlermacht- Machtkanzler ? : Die Regierung Schüssel im historischen und internationalen Vergleich*, Wien : LIT-Verlag.
────── (2010) "Making Omelets and Breaking Eggs ? : Schüssel Leadership in Government and Party," in Bishof and Plasser (eds.), *The Schüssel Era in Austria.*
網谷龍介（2014）「ヨーロッパ型デモクラシーの特徴」網谷龍介・伊藤武・成廣孝編『ヨーロッパのデモクラシー　改訂第2版』ナカニシヤ出版。
岩崎正洋（2014）「訳者あとがき」T・ポグントケ／P・ウェブ編，岩崎正洋監訳『民主政治はなぜ「大統領制化」するのか──現代民主主義国家の比較研究』ミネルヴァ書房。
梶原克彦（2017）「[オーストリア] 固定支持層か浮動票か──シュッセル内閣時代のÖVPと保守『復権』の実相」阪野智一・近藤正基編『刷新する保守──保守政党の国際比較』弘文堂，281-318。
古賀光生（2009）「脱 - クライエンテリズム期における選挙市場の比較分析──西欧極右

政党の動員戦略を通じて」日本政治学会編『政治と暴力——年報政治学2009年Ⅱ』246-268。
——（2012）「オーストリア自由党の組織編成と政策転換」『立教法学』86：217-249。
——（2013）「戦略，組織，動員（四）——右翼ポピュリスト政党の政策転換と党組織」『国家学会雑誌』126-11・12：57-123。
——（2016）「西欧保守における政権枠組の変容」水島治郎編『保守の比較政治学』岩波書店。
近藤孝弘（2002）『自国史の行方——オーストリアの歴史政策』名古屋大学出版会。
大黒太郎（2003）「2000年政権交代とオーストリア・デモクラシー——『連合形式』転換の政治過程」『レヴァイアサン』32：147-174。
高橋進（1984）「大連合体制とデモクラシー——オーストリアの経験」篠原一編『連合政治Ⅱ』岩波書店。
トーマス・ポグントケ（2014）「大統領制化しつつある政党国家？」T・ポグントケ／P・ウェブ編，岩崎正洋監訳『民主政治はなぜ「大統領制化」するのか——現代民主主義国家の比較研究』ミネルヴァ書房。

第6章
政治の大統領制化と政策過程の変容

西岡　晋

1　日本政治の変化と政治の大統領制化

　本章は，ポグントケ（Thomas Poguntke）とウェブ（Paul Webb）（以下，P&W）が提起した「政治の大統領制化（The Presidentialization of Politics）」論（Poguntke and Webb 2005b [2014b]）に関して，比較政治経済学及び政策過程論の観点から理論的な課題を抽出した上で，日本政治を題材として大統領制化された政策過程の実際を分析することで，大統領制化論に対して理論的及び経験的に新たな知見を加え，議論の豊穣化に寄与することを意図している。

　政治の大統領制化あるいはそれに類する首相主導型政治の台頭をめぐっては，日本でも2000年代前半の小泉首相の登場を契機として活発な議論が交わされ，主に執政中枢への権力集中という観点からの研究成果の蓄積が進められてきた（伊藤正次 2012；伊藤光利 2006，2007；岩崎 2016；内山 2007；大嶽 2006；上川 2010；竹中 2006；西岡 2016；原田 2008；待鳥 2006，2012；武蔵 2008など）。小泉政権終了後は首相の頻繁な交代や民主党への政権交代が続いたこともあって，大統領制化論と理論的関心を共有する分析はあまり行われていなかったものの，長期政権となった第二次安倍政権の政治的盤石性を背景として，「安倍一強」の謎を解く試みも最近ではなされるようになり，これまで以上に官邸主導体制の強化が図られていることなどが指摘されている（中北 2017；野中・青木 2016；牧原 2016）。

　しかしながら，それらの研究のすべてが P&W の大統領制化論を理論的枠組みとして参照しているわけではない。小泉首相と第二次政権期の安倍首相はともに強い政治的リーダーシップを発揮しているが，前者を対象とする研究では大統領制化論への言及がしばしばなされた一方，後者に関しては同種の議論はさほど聞かれない。しかし実際には，安倍政権下の政策過程を大統領制化論の観点から説明することも可能である。小泉政権の時代は大統領制化が進行中であり，いわ

ば「大統領制化する政治（presentiliz-*ing* politics）」の段階であった。これに対して，第二次安倍政権の時期は，小選挙区制や内閣府・内閣官房といった大統領制化を促進する制度的資源がすでに確立・定着しており，そのため「大統領制化された政治（presentiliz-*ed* politics）」として捉えられるのである。

とはいえ，P&W を編者とする上記の書物が刊行されて10年以上の時が経過し，研究上の課題やこれまで以上に深められるべき論点も浮き彫りになってきている。本章では主に二つの研究課題を提起する。第一に挙げられる課題は大統領制化の要因に関するものである。本章は国家の財政構造の変化も重要な要因になっていることを指摘する。第二の課題は，大統領制化した政治の下での政策過程を明らかにすることである。その意味は二つあり，一つには上記の要因がいかなる経路で大統領制化につながるのか，そのメカニズムを探ることであり，今一つには実際の大統領制化した政策過程の特徴を解明することである。本章は，このような認識に立脚して，日本政治の大統領制化に関して，第二次安倍内閣[1]における企業統治（コーポレート・ガバナンス）改革を素材として分析する。

2　経済的変化と政治の大統領制化

（1）政治の大統領制化の要因

政治の大統領制化論の課題として指摘すべき第一の点は，その要因に関するものである。大統領制化は近年の民主主義諸国におけるある程度共通の傾向として捉えられるが，P&W はその要因としてリーダーの人格や政治的状況といった偶発的要因だけでなく，それ以上に構造的要因が重要であると指摘している。すなわち，第一には「政治の国際化」，第二には「国家の肥大化」，第三には「マスコミュニケーション構造の変化」，そして第四には「伝統的な社会的亀裂政治の衰退」である（Poguntke and Webb 2005a：13-17［2014a：18-24］）。

構造的要因への着目は大統領制化が一時的・偶発的な現象というよりも，長期的で不可逆的な変化であることを示唆する。この指摘自体は多くの研究者が納得するであろう常識的な見方であるものの，P&W の論考では大統領制化の要因に関して，必ずしも十分な検討が行われていない。とくに金融資本のグローバル化や政府の財政的制約の強まりといった経済的変数は，それほど重視されていない[2]。これに対して本章は，経済的・財政的次元と政治的次元との関連性を重視

する比較政治経済学上の理論的フレームワークと政治の大統領制化論とを結び付けることで，新たな知見を得ることとしたい。

（2）財政再建国家と政治の大統領制化

　政治の大統領制化論は政治的リーダーへの権力集中現象，言い換えれば政治的リーダーの万能性に着眼した理論的主張である。しかし，これに対して政治的リーダーの限界性を強調する見解も存在する。民主政治を規定する構造的要因，とりわけ経済的制約を重視する批判的政治経済学は現代の資本制民主主義国家を「財政再建国家（consolidation state）」として特徴付けた上で，政治的リーダーが政策選択や政府投資の面でその裁量や権限を事実上行使できない事態に陥っていることを鋭く批判している（Streeck 2016, 2017［2016］；Schäfer and Streeck 2013）。

　人口構造の変化，福祉国家制度の成熟化，市場経済の変質などに伴う国家支出の増大とは裏腹に，世界大の金融危機の発生に伴う景気後退，経済的グローバル化のもとで激化する国家間の減税競争，政府不信から生じる租税抵抗などの要因によって，国家の財源調達能力は低下しており，巨額の支出を賄うだけの十分な財政収入を得られていない現状がある（井手・パーク編 2016）。その傾向は近年になって著しさを増しているが，高度経済成長が終焉した1970年代後半の段階ですでに，戦後の先進資本主義国家の財政運営を構成してきた「拡大的財政レジーム」は限界に達し，それ以降は「緊縮的財政レジーム」へと変化してきたと，ピアソン（Paul Pierson）は指摘する（Pierson 2001）。図 6-1 は主要国の政府債務状況を対 GDP 比で表したものである。国によってその度合は異なり，また時期によっても多少の変動があるが，押しなべていえば漸増傾向にあり，とりわけ2008年の世界金融危機以後は債務比率が上昇している。

　歳入と歳出のアンバランスは国家財政上の巨大な債務へと転化するが，金融市場からの信認の獲得が現代の金融資本主義下における国家の安定的存続の第一の条件とされるなか，国家財政の再建は至上命題となる（Streeck 2016, 2017［2016］；Schäfer and Streeck 2013）。財政再建が何にも増して重視されるために，義務的経費の増加の一方で投資的あるいは裁量的支出は抑制される。こうした「財政再建国家」では，脱政治化された経済テクノクラートによる国家運営が称揚され，政治的裁量や決断の余地は著しく狭められる。すなわち「民主主義が市場を飼いならしているのではなく，逆に市場が民主主義を飼いならしている」の

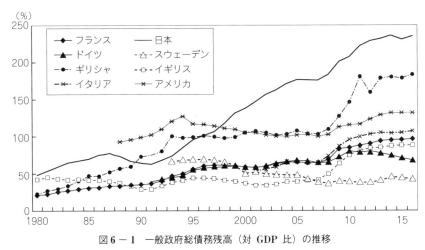

図6−1 一般政府総債務残高（対 GDP 比）の推移
出典：International Monetary Fund (2018) より筆者作成。

である（Streeck 2017：116 [2016：175]）。

日本もまた，財政再建国家としての特徴を備えている。図6-1にあるように，日本の政府総債務残高は1980年代以降ほぼ一貫して上昇し続けており，近年ではGDP の2倍を優に超える水準にまで達している。経済危機に陥ったギリシャでさえも2倍にまでは達していなかったことを考え合わせれば，日本の政府債務の大きさは先進諸国のなかでも例外的ともいえる規模にまで膨らんでいる（高端・嶋田 2016）。

大統領制化論は政治的リーダーが万能性を有するという見方であるのに対して，財政再建国家論はその不能性や限界を強調する主張である。こうした両極の見解に対して，筆者は二つの見解は相互に排他的なものでは必ずしもないと論じる。政治に対する構造的制約が高まっているがゆえに，その圧力を跳ねのけ厚い壁を突破できる強い政治リーダーが求められ，政治の大統領制化が起きていると理解するのである。

3 政治の大統領制化と首相の功績顕示

政治家は数年に一度選挙の洗礼を受ける機会がある。そのために，政治家の行動原則の第一に再選可能性があることは政治学のなかで度々指摘されてきた。再

選を果たすためには自らの功績を有権者や支持者に対してアピールする必要があり，「功績顕示（credit claiming）」を目的とした行動を政治家はとる（Weaver 1986）。日本の場合，公共事業の実施とその拡大が政治家の功績顕示を可能にする有効な手段であり続けた。この種の土建国家としての構造的特質が有権者・支持者と地元選出議員との相補的なパトロン－クライエント関係の形成にも寄与してきたのである（Estevéz-Abe 2008；北山 2003；斉藤 2010；砂原 2017）。

しかし，政府の財政構造の変化は政治家の行動原則や政治戦術を変化させる大きな契機となりうる。拡大的財政レジームから緊縮的財政レジームへの転換は少なくとも以下の二つの側面において，政治家の行動原則の変化に結びつくことが予測される。第一に，「非難回避（blame avoidance）」の重要化である。拡大的財政レジームの時期には豊富な財源を基にして，公共事業の配分や支持集団への個別的利益誘導，福祉政策の拡充といった人気政策を実施することが可能であった。しかしながら，財政再建が至上命題となる今日の福祉国家では増税，社会保険料の引き上げ，給付の削減といった，利益ではなく損失を国民に課す状況が増え，これに対して政治家は国民からの非難を避けようとする。国民の短期的不利益につながる不人気政策の実施は政治家の再選可能性を低下させるからである（Vis 2016；Weaver 1986；西岡 2013）。

その上で第二に，非難回避だけでなく，敵対的政治勢力との対抗・競合関係を制し再選可能性を向上させるためにも，功績顕示もまた依然として必要である。従来の日本の土建国家型政治においては，政治家は公共投資の配分を通して，それぞれの地元有権者や支持者に対して自らの功績を顕示することが比較的容易に行える余地があった。しかしながら，この種の功績顕示は，投資的経費よりも義務的経費に財政資源を費やさざるをえない今日では，以前と比べてはるかに困難になっている。実際，図6－2に示されているように，2000年代以降，国の公共事業関係費と公共事業の主要財源ともなってきた財政投融資の金額は急激に減少する一方，社会保障関係費は増加傾向が続く。こうした財政構造の変化ゆえに，従来とは異なる形での功績顕示が希求されることとなる。すなわち，政治的リーダーに依拠した功績顕示である。党首や首相といった政治的リーダーの功績が当該政党及び所属議員の評判につながれば，当該議員の再選可能性は増すだろう。

議員と有権者との関係性はパトロン－クライアント関係として識別される直接的な結びつきから，政党及び党首を媒介した間接的なものへと変化する。1990年

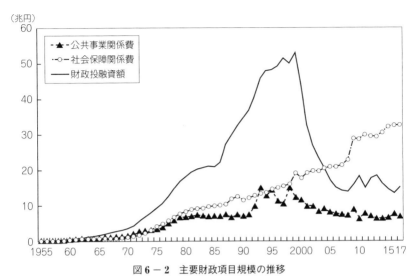

図6−2 主要財政項目規模の推移

出典：公共事業関係費及び社会保障関係費は財務省 n.d.，財政投融資額は総務省統計局 n.d. 及び財務省財務総合政策研究所（各年）より筆者作成。

代に行われた中選挙区制から小選挙区比例代表並立制への選挙制度の改革，政党助成制度の創設，内閣・官邸機能の強化が政治の大統領制化を生み出す直接的要因になったことは，これまでも指摘されてきた（竹中 2006；待鳥 2012；西岡 2016）。特筆すべき点は，その過程で政党組織もまた大きく変化してきたことである。とくに自民党の組織構造は変貌を遂げ，派閥を中心とする旧来の分権的組織構造が弱体化し，選挙の公認権と資金配分権を権力資源として執行部への権力集中が起き，組織の集権的性格を強めてきている（中北 2014, 2017）。

分権的政党組織は利益誘導政治に適応的な組織構造であったが，緊縮的財政レジームの下で個別的な利益分配が困難になるにつれ，政党組織の集権化が進むとともに，党首や首相への功績顕示の依存度が高まっていった。当然ながら，「首相は常に自身及び自身の政党の再選について思いをめぐらさなければならない」のであるが（Laing and McCaffrie 2013：88），政治的リーダーとしての首相はこれまで以上に功績を顕示することが求められるようになり，そのことは政治の大統領制化を促進する大きな要因となっている。それは，別の観点からすると，首相自身による功績顕示の成否が首相の権力基盤を決定的に左右するようになったことを示唆する。首相の功績顕示が政治の舞台の中心に引き上げられるのである。

4　企業統治改革の政策過程

(1)「起業家政治」としての企業統治改革

本節では，首相の功績顕示を表す制度改革の一例として，第二次安倍内閣下での企業統治改革をめぐる政策過程に焦点を当て，事例分析を行う。

企業統治改革の実例は数多く存在するが，とくに企業経営に対する外部からのモニタリングの強化を狙いとした改革の多くは，主として機関投資家，とくに日本企業のガバナンスの欠陥を指摘しその改善を求めてきた海外投資家の意向を反映したものとみなすことができる（神田 2015；また杉之原 2008；竹中 2017；西岡 2017；松中 2016も参照）。すなわち，近年の企業統治制度改革は株主利益の最大化を志向する性格を色濃くもつ。

この種の改革は，ウィルソン（James Q. Wilson）の政策類型モデルに当てはめるならば，便益が拡散する一方で費用が少数者に集中する「起業家政治（entrepreneurial politics）」としての特徴を備えている（Wilson 1986, 1995 [1983], 2000）。首相による功績顕示は，特定の有権者や支持団体からの支持調達が第一義的な目的ではなく，一般的有権者や公衆の期待に応えることが何よりも求められる。功績の訴求対象はより広範囲に及ぶため，一般性をもつ利益の配分を行うことが必定となる。したがって，便益分散型の政策の決定・実施が功績顕示のための手段として考えられる。費用負担が集中する利害関係者はそれゆえに当該政策には反対の姿勢を示すことが容易に想定されるが，首相は当該アクターを「抵抗勢力」として名指しする一方で，抵抗勢力に与せずに困難な改革を断行する「改革の旗手」として自らを位置付けることで功績の顕示が可能となるためである。

大企業や経営者たちとは異なり，投資家は十分には組織化されておらず，政策過程に自ら積極的に関与する機会と能力は限定的である。企業統治改革の結果生じる便益は海外機関投資家や株主のみならず，海外からの投資の呼び込みに成功し結果として平均株価の上昇につながれば日本経済全体へと広範囲に及ぶ一方，その費用は上場する大企業など一部に集中する。制度改革には大規模な予算出動を行う必要性がほとんどなく，緊縮的財政レジームの下であっても政治家の功績を顕示できる有力な政策分野となりうる。外部モニタリング機能強化を狙いとし

た改革には，多くの経営者や経団連などの財界団体あるいは業界団体が反対の意思を示してきた。首相が政策起業家として大企業や経営者団体の反対を押し切ってでも改革を成功させることができれば，自らの功績を示すことができ，権力基盤の盤石化にも貢献するだろう[3]。

（2）2014年会社法改正の政策決定過程

　第二次安倍内閣による企業統治改革はいくつかの重要な柱から構成されるが，その第一は社外取締役の選任規定導入などを主眼とする2014年の会社法改正である。同法改正に向けた立案作業が始まったのは民主党政権下であったが，最終局面で自民党への政権交代が起こり，同党は決定間近の段階であるにもかかわらず積極的に法案策定過程に対して介入した。自民党は野党時代から企業統治改革に関する検討を進めており，12年12月に行われた総選挙の際のマニフェスト「J-ファイル2012　総合政策集」では，独立取締役の選任義務化を含む「企業統治改革の推進」を政策事項の一つとして挙げている（自由民主党　2012：53；鳥澤　2013）。社外取締役導入の促進を提唱する自民党の政権復帰は，当該政策の推進アクターにとっては力強い援軍が登場したことを意味する。独立社外取締役の選任義務化を唱導してきた東京証券取引所の社長（当時）である斉藤惇は政界から「追い風が吹いた」と語っている（『朝日新聞』2016年8月8日：4）。

　実際，政権復帰後の自民党は企業統治改革に向けて熱心に取り組み，2013年5月10日に公表された自民党日本経済再生本部の中間提言では「公開会社に関しては，少なくとも一人の独立社外取締役導入を確実なものとするよう，政府において年内に適切な施策を講じることを要請する」と謳っている（自由民主党日本経済再生本部　2013：30）。その後，安倍内閣発足後に新しく設置された政府の産業競争力会議での議論などを経て，6月14日には「アベノミクス」の「三本の矢」のうちの三本目の矢に当たる成長戦略を盛り込んだ「日本再興戦略―JAPAN is BACK―」が閣議決定された。そのなかで日本企業の国際競争力の強化に向けた取り組みの一環として企業統治改革が掲げられ，会社法改正案の早期の国会提出と独立性の高い社外取締役の導入の促進が明示された（日本再興戦略　2013：28；坂本　2015：6）。安倍内閣は企業統治改革を政府の重要な政策として位置付けたのである。

　法務省は民主党政権下で策定された要綱に基づいて法案を国会に提出する予定

であったが，政権交代後，自民党の政務調査会法務部会で社外取締役の選任義務化を強く求める意見が出された。その結果，会社法上での社外取締役に関する規定は要綱上の規定よりもいっそう厳格化された（竹中 2017：106；『読売新聞』2013年11月20日：4；坂本ほか 2015：125）。要綱段階では，一定の株式会社において社外取締役が存しない場合には，「社外取締役を置くことが相当でない理由」を事業報告の内容とする開示規制が導入されることとなっていたが，これに加えて，取締役が定時株主総会でその理由を説明しなければならないとの規定が会社法改正案に設けられることになった。また，改正法施行後二年を経過した時点で，社外取締役の選任義務化も含めて制度の見直しを行うとする検討条項も改正法附則25条として追加された（坂本 2015：6，13；野村 2015：7，16-17）。

　法案はその後，2013年秋の臨時国会期末に上程され継続審議となり，最終的には14年6月20日に可決・成立した（神田 2015：41-44）。

（3）安倍内閣の企業統治改革

　安倍内閣による企業統治改革の第二の柱は2014年のスチュワードシップ・コードの策定である。会社法改正は民主党政権下での議論を引き継いだものだが，同コードの策定は自民党が政権復帰後に主体的に取り組んだ政策である。

　会社法改正は会社経営に対する外部からの規律付けの強化を狙いとしているが，他方において資本市場で影響力を増してきた機関投資家に関しても，その受託者責任を問う声や短期業績志向に対する批判も高まってきていた。すでに2013年1月の産業競争力会議発足後の間もない時期にスチュワードシップ・コード作成の必要性が議論され，4月1日の日本経済再生本部の席で安倍首相自ら麻生金融担当大臣に対して，同コードの策定を事実上指示した（竹中 2017：107）。安倍内閣は，6月14日に閣議決定された「日本再興戦略」で機関投資家の受託者責任原則を記した「日本版スチュワードシップ・コード」の制定に向けた検討をはじめることも明記し，多方面から総合的に企業統治改革に取り組む姿勢を鮮明にした（日本再興戦略 2013：12）。その後，8月に金融庁に設置された有識者検討会での議論を経て，翌14年2月に「『責任ある機関投資家』の諸原則《日本版スチュワードシップ・コード》〜投資と対話を通じて企業の持続的成長促すために〜」として制定されるに至る。

　同コードは，短期的利益に偏ることなく中長期的な観点を踏まえた上で，投資

先企業との建設的な対話を行い，企業価値の向上や長期的成長の促進に資する行動こそが機関投資家としての責任を果たすことであると述べている（日本版スチュワードシップ・コードに関する有識者検討会 2014）。約130兆円という巨額の公的年金資金を運用する GPIF（年金積立金管理運用独立行政法人）をはじめとして，2018年11月段階で237の機関投資家がコード[4]の受け入れを表明しており，日本での企業統治改革を進展させる大きな契機の一つとなった（金融庁 2018；清水 2015：268-269）。

　企業統治改革の三本目の柱は2015年のコーポレートガバナンス・コードの策定である。同コードの策定は安倍内閣発足当初の段階ですでに政府部内で検討されていたものの，会社法改正案が国会提出に至っていなかったため，議論が後回しになっていた（竹中 2017：108-109）。スチュワードシップ・コード策定後に経済財政諮問会議と産業競争力会議の合同会議や自民党金融調査会でコーポレートガバナンス・コードに関する検討が進む（竹中 2017：108；『日本経済新聞』2014年2月7日：5）。14年5月23日には自民党の日本経済再生本部が「日本再生ビジョン」を公表し，そのなかでも日本企業の競争力強化を狙いとした，独立社外取締役の導入促進やコーポレートガバナンス・コードの策定などを含む企業統治の強化の必要性を強調している（自由民主党日本経済再生本部 2014）。同ビジョンは取締役である独立役員を2人以上確保することを政府・与党の文書のなかではじめて謳い，企業側には厳しい内容を含むものだった。

　その取りまとめに当たったのが，当時自民党の政調会長代理を務めていた塩崎恭久である。塩崎は金融通の政治家として海外でも知られ，投資家とも気脈を通じており，企業統治改革に対しては以前から熱意を示してきた（『日本経済新聞』2015年8月5日：2）。自民党の議員でありながらも，株主利益を志向する制度改革を主導してきた代表的人物の一人が塩崎であった（松中 2016：472注記126）。

　自民党の提言などを受ける形で，安倍内閣は産業競争力会議及び日本経済再生本部での決定を経て，6月24日には「日本再興戦略（改訂 2014）―未来への挑戦―」を閣議決定し，前年度に引き続き企業統治改革を成長戦略のなかの重要政策の一つとして位置付けた（林 2017：258も参照）。日本企業の「稼ぐ力」を向上させるためには企業統治の強化が不可欠であることを謳い，会社法の改正，日本版スチュワードシップ・コードの制定に続いて，金融庁及び東京証券取引所が中心となってコーポレートガバナンス・コードの策定に向けた取り組みを進めると

明言している（日本再興戦略 2014：30-31）。14年版の日本再興戦略で注目すべき点は，企業統治改革を含む「企業が変わる」という項目が成長戦略の筆頭に置かれていることである。すなわち，安倍内閣が企業統治改革に対して並々ならぬ関心と熱意をもって取り組もうとしていることが，項目の並べ方から示唆される（『日本経済新聞』2014年6月27日：2）。

　閣議決定を受けて，2014年8月に金融庁と東京証券取引所を共同事務局とする「コーポレートガバナンス・コードの策定に関する有識者会議」が設置され，検討が進められた。その後，案の公表，パブリック・コメントの手続きを経て，15年3月5日に有識者会議から原案が示され（コーポレートガバナンス・コードの策定に関する有識者会議 2015），最終的には6月1日にこの原案通りに東証から上場規則として「コーポレートガバナンス・コード～会社の持続的な成長と中長期的な企業価値の向上のために～」が公表された。① 株主の権利・平等性の確保，② 株主以外のステークホルダーとの適切な協議，③ 適切な情報開示と透明性の確保，④ 取締役会等の責務，⑤ 株主との対話の5つの基本原則を骨格とし，その下に30の原則と38の補充原則を設けている。このうち原則4-8では上場会社に対して独立社外取締役を2名以上選任することを求めている。各企業はコンプライ・オア・エクスプレイン・ルール（遵守せよ，さもなくば説明せよ）によって制約され，規定内容を実施しない場合には，その理由を上場会社が取引所に提出するコーポレートガバナンス報告書で説明する必要がある。このルールを履行しない場合には上場規則違反となる（神田 2015：214-215）。

　会社法の改正やコーポレートガバナンス・コードの制定などの制度改革を経て，実際，これ以降，社外取締役を選任する企業は急増している。東証上場会社のうち社外取締役を1名以上選任しているところは，2010年の段階では48.7％であり過半数に満たなかった。ところが，コーポレートガバナンス・コードが策定された翌年の16年には95.8％と大多数の企業が選任するに至っている。同コードの原則4-8に規定された独立社外取締役の選任に関しては，原則の通りに2名以上選任している企業は60.4％に達する。これに対して，わずか4年前の12年の調査段階では12.8％に過ぎず，選任者0名が65.6％と過半数を占めていたことを考えるならば，一連の改革は上場企業の取締役会制度の見直しに直結していると評価しうる（東京証券取引所 2017a：74-75，図表66・67）[5]。

5　大統領制化された政治と首相の功績顕示

（1）首相の組織的権力資源

　政治の大統領制化は，第一に執政長官である首相への権限集中，第二に党首の政党からの自律性の増大，そして第三に選挙過程の個人化という，三つの側面での変化のことを表している（Poguntke and Webb 2005b [2014b]）。本節では，これらの三つの側面に照らし合わせながら，第二次安倍内閣が進めてきた企業統治改革の政策過程の特徴を整理してみたい。

　大統領制化された政治の特徴の第一は，執政長官である首相に公式的権限をはじめとする権力資源が集中し，そのことで首相が執政長官としてリーダーシップを発揮しやすい環境が整えられていることにある。これまでの先行研究においても指摘がなされているように，2001年の中央省庁再編に結実するいわゆる橋本行革を通じて首相の指導力の強化が図られてきた（飯尾 2007；伊藤正次 2012；伊藤光利 2006；上田 2013；竹中 2006；西岡 2016；待鳥 2012）。特に，内閣府の創設，経済財政諮問会議などの重要政策会議の設置，内閣官房の組織再編といった，内閣の補佐機構の拡充は首相の権力基盤形成という点で重要な意味をもっており，実際に首相の権力行使を支える政治的資源として活用されてきた。

　小泉首相は政策過程において，特に経済財政諮問会議を事実上の意思決定の場として多用しつつ，政治的権力を首相及び官邸中枢に集中させることで，自民党族議員・所管官庁・業界団体を含む既得権益共同体の政治的影響力ないし抵抗力を剥奪し，抜本的な制度改革に成功した（伊藤光利 2007；内山 2007：第2章）。第二次安倍内閣の企業統治改革の場合にも，同様の手法がとられているが，経済財政諮問会議ではなく内閣発足後に新設した産業競争力会議を主な舞台として重用し，同会議の事務局を務める内閣官房が政策の統合・調整機能を果たしている（竹中 2017：111-112）。

　2012年12月の政権交代後，第二次安倍内閣の発足と同時に，閣議決定によって，総理大臣を本部長とし，全国務大臣を構成員とする日本経済再生本部が創設された。法律上の設置根拠はないものの，同本部は閣議に準じる決定の場としての位置付けが与えられている（清水 2015：231-232）。13年1月には同本部の下に総理大臣を議長とする産業競争力会議が設置されている[6]。産業競争力会議は主に成

長戦略を議論する調査審議機関であるが，成長戦略は第二次安倍内閣の最重要政策の一つとされており，12年末の衆院選の公約で日本経済再生本部とともにその創設が謳われていたものである（清水 2015：231）。実際，安倍内閣の成長戦略や中心的な経済対策は親会議である日本経済再生本部，子会議である産業競争力会議，そして孫会議である各種会議体において議論・決定が行われた。企業統治改革が盛り込まれた13年の日本再興戦略及び14年の改訂版の策定も，産業競争力会議と日本経済再生本部での議論・決定を経て，閣議決定が成されるという手順を踏んでいる（青木 2016）。

　従来，企業統治改革は会社法制を所管する法務省，経済政策を所管する経済産業省，証券市場を所管する金融庁が，相互に連携しつつも行政組織の割拠性を前提として各々が独自に取り組んできた歴史がある。これに対して第二次安倍内閣では，産業競争力会議が事実上の司令塔として政策の統合・調整機能を果たし，企業統治改革も安倍首相が最重要政策として位置付ける「成長戦略」の一環として政策立案が進められてきたところに大きな特徴がある（竹中 2017）。

　日本経済再生本部や産業競争力会議の庶務を司る事務局は内閣官房に置かれているが，第二次安倍内閣の政策立案過程の特徴は，とりわけ内閣官房を首相がリーダーシップを発揮するための組織的資源として活用してきたところにある（竹中 2017：111-112）[7]。かつての内閣官房は，1980年代前半の時点で定員は100名程度に過ぎず，組織的資源は脆弱であったが，橋本行革を通じて組織の再編・拡充が図られ，それ以降人的資源の面でも拡大の一途を辿ってきた。2000年度末時点での定員は377名であったが，その後増加を続け，14年に内閣官房に国家安全保障局と内閣人事局が設置されたことも手伝い，17年度末現在の定員は1,127名と00年度末時点と比べて約3倍にまで膨張している。併任者を含めると職員数は約3,000名（2014年度末）となり，今日では資源も豊富に保有する組織となっている（五十嵐 2013：61；上田 2013：200；瀬戸山 2015：7；高橋 2009：138-139；内閣官房 2017）。

（2）自民党総裁としての首相への権力集中

　政治の大統領制化の第二の特徴は，党首が自身の所属する政党からの自律性を保ち，リーダーシップを発揮しやすくなることである。既述の通り，1990年代の選挙制度改革や政党交付金制度の導入などを経て，とくに自民党の政党組織構造

は大きな変貌を遂げてきた（竹中 2006；待鳥 2012；中北 2014, 2017；西岡 2016）。かつては派閥の影響力が強かったため，自民党総裁でありながらも首相の権力行使は非常に制約されていた。しかしながら，政治制度改革を経て総裁や幹事長を中心とする執行部の権限が強まり，そのことによって首相の政治的権力も増した。とくに，小泉首相は「古い自民党をぶっ壊す」というキャッチフレーズを掲げ，組閣において派閥慣行人事からの大胆な脱却を図った上，自身が最も力を注いだ郵政や道路公団の民営化に象徴されるように，自民党内の派閥のなかでも抜群の影響力を発揮してきた当時の橋本派の権力基盤を掘り崩す効果をもつ制度改革を成し遂げた（大嶽 2006）。小泉首相は自民党との対立や対決を厭わず，それどころか対決を演出することでむしろメディアの関心を高め，国民からの支持調達にも成功した。

　それとは対照的に，安倍首相は自民党との対決姿勢をことさらに強調することはなく，その点で党との関係性は比較的良好な状態を保った。けれども，それは安倍首相が自民党の圧力に屈し，以前の派閥中心の政党組織構造に逆戻りしたことを意味するわけではない。法案の事前審査も従来通り行われているものの，その実質的な影響力という点では以前とは異なっている。政調部会による事前審査の手続きは派閥所属の族議員が政府に対して影響力を行使するための最も重要な舞台の一つであったが，むしろ官邸主導を補完する役割へと変質してきている（中北 2017：121）。すなわち，首相・官邸が自民党の派閥や族議員に対してあからさまな権力を行使することなく，自らの意図を成し遂げられうる体制がすでにできあがっていることを示唆する[8]。

　それに加えて，安倍首相は政権の骨格となるような重要な政策の立案・決定に関与するアクターを絞り込み，第一次安倍政権の失敗の要因ともなった政策過程における権力の分散化・遠心化を事前に予防するとともに首相・官邸に権力を集約化し，自らが主導する体制を整えてきた。旧来の自民党政権の政策過程の特徴であった政府・与党二元体制ではなく，実質的な意味での政府・与党一元体制を構築してきたのである。企業統治改革も安倍首相の盟友の一人であり金融通でもある塩崎恭久が中心になって取り組みを進め，成長戦略の司令塔である日本経済再生本部や産業競争力会議も安倍に最も近い政治家の一人であり商工族でもある甘利明が経産省と一体となって制度創設から運営まで主導してきた経緯がある（『日本経済新聞』2012年12月31日：3, 2013年1月30日：2, 2015年8月5日：2；『朝日新

聞』2015年12月4日：4）。自身が信頼を寄せる政治家や官僚を中心とする「チーム安倍」が主要な政策を立案・決定する体制を整備することによって，安倍首相は権力の集中化を図り，自民党からの影響力を遮蔽することに成功してきたのである（『朝日新聞』2013年4月4日：3；牧原 2016：77）。

（3）株式市場へのコミットメント

　政治の大統領制化の第三の側面は選挙過程の個人化であり，これは選挙戦の帰趨が党代表の功績や資質に左右されるようになることを意味する。日本では小選挙区比例代表並立制の導入後，選挙戦が候補者間競争から政党間競争となった結果，党の「顔」である党首のイメージや力量が何よりも問われるようになった。それゆえに，与党議員の再選可能性は首相の功績やパーソナル・イメージ，内閣に対する国民の支持の高さが大きく影響してくる。党首のイメージ向上に対しては，小泉首相が得意としてきたメディア戦術が有効な手段の一つとして考えられるが（逢坂 2014），内閣支持率に直結するという意味でも，それにも増して自らの政策上の功績を顕示することが決定的に重要となる。

　企業統治改革に関しても，安倍首相自らが政策起業家のごとく積極的な関与を対外的にアピールする機会が多くなった。首相自身が「企業統治」あるいは「コーポレートガバナンス」という言葉を国会の場で用いることは，従来においては，民主党政権下の鳩山首相を唯一の例外として，皆無に近かったが，安倍首相は複数回にわたりそれらの言葉を用いている[9]。鳩山首相が当該用語を用いた回数はわずか1回きりであったが，それに対して安倍首相は29回にも及ぶ（2018年12月13日現在）[10]。

　それのみならず，2014年6月3日に日本経団連の定時総会に出席した安倍首相が，その席においても企業統治の強化，そのためのコーポレートガバナンス・コードの策定に向けた政府の方針を語っていることも特筆に値する（竹中 2017：85-86）[11]。経団連は政府主導による企業統治改革には反対の姿勢を示しており，企業経営に対する政府による介入を警戒する向きもあったからである（清水 2015：270）。安倍首相は，「政策起業家」として改革を進める姿を国民あるいは投資家に対して積極的に見せることで，自らの功績を顕示してきたのである。

　大統領制化された政治の下では，政権に対する国民の支持度合いが選挙結果に直接的に反映されるようになることから，首相をはじめとして与党政治家は内閣

支持率に敏感にならざるをえない。それに加えて，近年の金融資本主義のグローバル化にともなって株価の高低が各国の経済状況を左右するほどの影響力をもった結果，株価が内閣支持率と同様に政権への支持を表象する重要な指標として認識されるようになってきた。安倍政権は「株価連動政権」とも評されるほどに株価の動向に注意を払ってきたが（清水 2015：261），その背景として，平均株価の上昇と維持が政権の持続可能性を保証する決定的な要素の一つとなったことが挙げられる。

第二次安倍政権は発足当初において，憲法改正，安全保障，教育といった安倍首相自らが強い信念をもつ政策分野よりも経済政策を重視する路線を採り，アベノミクスを積極的に推進し，そのことを通じて政権に対する国民の支持を調達することに腐心した。安倍首相の個人的なこだわりを優先させた第一次政権での失敗に学んだ結果である（塩田 2015）。

2013年9月にニューヨークで金融関係者や投資家を対象とした講演会で「Buy my Abenomics（アベノミクスは『買い』だ）」と語りかけたように，安倍首相が海外投資家の目を相当に意識していたことは明らかである（竹中 2017：105）。安倍内閣が企業統治改革を重視する最大の理由もそこにある。実際，企業統治改革は株価の上昇にも一定程度貢献しており，第二次安倍内閣発足当時は1万円前後だった日経平均株価は，コーポレートガバナンス・コードが導入された15年6月には2万円台に達している。アベノミクス第一の矢である異次元の金融緩和の効果によって外国為替市場で円安・ドル高が進み企業業績が回復したことに加えて，企業統治改革を進めたことで日本企業も株主重視の姿勢を示しはじめたことに，投資家が好感したことも大きかったとされる（小平 2016：46-49）。

6　大統領制化された政治の下での政策過程

本章は比較政治経済学及び政策過程論の観点から政治の大統領制化に関する理論的検討を行った上で，第二次安倍内閣の企業統治改革を素材に経験的考察を進めてきた。第一の研究課題は大統領制化の要因に関する分析を豊穣化することであり，本章では P&W ではあまり言及がなされていなかった政府の財政構造の変化を新たな変数として加えることを提案した。政府債務や義務的経費の増加は予算編成における政治の裁量性を制約するが，それゆえにこそ現状を打破する強

いリーダーシップが求められる。個別的な利益誘導を行える余地が少なくなる結果，利益分散型の公共政策の実施とそれに基づく首相の功績顕示が重要化する。

　第二の課題は「大統領制化された政治」下での政策過程の実際を描出するとともに，その特徴を明らかにすることであった。首相が功績を顕示するのに有効な政策分野は起業家政治の特徴を帯びる。外部モニタリング機能の強化を狙いとした企業統治改革は海外投資家らがそれを要求する一方，経団連を中心として大企業の多くが反対した。日本経済の復活と成長を最重要の課題として掲げた安倍首相は，成長戦略の一環として企業統治改革に取り組む姿勢を示し，政策起業家として自らの功績をアピールした。

　日本型市場経済の自由主義化や金融資本のグローバル化，あるいは企業不祥事の多発などを受け，1990年代以降，企業統治改革は政府の重要な政策課題の一つとして位置付けられてきた。過去の政権においても商法・会社法の改正を含め幾度かの制度改革が実現してきたが，第二次安倍内閣での企業統治改革の政策過程が従前のものと異なるのは，それが「大統領制化された政治」の下で展開され，首相が自らの功績顕示を目的として積極的に取り組む姿勢を見せたことである。政治の大統領制化は企業統治改革の政策過程を大きく変えたのである。

　　　［付記］　本章は，2017年度日本政治学会・分科会Ｂ－５「大統領制化と民主主義」
　　　（2017年９月23日　於：法政大学）での報告原稿を加筆修正したものである。分科
　　　会を企画された岩崎正洋先生，討論者の浜中新吾先生，三竹直哉先生，登壇者の松
　　　尾秀哉先生，清水謙先生，コメントをいただいた先生方にこの場を借りて深謝申し
　　　上げる。また，執筆の過程で，岩崎先生をはじめ本書の他の執筆者の先生方から数
　　　多くの貴重なご助言を頂戴したことにも深謝申し上げる次第である。なお，本章は
　　　JSPS 科学研究費補助金基盤研究（Ｃ）（研究課題番号：26380164）及び同（研究
　　　課題番号：17K03524）の交付を受けた研究成果の一部である。

注
1)　正確には第二次安倍内閣は2012年12月から14年12月までの期間を指すが，煩雑さ
　　を避けるため，それ以降も含めて第二次安倍内閣という呼称を用いる。
2)　金融資本主義や市場経済のグローバル化は，P&W が指摘する政治の国際化とも
　　密接に関係しており，前者は後者に包含されるものとして捉えることもできるだろ
　　う。しかし本章では，経済的・財政的変数が政治過程に及ぼす影響が近年とみに大
　　きくなっていることに焦点を当て，これらの変数をその他の変数とはあえて切り離

して論じる。
3) 企業統治改革は通常，一般的有権者がそれほど強い関心を示さない「ロー・セイリアンス（low salience）」なイシューである（Culpepper 2011；西岡 2015, 2017）。したがって，この改革を通じて首相が功績を顕示する直接的な対象は改革を推奨してきた投資家らである。しかし，本文でも述べる通り，改革の効果として株価が上昇し，日本経済の発展に寄与すれば，一般的な有権者に対しても便益がもたらされることとなり，間接的なものではあるが，結果的には首相の評判の向上にもつながるだろう。
4) 2017年5月に公表された改訂版のもの。
5) 東証第一部上場企業に対象を限定した場合，独立社外取締役を2名以上選任している企業は2012年では16.7％であったが，2016年には79.7％にまで急増している（東京証券取引所 2017b：2）。
6) 議長のほかには，議長代理に副総理，副議長として経済再生担当大臣兼内閣府特命担当大臣（経済財政政策），内閣官房長官，経済産業大臣を据え，その他5名の閣僚及び9名の民間議員から構成される（2016年4月1日現在）。なお，2016年9月の未来投資会議の発足に伴い，産業競争力会議は統合・廃止された。
7) 日本経済再生本部及び産業競争力会議の庶務を担当する「日本経済再生総合事務局」のスタッフは各府省からの出向者から構成されるが，経済産業省が最大の勢力をもち，経産省が主導する態勢が整えられた（清水 2015：231-233；『日本経済新聞』2013年4月7日：4）。官邸の中枢ポストにも経産省出身者が就き，企業統治改革を含め成長戦略の方針にも同省のアイディアが反映されていることなどから，第二次安倍内閣では全体として経産省の影響力が増したと指摘される（清水 2015：229-233；『日本経済新聞』2012年12月31日：3，2013年1月30日：2；『朝日新聞』2015年12月4日：4）。
8) ピアソンは長期的な時間経過のなかで政治的権力を捉えることの重要性を指摘している。当初の段階では，観察可能な第一次的な権力行使が必要であるが，権力基盤が確立されていけば，それにともなって第二次的な非決定権力，第三次的な構造的権力へと，権力行使はより目に見えにくい形態に移行していく（Pierson 2015）。ピアソンの議論にしたがえば，第二次安倍政権では，首相・官邸と自民党との対立・紛争が一見するところでは生じていないように見えるが，これは権力が作用していないことを意味しているわけではなく，すでに大統領制化がある程度定着し党総裁への権力集中が進んできたために，あからさまな第一次的な権力行使をする必要性が小さくなってきているものと解釈できるだろう。
9) 国会会議録検索システム〈http://kokkai.ndl.go.jp/〉（2018年12月13日閲覧）での検索結果による。

10) ただし,「コーポレートガバナンス・コード」といった固有名詞のなかで言及されたものも含まれる。
11) 首相官邸ウェブサイト「総理の一日　平成26年6月3日　日本経済団体連合会定時総会」〈https://www.kantei.go.jp/jp/96_abe/actions/201406/03keidanren.html〉（2018年12月18日閲覧）。

参考文献

Birkland, T. A. (2016) *An Introduction to the Policy Process : Theories, Concepts, and Models of Public Policy Making*, 4th ed., New York : Routledge.

Culpepper, P. D. (2011) *Quiet Politics and Business Power : Corporate Control in Europe and Japan*, New York : Cambridge University Press.

Estévez-Abe, M. (2008) *Welfare and Capitalism in Postwar Japan*, New York : Cambridge University Press.

International Monetary Fund (2018) World Economic Outlook Database. October 2018. 〈https://www.imf.org/external/pubs/ft/weo/2018/02/weodata/index.aspx〉 last accessed 13 December 2018.

Laing, M. and B. McCaffrie (2013) "The Politics Prime Ministers Make : Political Time and Executive Leadership in Westminster Systems," in P. Strangio, P. 't Hart, and J. Walter (eds.), *Understanding Prime-Ministerial Performance : Comparative Perspectives*, Oxford : Oxford University Press, 79-101.

Pierson, P. (2001). "From Expansion to Austerity : The New Politics of Taxing and Spending," in M. A. Levin, M. K. Landy, and M. M. Shapiro (eds.), *Seeking the Center : Politics and Policymaking at the New Century*, Washington, D. C. : Georgetown University Press, 54-80.

Pierson, P. (2015) "Power and Path Dependence," in J. Mahoney and K. Thelen (eds.), *Advances in Comparative-Historical Analysis*, Cambridge : Cambridge University Press, 123-146.

Poguntke, T. and P. Webb (2005a). "The Presidentialization of Politics in Democratic Societies : A Framework for Analysis," in T. Poguntke and P. Webb (eds.), *The Presidentialization of Politics : A Comparative Study of Modern Democracies*, Oxford : Oxford University Press, 1-25. 岩崎正洋監訳（2014a）「民主主義社会における政治の大統領制化——分析枠組み」『民主政治はなぜ「大統領制化」するのか——現代民主主義国家の比較研究』ミネルヴァ書房, 1-36。

Poguntke, T. and P. Webb (eds.) (2005b) *The Presidentialization of Politics : A Comparative Study of Modern Democracies*, Oxford : Oxford University Press. 岩

崎正洋監訳（2014b）『民主政治はなぜ「大統領制化」するのか――現代民主主義国家の比較研究』ミネルヴァ書房．

Schäfer, A. and W. Streeck (2013) "Introduction : Politics in the Age of Austerity," in A. Schäfer and W. Streeck (eds.), *Politics in the Age of Austerity*, Cambridge : Polity, 1-25.

Streeck, W. (2016) *How Will Capitalism End? Essays on a Failing System*, London : Verso.

―――― (2017) *Buying Time : The Delayed Crisis of Democratic Capitalism*. 2nd ed., trans by P. Camiller and D. Frenback, London : Verso．鈴木直訳（2016［底本は2013年版］）『時間かせぎの資本主義――いつまで危機を先送りできるか』みすず書房．

Vis, B. (2016) "Taking Stock of the Comparative Literature on the Role of Blame Avoidance Strategies in Social Policy Reform," *Journal of Comparative Policy Analysis : Research and Practice*, 18 : 122-137.

Weaver, R. K. (1986) "The Politics of Blame Avoidance," *Journal of Public Policy*, 6 : 371-398.

Wilson, J. Q. (1986). *American Government : Institutions and Policies*, 3rd ed., Lexington : D. C. Heath and Company.

Wilson, J. Q. (1995) *Political Organizations*, 1st paperback ed., Princeton : Princeton University Press．日高達夫訳（1983［底本は1973年版］）『アメリカ政治組織論』自由国民社．

Wilson, J. Q. (2000) *Bureaucracy : What Government Agencies Do and Why They Do It*, new ed., New York : Basic Books.

青木遥（2016）「政策会議の運営方法と結論の法制化」野中尚人・青木遥『政策会議と討論なき国会――官邸主導体制の成立と後退する熟議』朝日新聞出版，67-145．

飯尾潤（2007）『日本の統治構造――官僚内閣制から議院内閣制へ』中公新書．

五十嵐吉郎（2013）「内閣官房，内閣府の現在――中央省庁等改革から13年目を迎えて」『立法と調査』347号：54-79．

井手英策・ジーン・パーク編（2016）『財政赤字の国際比較――民主主義国家に財政健全化は可能か』岩波書店．

伊藤正次（2012）「統治機構――内閣主導体制の理想と現実」森田朗・金井利之編『政策変容と制度設計――政界・省庁再編前後の行政』ミネルヴァ書房，17-47．

伊藤光利（2006）「官邸主導型政策決定と自民党――コア・エグゼクティヴの集権化」『レヴァイアサン』38号：7-40．

―――― (2007)「官邸主導型政策決定システムにおける政官関係――情報非対称性縮

減の政治」日本行政学会編『年報行政研究』第42号：32-59。
岩崎正洋（2016）「大統領制化論の課題」『政経研究』第53巻第2号：59-75。
上田健介（2013）『首相権限と憲法』成文堂。
内山融（2007）『小泉政権──「パトスの首相」は何を変えたのか』中公新書。
逢坂巌（2014）『日本政治とメディア──テレビの登場からネット時代まで』中公新書。
大嶽秀夫（2006）『小泉純一郎　ポピュリズムの研究──その戦略と手法』東洋経済新報社。
上川龍之進（2010）『小泉改革の政治学──小泉純一郎は本当に「強い首相」だったのか』東洋経済新報社。
神田秀樹（2015）『会社法入門（新版）』岩波新書。
北山俊哉（2003）「土建国家日本と資本主義の諸類型」『レヴァイアサン』第32号：123-146。
金融庁（2018）「『責任ある機関投資家の諸原則』《日本版スチュワードシップ・コード》～投資と対話を通じて企業の持続的成長を促すために～」の受入れを表明した機関投資家のリスト（平成30年11月15日時点）」https://www.fsa.go.jp/singi/stewardship/list/20181115/list_01.pdf（2018年12月18日閲覧）
コーポレートガバナンス・コードの策定に関する有識者会議（2015）「コーポレートガバナンス・コード原案～会社の持続的な成長と中長期的な企業価値の向上のために～」https://www.fsa.go.jp/news/26/sonota/20150305-1/04.pdf（2018年12月19日閲覧）
小平龍四郎（2016）『企業の真価を問うグローバル・コーポレートガバナンス』日本経済新聞出版社。
斉藤淳（2010）『自民党長期政権の政治経済学──利益誘導政治の自己矛盾』勁草書房。
財務省（n.d.）「昭和24年度以降主（重）要経費別分類による一般会計歳出当初予算及び補正予算」https://www.mof.go.jp/budget/reference/statistics/data.htm（2018年12月13日閲覧）
坂本三郎編（2015）『一問一答　平成26年改正会社法〔第2版〕』商事法務。
坂本三郎・高木弘明・堀越健二・本條裕・宮崎雅之・内田修平・塚本英巨・辰巳郁・渡辺邦広（2015）「平成26年改正会社法の解説」坂本三郎編『立案担当者による平成26年改正会社法の解説』商事法務，119-218。
塩田潮（2015）『内閣総理大臣の日本経済』日本経済新聞出版社。
清水真人（2015）『財務省と政治──「最強官庁」の虚像と実像』中公新書。
自由民主党（2012）「J-ファイル2012　総合政策集」https://jimin.ncss.nifty.com/pdf/j_file2012.pdf（2018年12月19日閲覧）
自由民主党日本経済再生本部（2013）「中間提言」https://www.jimin.jp/policy/policy_

topics/pdf/pdf100_1.pdf（2018年12月19日閲覧）
自由民主党日本経済再生本部（2014）「日本再生ビジョン」http://jimin.ncss.nifty.com/pdf/news/policy/pdf189_1.pdf（2018年12月19日閲覧）
杉之原真子（2008）「二つのグローバル化と企業統治改革――一九九三年から二〇〇二年の商法改正の分析」日本国際政治学会編『国際政治』第153号：91-105。
瀬戸山順一（2015）「内閣官房・内閣府の業務のスリム化――内閣の重要政策に関する総合調整等に関する機能の強化のための国家行政組織法等の一部を改正する法律案」『立法と調査』364号：3-17。
砂原庸介（2017）『分裂と統合の日本政治――統治機構改革と政党システムの変容』千倉書房。
総務省統計局（n.d.）「日本の長期統計系列　第5章財政　5-10-c財政投融資－使途別」https://www.stat.go.jp/data/chouki/05.html（2018年12月13日閲覧）
高橋洋（2009）「内閣官房の組織拡充――閣議事務局から政策の総合調整機関へ」御厨貴編『変貌する日本政治――90年代以後「変革の時代」を読みとく』勁草書房，127-159。
高端正幸・嶋田崇治（2016）「日本における財政パフォーマンス――なぜ異常な債務を背負うことになったのか？」井手英策・ジーン・パーク編『財政赤字の国際比較――民主主義国家に財政健全化は可能か』岩波書店，123-150。
竹中治堅（2006）『首相支配――日本政治の変貌』中公新書。
─── （2017）「コーポレート・ガバナンス改革――会社法改正とコーポレート・ガバナンス・コードの導入」竹中治堅編『二つの政権交代――政策は変わったのか』勁草書房，85-120。
東京証券取引所（2017a）『東証上場会社　コーポレート・ガバナンス白書　2017』https://www.jpx.co.jp/equities/listing/cg/tvdivq0000008jb0-att/tvdivq000000uu99.pdf（2018年12月18日閲覧）
─── （2017b）「東証上場会社における独立社外取締役の選任状況及び委員会の設置状況」https://www.jpx.co.jp/news/1020/nlsgeu000002kmw2-att/nlsgeu000002kmyn.pdf（2018年12月18日閲覧）
鳥澤孝之（2013）「会社法制の見直しの課題」『レファレンス』No. 753：83-109。
内閣官房（2017）「内閣の機関」『行政機構図（2017.8現在）』https://www.cas.go.jp/jp/gaiyou/jimu/jinjikyoku/files/satei_01_05_4.pdf（2018年12月18日閲覧）
中北浩爾（2014）『自民党政治の変容』NHK出版。
─── （2017）『自民党――「一強」の実像』中公新書。
西岡晋（2013）「福祉国家改革の非難回避政治――日英公的扶助制度改革の比較事例分析」日本比較政治学会編『日本比較政治学会年報』第15号：69-105。

（2015）「コーポレート・ガバナンスの政治学――『三つのI』のアプローチ」日本政治学会編『年報政治学』2014-Ⅱ：110-134。

　　　　（2016）「内閣――首相の指導力と政治の大統領制化」大石眞監修・縣公一郎・笠原英彦編『なぜ日本型統治システムは疲弊したのか――憲法学・政治学・行政学からのアプローチ』ミネルヴァ書房，99-125。

　　　　（2017）「連立政権と企業統治改革――イシュー・セイリアンス論の視角」『法学』（東北大学）第81巻第4号：1-45。

日本再興戦略（2013）「日本再興戦略―JAPAN is BACK―」http://www.kantei.go.jp/jp/singi/keizaisaisei/pdf/saikou_jpn.pdf（2018年12月19日閲覧）

　　　　（2014）「『日本再興戦略』改訂2014――未来への挑戦」http://www.kantei.go.jp/jp/singi/keizaisaisei/pdf/honbunJP.pdf（2018年12月19日閲覧）

日本版スチュワードシップ・コードに関する有識者検討会（2014）「『責任ある機関投資家』の諸原則《日本版スチュワードシップ・コード》～投資と対話を通じて企業の持続的成長を促すために～」https://www.fsa.go.jp/news/25/singi/20140227-2/04.pdf（2018年12月19日閲覧）

野中尚人・青木遥（2016）『政策会議と討論なき国会――官邸主導体制の成立と後退する熟議』朝日新聞出版。

野村修也（2015）「会社法改正の経緯」野村修也・奥山健志編『平成26年改正会社法――改正の経緯とポイント〔規則対応補訂版〕』有斐閣，2-8。

原田久（2008）「政治の大統領制化の比較研究」日本比較政治学会編『日本比較政治学会年報』第10号：1-17。

　　　　（2012）「政策類型論・再考――規制政策は政治を規定するか？」『季刊行政管理研究』第138号：4-15。

林順一（2017）「社外取締役の活用とコーポレートガバナンス――日米での議論の歴史」北川哲雄編『ガバナンス革命の新たなロードマップ――2つのコードの高度化による企業価値向上の実現』東洋経済新報社，241-273。

牧原出（2016）『「安倍一強」の謎』朝日新書。

待鳥聡史（2006）「大統領的首相論の可能性と限界――比較執政制度論からのアプローチ」『法学論叢』第158巻第5・6号：311-341。

　　　　（2012）『首相政治の制度分析――現代日本政治の権力基盤形成』千倉書房。

松中学（2016）「コーポレート・ガバナンスと政治過程」宍戸善1・後藤元編『コーポレート・ガバナンス改革の提言――企業価値向上・経済活性化への道筋』商事法務，429-475。

武蔵勝宏（2008）「政治の大統領制化と立法過程への影響」『国際公共政策研究』第13巻第1号：273-290。

第7章
スウェーデン政治外交史からの「大統領制化」の検討
――パルメ"大統領"の誕生

清水　謙

1　大統領制的かあるいは大統領制化か？

　スウェーデン政治を事例にした大統領制化の議論に関して，どのような評価がなされているのだろうか。この問いに関して言えば，スウェーデンにおいて大統領制化が起きているかどうかについて実は明確な答えは示されていない。1996年から2006年まで10年にわたって首相を務めたユーラン・パーション（Göran Persson）の政権構造を中心にスウェーデンにおける大統領制化について検討を加えたニコラス・アイロット（Nikolas Aylott）は，政党的側面および執政的側面において首相が「大統領的（presidential）」になりうる余地が与えられているとの曖昧な評価を下しているにすぎない（Aylott 2005：194＝2014：278）。パーション以降，今日に至るまでの10年に焦点を当てた研究についても，フレードリック・ラインフェルト（Fredrik Reinfeldt；在任期間 2006-2014年）がパーションに続いて大統領的な首相になるかという問題が新聞紙上で提起されたのみである（Bjereld 2006）。さらに，ステーファン・ルヴェーン（Stefan Löfven＝在任期間 2014年〜現在）までを射程に入れた研究においても，大統領制化が進んだ部分とそうでない部分が混在することの指摘にとどまる（渡辺 2015）。また，2007年にはスウェーデン政府が取りまとめた「政府調査報告書（Statens Offentliga Utredningar：SOU）」でも大統領制化が論題となったが，結論としては大統領制化が起きている傾向は見られないとされた（SOU 2007：42）。この報告書の執筆者らによるその後の研究においても，パーションの強力なリーダーシップと自律性が大統領的であるとされた一方で，ラインフェルト首相による連立政権は議会と政党に最も制御された政権であったと指摘されている程度である（Bäck et al. 2011）。

　しかし，この結論は果たして妥当だろうか。すなわち，大統領制化が現代的な政治現象である以上，直近20年間を主な分析射程にしてきたことは致し方ないが，

スウェーデン政治において大統領制化は生じていないと結論付けるのは早計ではないか，またパーション首相のリーダーシップに囚われすぎてパーション政権以前の歴代政権を射程外に置いてしまったことでスウェーデン政治の変遷を見落としているのではないかというのが本章の出発点である。換言すれば，先行研究はスウェーデンで大統領制化が起きているかという問題に注視しすぎたがゆえに，これまで大統領制化は起きたことがあるかという点が等閑視されてきたといえる。そこで，スウェーデンにおける大統領制化についてより踏み込んだ議論を行うためには，政治外交史的なアプローチが有効だと考えられる。

　大統領制化の構造的要因として，①政治の国際化，②国家の肥大化，③マス・コミュニケーションの構造の変化，④伝統的な社会的亀裂の衰退が挙げられ，偶発的要因としては①リーダーシップの権力資源，②政党政治におけるリーダーシップの自律性，③選挙過程の個人化の三つの固有の論理があり，それらが作動することによって大統領制化が起こるとされる（Poguntke and Webb 2005：4-17＝2014：6-24）。こうした現象はスウェーデン政治，とりわけ対外政策の決定と福祉国家の建設が豊穣期を迎える1950年代から1980年代にかけての長期政権が続いた時代にすでに見られるのではないだろうか。そこで本章では，この時期に焦点を当てて，ターゲ・エランデル首相（Tage Erlander；在任期間 1946-1969年）とオーロフ・パルメ首相（Olof Palme；在任期間 1969-1976年，1982-1986年）を中心に政治外交史のアプローチからスウェーデンにおいて大統領制化が生じていたかどうかを検証する。

2　ハーンソン戦時挙国一致内閣からエランデル政権の成立

（1）挙国一致内閣と首相権限の強化

　1939年9月に第二次世界大戦が勃発すると，スウェーデンは「中立」を宣言した。1939年12月に，社会民主党のパール・アルビン・ハーンソン（Per Albin Hansson；在任期間 1932-1936，1936-1946年）を首相とする第三次ハーンソン政権が成立した。ハーンソンを首班とするこの政権は，戦争の危機に対処すべく共産党を除いた全政党が参加する「挙国一致政権」（1939-1945年）であった。この挙国一致政権には巨大な権限が付与され，政策決定にあたっては議会の事後承認を容認し，なおかつ戦備に係る予算については政権が自由に執行することが認められ

た（Hadenius et al. 1968：169）。また，後述するように戦時中には「強制収容所」を建設して言論統制も行われた。

　しかし，スウェーデンの中立にもやがて危機が訪れることとなる。1940年にドイツは，占領下にあるノルウェーから非武装のドイツ兵のスウェーデン領内通過を，1941年に独ソ戦が始まるとさらに1万5,000人の武装した第163歩兵師団（「エンゲルブレクト師団」）の領内通過などを要求してきた。この要求にスウェーデンは対独譲歩を余儀なくされ，「エンゲルブレクト師団」の領内通過にあたっては，ノルウェー国境からフィンランドまでスウェーデン国鉄の車輌を用いてドイツ兵を輸送した。1940年から1943年までスウェーデン領内を通過したドイツ兵は延べ200万人に上るが，これはスウェーデンの掲げる中立とは大きくかけ離れたものとなった。特に，エンゲルブレクト師団の領内通過という外交案件は「夏至の危機（Midsommarkrisen）」と呼ばれ，ハーンソン政権が戦時中に直面した最大の苦難であった。

　ハーンソン首相とともにこの危機の対処にあたったのが，クリスティアン・ギュンテル（Christian Günther）外務大臣であった。ギュンテルは外交官の出身であったが，特定の政党には属しておらず，1939年に外相に任用された人物であった。ギュンテルは事態打開のために，ドイツとの軍事的協力も視野に入れていたが，対独協力には挙国一致政権内の合意が必要であった。とりわけ，反ナチ強硬派のアーンシュト・ヴィーグフォッシュ（Ernst Wigforss）財務大臣の承諾をいかに得るかが問題であった。1941年6月22日正午から開かれた閣議では侃々諤々の議論となり，意見がまとまらず翌日に再招集となった。しかし，ギュンテル外相は政権内での合意が取り付けられるとの見込みから見切り発車をし，スウェーデン・ドイツ両国の輜重将校の輸送を準備し始める。ハーンソン首相としては，できればドイツの要求を拒否したいというのが本心ではあったが，党内の反対派を取りまとめることは不可能との認識に至った。ハーンソンには三つの役割があったが，当然ながら国のリーダー，挙国一致政権のリーダー，そしてもとより社会民主党の党首であった（Johansson 1984：359）。ハーンソンは，党内をまとめようとドイツの要求を受諾する方向でギュンテル外相と足並みを揃えることとなった。ハーンソン首相とギュンテル外相は，ドイツの要求を拒否した場合，国王グスタヴ5世（Gustaf V）が退位する意向を示唆していることを盾に政権内の合意を得ようと図った。ところが，6月24日に社会民主党の議会議員団の間で行われた採

決では，賛成2に対して反対159で対独協力が否決される結果となった。そこで，ハーンソン首相は，このままでは挙国一致政権内での反対派は社会民主党のみになり，この反対の意思表示が不測の事態をもたらすとして退陣をほのめかし，再投票を求めた。再投票の結果，賛成72，反対59，棄権30となり，かろうじて党内でドイツ軍の領内通過への賛成を取り付けて，最終的には挙国一致政権内の全合意によって6月24日にドイツの要求を受諾した。

　厳正な中立こそ守られなかったとはいえ，苦渋の選択を通じて戦禍に巻き込まれまいとするスウェーデン政府の方針を守るためにハーンソン首相のリーダーシップをここに見て取ることができる。ただし，これはむしろ，第二次世界大戦の危機的状況によって首相の権力資源が確保され，議会の承認も不要としたことなどから発揮されたリーダーシップの自律性というべきであろう。さらに，国内の言論統制についていえば，スウェーデンの「中立」と安全保障を脅かすおそれのある者やソ連と共産主義を利する言動をした者は令状なしに国内14か所に建設した強制収容所への送致も行っている。そして，その最高責任者の一人が当時社会省国務次官で戦後23年の長きにわたって首相を務めるターゲ・エランデルであった（Berglund and Sennerteg 2008）。挙国一致政権への権力集中は戦時中の挙国一致体制ゆえのことであり，構造的な要因が存在していたとまではいえず，大統領制化が見られると結論づけることには慎重を要するであろう。

（2）エランデル政権の長期化と「中立」をめぐる対外政策

　第二次世界大戦が終結すると，戦時中の挙国一致政権は解消された。そして，1946年10月6日にハーンソンが急死すると，新たに社会民主党党首に選出されたターゲ・エランデルが首相に就任した。

　しかし，エランデルは当初からハーンソンの後継者として当然視されていたわけではなかった。ハーンソンの後継者として有力視されていたのはむしろグスタヴ・ムッレル（Gustav Möller）社会相であった。数日間の党内での集中審議の末，10月10日に議員投票によって94対72でエランデルが新党首に選出された。エランデルが選出された理由は，同年代の他の議員より議会経験と行政経験が長く，なおかつ勤勉で協調性のある人柄にあった（Ruin 2007：33）。一方，当人にとっては党首選出，そして首相就任はまさに青天の霹靂であった。エランデルが書き残した日記でも，エランデル本人はリーダーシップを取ることを夢見たことも代表

者になる意欲もなく，専門の社会問題や教育問題に注力していきたかったと記している（Erlander 2001：139-142）。エランデルによれば自分を党首候補に推すべく水面下で画策したのはヴィーグフォッシュであったが，エランデルにしてみれば党内派閥からの突き上げに恐怖すら感じていたと吐露しているほどである（Erlander 2001：142）。そのため，首相の座を逃したムッレルとの間には党の分裂さえも危惧されるほどの大きな確執が生まれ，新党首選出後のエランデルは党内基盤の確立に注力していくこととなった。さらに，ソ連を仮想敵としたことで国内の共産党なども脅威とみなし，社会民主党が独自の情報部を抱えて監視したほか，社会民主党が主導する形で公安警察である「安全保障警察（Säkerhetspolisen）」が共産党をはじめとする国内の政敵の監視までも行った。

　国内の政治基盤としては，過半数獲得にまでは至らないものの社会民主党が一党優位体制を築いていた。また，対独譲歩などの問題も生じはしたが，戦禍を免れた幸運から目覚ましい経済発展にも恵まれ，大きな経済成長を成し遂げることができた。さらに，前任者のハーンソンが1928年に唱えた「国民の家（Folkhemmet）」のスローガンのもと，福祉国家体制の建設という国家目標について国民からも強い支持を得ることにも成功した。「国民の家」構想が国民に浸透した背景には，「国民の家」が必ずしも社会民主主義から生まれた概念ではなく，ハーンソンが右派の言説や主張などを取り入れて国民的な目標に据えることを目論んだからでもあった。エランデルも保守層の求めていた行政改革を行うことで，国民的な支持を広く集めることにも力を注いだ。エランデルは年金改革や労働改革なども断行していったが，エランデルの提唱した「強い社会（det starka samhället）」は，同時に省庁と官僚機構の巨大化をもたらした。

　エランデルは，社会民主党党首とスウェーデン首相という二つの責務があったが，エランデルは就任当初は社会民主党党首として党をまとめ，党の理念を実現していくことに集中した。のちに「国父（landsfader）」とまで呼ばれるエランデルも，スウェーデンの首相として国民の結束を図っていくのは任期の後半になってのことであり，国民向けのスピーチを練ることにも専念していたが（Ruin 2007：35），エランデル本人はメディアを不得手としており（Elmbrant 2002：129），演説原稿を代筆できる人材を探している中で，のちに首相となるパルメを獲得することとなった。

（3）エランデル政権の外交政策と政治の国際化

　エランデル政権の対外政策における課題は，前節で論じた対独譲歩によって米英や周辺の北欧諸国など対外関係において失墜した国際的な信用を回復させることであった。エランデル政権の外務大臣を務めたウステン・ウンデーン（Östen Undén）は国際法学者として，スウェーデンは国際社会の一員であるとの自覚に重心を置いて外交政策を進めた。そのアリーナと考えられたのが，1946年11月9日に加盟した国際連合であった。その後，1948年には「スカンディナヴィア防衛同盟構想」を提案し，北欧を中立地帯とすることを目論んだが，西側の軍事的保障を求めるノルウェーとデンマークとで折り合いがつかず，この構想は頓挫した。しかしこれを機に，安全保障政策の領域においてはスカンディナヴィア三国の連携が深まることになっていった。ウンデーンの外交路線は，米ソ超大国間の緩衝国として東西間の仲介者たろうと努めたが，国際政治においてはあまり目立たず，失墜した信頼回復のためむしろ低姿勢を保っていたことにより，抑制的な外交政策であったと評されている。

　しかし，1950年代になるとこの抑制的な外交政策に変化が生じる。その転機となったのが，1954年に勃発した「アルジェリア戦争」であった。アルジェリア戦争に関しては，スウェーデンはフランスの国内問題と捉えて干渉する意思を有さず，むしろ当初はフランス政府の立場を支持するものであった。スウェーデンは植民地問題に関しても「中立」的な立場を採っていた。しかし，1958年頃からスウェーデンの方針に変化が見え始め，1959年に国連総会において西側諸国の中で唯一アルジェリアの独立承認に賛成票を投じることでウンデーン外相の下，「脱植民地化」を推進する外交方針を明確に打ち出すこととなった。この変化をもたらした要因には，「自国の安全保障」「自国の経済と福祉」「世論の支持」「イデオロギー価値の促進」の4点を挙げることができる（Demker 1996：29-33）。

　アルジェリア戦争の余波がヨーロッパに広がることはスウェーデンにとっても影響なしとは言えず，アルジェリア問題にNATOが介入すれば安全保障上の懸念としてソ連を刺激しかねないという危機感がスウェーデンにあった。また，経済的な要因としてスウェーデンの社会福祉にとって重要であったパリにおけるEECとの自由貿易協定（FTA）に関する交渉が頓挫し，ここでフランスに気兼ねする必要がなくなった。さらに，高等教育継続のためにスウェーデンはアルジェリア人学生を積極的に受け入れていたが，それらのアルジェリア人学生を通

してアルジェリアの実情がスウェーデン国民にも伝わるようになり，アルジェリア問題について社会民主党青年部（Sveriges Socialdemokratiska Ungdomsförbund：SSU）が活発に活動を展開することでアルジェリアを支援するスウェーデン世論が形成されていった。

しかし最も重要なことは，スウェーデン外交に思想的要因が組み込まれたことである。1960年に社会民主党は新綱領を発表するが，起草者の一人であったカイ・ビュルク（Kaj Björk）によれば，1944年にヴィーグフォッシュによって起草された綱領は外交への関心が薄く，「第三世界」への関心も示されることはなかったと証言している（Demker 1996：62）。そこで社会民主党は，同党が加盟する社会主義インターナショナルで展開された発展途上国の貧困問題や軍縮問題への対処を新綱領に取り入れた。その代表格が，先進国が発展途上国の産業化にGDPの1％を援助に充てるとするもので，この「1％援助枠」は今日のスウェーデンの援助政策の要となるものであった。これによって，スウェーデン政治は大きく国際化していくこととなり，人権や平和，軍縮問題に積極的にコミットする「積極的外交政策」が形成されていった。この積極的外交政策は国民の強い支持を得て，急速にスウェーデン外交の核として定着していった。ウルフ・ビャールエルド（Ulf Bjereld）によれば，スウェーデンの「積極的外交政策」とは，「国民の家が"世界に行きわたる"（folkhemmet "goes international"）」ことを示しており（Bjereld 2007：47），「国際的連帯」の標語のもとで社会民主党の社会民主主義が国境を超えて国際社会民主主義になり，政治の国際化を生み出していった。

他方，スウェーデンは「中立」を標榜しながらも実際には西側との密接な軍事協力関係を結んでいたことが近年明らかとなってきている。とりわけNATOの北翼（Northern flank）であるバルト海戦略でスウェーデンの担う役割が大いに期待された。しかし，こうした西側との軍事協力は国民には明らかにされず，それどころか社会民主党内ですらこの事実を知る者が少なく，ごく僅かな閣僚にしか情報は共有されていなかった。アメリカをはじめとする西側との軍事協力に関する対外協定については，のちに国連事務総長に就任するダーグ・ハンマルシュルド（Dag Hammarskjöld）無任所大臣が担当した。国民経済学の専門家であったハンマルシュルドは社会民主党政権へ大きな貢献をしたが，生涯，社会民主党に入党することはなかった。西側との軍事協力の窓口はやがてパルメに移り，エラン

デルの権力資源はそのまま後継者となるパルメに引き継がれていくことになる。
　このように，内政，外交ともに権限が社会民主党に集中することとなっていったが，外交政策や安全保障政策の核心は政権内だけで共有され，議会や社会民主党からのチェックが及ばないようになっていった。とはいえ，政治全般を通してエランデルが社会民主党や議会などから完全に自律した権力を有していたとまでは言い難い。エランデルの政権運営のスタンスは各省庁の長に広く裁量権を委ねて，自らは干渉しないというものであり，また，長らく官房を有していなかった。1960年代に入るとスウェーデン軍の大佐スティーグ・ヴェンネシュトゥルム（Stig Wennerström）がソ連のスパイであったことが発覚する「ヴェンネシュトゥルム事件」（1963年）を機に管理強化はされるものの，スタッフの職務は秘書的な色彩の強いものにすぎなかった（Ruin 2007：45-49）。したがって，長期にわたる安定政権を維持したエランデルは「大統領的」に映るとはいえ，「大統領制化」とまではいえないであろう。

3　パルメ"大統領"の登場？

（1）エランデルの後継者

　1969年10月1日，社会民主党の党大会において新党首にパルメが選出され，10月14日に首相に就任した。パルメはエランデルの「秘蔵っ子」として1953年にエランデルの個人秘書に登用された。前述の通り内閣官房を有していなかったエランデルは，1952年の第二院選挙での議席後退によって続投が危ぶまれた際にエランデル自身の官邸スタッフを設けることを望んだ。しかし，党内にはエランデルに権力が集中することに懐疑的な声も多く，エランデルに認められたのは個人秘書の採用にすぎなかった（Östberg 2008：125）。そこで浮上してきたのがパルメであった。パルメはエランデルのもとで，通信大臣（1965-1967年），教会・教育大臣（1967-1968年），教育大臣（1968-1969年）などを歴任し，その政治的キャリアを積んでいった。パルメは1958年に初当選を果たすが，社会民主党には入党していなかった。エランデルは，党幹事長のスヴェン・アスプリング（Sven Aspling）らを説き伏せる形で党員でないパルメを立候補者として擁立したが，これは選挙によって有権者の信託を受けていないパルメを側近として重要な政策決定の場に同席させているとの批判をかわすためでもあった。パルメが社会民主党に正式に

入党するのはエランデル首相によって無任所大臣に任命された1963年のことであった。すなわち，政界入りにともなって社会民主党に入党したのではなく，入閣を機に社会民主党へ入党したのである。

　パルメは社会民主党の顔として世界的に知られているが，近年の研究では思想信条とは関係なく，すでに「国家権力」と化した社会民主党のもつ権力資源を利用する意図をもっていたことが指摘されている。パルメは党員として一からキャリアを積むのではなく，はじめから首相の座を見据えてエランデルから「後継者教育」を授かることで権力へのショートカットを図ったのではないか考えられている。徴兵を理由に個人秘書を辞退したアッサル・リンドベック（Assar Lindbeck）が代わりの候補としてパルメを挙げたときに，エランデルでさえも「彼は本当に社会民主主義者か？」と疑ったほどであった（Lindbeck 2012：60）。そのため，社会民主党内にはパルメの活躍を疎ましく思う声が根強かったが，パルメはその巧みな演説手腕と秀でたメディア戦略によって有権者から熱狂的な支持を取り付けることに成功した。

（2）「1974年政体法」と首相権限の明確化

　第一次パルメ政権の1975年1月1日，「1974年政体法」と呼ばれる新たな政体法（Regeringsform：RF）が施行された。政体法は憲法に相当し，現在では「王位継承法」「出版自由法」「言論自由法」の三つと並んでスウェーデンの基本法（Grundlag）を構成している。大統領制化の議論において，憲法構造に由来する要因は必ずしも大統領制化の要件とはされていないが（Poguntke and Webb 2005：5＝2014：7），「1809年政体法」が1974年政体法に取って代わられたことは，スウェーデンにおける首相の権限を論じるにあたって無視することはできない。

　1809年政体法は，カール13世（Karl XIII）の治世より165年の長きにわたって効力を有したが，新たな政体法の制定は議会主義が確立してくる20世紀初頭から模索されていた。それでもなお1809年政体法が維持されたのには，スウェーデン政治が平静で調和的だった中で，1809年政体法を弾力的に運用することで事足りると考えられていたからである（Möller 2007：175）。新たな政体法に向けての動きは，戦後になって戦時中の経験も踏まえ具体化していった。1809年政体法に規定されていた「国王が国家を統治する」という条文は，すでに政権が統治の責任を負うというように解釈されていた（Nilsson 2009：117）。しかし，政治に対する

王権の影響力がすでに形骸化していたとはいえ、戦時中の経験から王権をいかに儀礼上のものとするかという点は統治上の問題として俎上に載っており、政体法で王権の掣肘が明示されない限り、国王の復権を許す余地が残ることへの懸念があった（Möller 2007：176）。社会民主党は新政体法の制定によって共和制への移行を唱えたが、国民の間では君主制を支持する声が大きく、1971年の「トーレコーヴ（Torekov）の合意」によって、王権を儀仗的なものに制限することで立憲君主制を採ることとなった。また、1971年には二院制も廃止され、一院制が導入された。

　新政体法ではさらに、人権規定と違憲立法審査権も明記された。しかし、人権規定と違憲立法審査権の導入について社会民主党は否定的であった。政権与党の立場としては、より強力な政権を維持することに重点があったためで、一院制の国政と地方選挙の同日投票によって集票を一元化し、政権を有利に運営することに狙いがあった（Möller 2007：182）。

　1974年政体法では国王の統治権が首相に移譲されたが、首相の権限規定が明文化されたことは大きな意味を持った。1974年政体法では長らく「解釈改憲」されていた首相の権力について、「政権が国家を統治する」と明文化された。政権は首相とその他の閣僚によって構成され（6章1条）、閣僚の罷免権（6章6条）は首相の権限とされた。また、閣議の開催についても国王ではなく首相権限であり、閣議の開催に必要な閣僚数の下限は5名に設定された（7章4条）。そして、内閣官房が設立され、首相が各省庁の長であると定められたことから（7章1条）、首相による権力は1974年政体法によって強化されたものとなった。

（3）「国際政治家」としてのパルメ

　パルメの外交手腕を論じるにあたって、軍縮問題を扱った国連の「パルメ委員会」については詳述するまでもないであろう。1956年のモスクワ訪問で体調を崩したエランデルに代わってフルシチョフ（Nikita Khrushchev）との交渉を任されたのはまだエランデルの個人秘書であった29歳のパルメであった。

　前節で論じたように、社会民主党の党綱領改訂によって政治の国際化が起きており、「積極的外交政策」のもと冷戦構造の中でさまざまな国際問題に力強く対処できる政策決定者が評価されるようになっていた。パルメ自身の言葉を借りると、スウェーデンの「開かれた社会（ett öppet samhälle）」と「団結（solidaritet）」

に,「国際主義(internationalism)」が加わることによってスウェーデンを「国際化(internationalisering)」することが重要であるとされた(Palme 1968:62-68)。東西間の仲介者たらんとして抑制的な外交政策を進めたウンデーンとは対照的に,パルメは教育大臣時代から冷戦構造の批判者としてとりわけベトナム戦争に対して辛辣なアメリカ批判を展開した。首相に就任してからも,1972年12月に北爆をホロコーストになぞらえて対米非難を行ったことは,アメリカ側に大使を接受拒否されるほど対米関係を冷却化させた(Leifland 1997)。また,中東問題ではパレスチナを支援する姿勢を打ち出してヤーシル・アラファート(Yassir Arafat)と頻繁に会談の機会をもち,また,「アフリカ民族会議」にヨーロッパ主要国全体を上回る支援額をスウェーデン一国で拠出して南アフリカのアパルトヘイト撤廃運動を援助するなど,スウェーデンの「積極的外交政策」はグローバルに展開していった。

　パルメの外交姿勢は極めて熱烈な支持を集めた一方で,大きな批判と反発,そして憎悪をも招いた。穏健連合党党首ユスタ・ボーマン(Gösta Bohman)は,パルメの外交姿勢を「国内政治外交」と呼んで批判した。ボーマンのいう「国内政治外交」とは,内政上の目的を達成するために国際問題などを利用することであり,パルメ政権のように国内世論に迎合しながら行う外交政策はスウェーデンの利益と国際社会で果たす役割を損なうとするものである(Bohman 1970:14)。換言すればこれは,社会民主党内で盤石な政治基盤を有していたわけではないパルメが,外交問題を通して辛辣な言葉を用いて国内世論を煽動することで自身の政治権力を固めてきたことを示している。特に,野党の党首はもちろんのこと,党内の論敵,そしてときには他国に対しても峻烈な批判を行う姿は政治に不満を持つ国民の溜飲を下げることで直接的な支持を得ることに繋がった。この手法は内政問題に関しても共通するが,政治の国際化に伴ってスウェーデンでは首相の権力資源の原資にさまざまな国際政治上の問題群に対処する外交政策からの補塡があったのではないかと考えられる。

　外相ではなく首相が外交政策で中心的な役割を果たすことができた要因には政体法の規定が大きく関係している。前述のように,1974年政体法の7章1条によって首相が各省庁の長であると規定されたが,一方で外務大臣を置かなければならないとする定めはなく,10章8条で「外事関係を担う省の長」と規定されているのみで,首相が外務大臣を兼任することは政体法上妨げられていないと解さ

れる (Lindholm 2008：200-201)。さらに，政府には外交問題について統一性と一貫性を保持する責任が課せられているため，政体法では「外国や国際機関との関係で重要な問題が他の政府当局で生じた場合，外事関係を所轄する省庁の長に，その旨を通知しなければならない」(10章 8 条) と規定されている。そのため，外交政策に注力したパルメが1982年の第二次パルメ政権を組閣するとき外交や安全保障に特に明るくないレンナット・ボードストゥルム (Lennart Bodström) を新外相に据えたのも，権力資源となっている外交政策の主導権を握るために敢えてボードストゥルムを起用して外交に関する権力を自身に集中化させておきたかったのではないかとも考えられる (清水 2015)。

(4) スウェーデン政治のメディア化とパルメの個人化

　スウェーデンの新聞は当時，政党の広報的役割を担っていたが，テレビの発達とともにメディアはより自立的かつ積極的に政党代表者に問いかけるようになった (Aylott 2005：187 = 2014：268)。アイロットはパーションを事例に政党党首がメディア戦略に長けることの重要性を論じているが，スウェーデン政治史上でメディア戦略の重要性をいち早く認識していたのは他ならぬパルメであった。パルメはまだ試験放送が始まったばかりであった1954年10月29日に，4 分ほどのスウェーデン初のテレビ番組にエランデルとともに映っている (Björk 2007：279)。

　スウェーデンでテレビ放送が開始されたのは1956年のことであったが，多くの政治家らは「アメリカナイゼーション」された新しいメディアに極めて懐疑的であった (Björk 2007：277)。野党の国民党や中央党の党首，全国夕刊紙『エクスプレッセン』の編集長などは，むしろこうしたメディアを見下すかあるいは恐れるほどであった (Elmbrant 2002：130)。しかし，若かりし頃に全国紙『スヴェンスカ・ダーグブラーデット (Svenska Dagbladet：SvD)』でフリーランスの書き手を務め，学生時代のアメリカ留学の経験からアメリカ型の政治討論に関心と理解が深かったパルメはこの新しいメディアの登場に敏感であった (Björk 2007：277)。また，野党などの保守層から「PR 大臣」「プロパガンダ大臣」などと揶揄され，政治的な出世の道具にテレビを利用しているとの批判もあったが，逓信大臣，そしてメディア管轄を引き継ぐ形で教会・教育大臣を務めた経験が大いに活かされた (Björk 2007：279-280)。

　スウェーデンにおいてメディアの役割は政府の上意下達であったが，スウェー

第7章　スウェーデン政治外交史からの「大統領制化」の検討

デンの大学でも「ジャーナリズム学」が開講されるようになるとメディアに期待される役割は権力監視へと大きく変化していった。こうした構造変化の要因として，「政党と報道との紐帯の解消」，「アングロサクソン型のジャーナリズムからの強い影響」，さらに「ジャーナリズムの専門化」が指摘される（Björk 2007：288）。そして，1960年代から70年代にかけての社会変革によって伝統的な階層による権威主義の否定や男女平等などが浸透していったことがこうした構造変化を推し進めた。これによって政治のメディア化が一気に進行し，新しい世代のジャーナリストがパルメのような若い世代の政治家を厳しく追及する「ピストルジャーナリズム（Skjutjärnsjournalistiken）」がスウェーデンに定着していった。こうしてテレビでパルメを見ない日がないほどにパルメは政治のメディア化を体現する存在となっていった。

　メディアが担う役割の変容に伴って，社会民主党は伝統的な労働運動だけではなく，メディアを通した宣伝戦にも長けた政党へと変貌していった。特にパルメは，彼自身がメディアの脚光を浴びていることとメディアが社会民主党などの政党が展開する選挙キャンペーンを密着取材していることを認識していたこともあり，積極的に記者らと接することでメディア露出の機会を増やしていった。メディアを通じて政治活動を行った党首あるいは首相はパルメが初めてであったが，耳目を最も集めたのもパルメであった。メディアは選挙キャンペーンにおいて支配的な役割を果たし，政治がメディア化を遂げ，党首のメディア露出度が政党の政治的成功や支持の拡大の鍵を握るまでになったことで，メディアを通して伝えられる各党首像は選挙での個人化に大きく寄与した（Björk 2002：124-126）。

　メディアの扱いに不得手だったエランデルとは対照的に，現代的なメディア観を徹頭徹尾持っていたパルメは，メディアには核心的な質問はもちろん，たとえ些細な質問であっても理に適った答えを返した（Elmbrant 2002：129）。ときには過激な言葉を用いることもあったが，メディアを通して明瞭な言葉で国民に語りかける姿勢をとった。また，論敵に対しては傲慢な印象を与えるほどにシニカルで容赦のない言葉を浴びせかけ，完膚なきまでに叩きのめそうとする場面も頻繁に見られた。スウェーデンのような合意形成型システムの中では自律性の領域が小さいとされるが，パルメは国民の政治感情に直接訴えかけることでその自律性の範囲を拡大させたといえる。その意味では，本来想定されている仲介能力による自律性の拡大ではなく，パルメの事例はその弁舌による無二の制圧能力によっ

て自律した権力の獲得に成功したといえる。

（5）パルメ"大統領"

　以上見てきたように，1960年代から1970年代にかけてスウェーデンの政治構造には大きな変化が生じていた。すなわち，福祉国家体制が築かれていく中でそれを維持していくために公的領域が拡大して「強い社会」のもとで国家が肥大化したこと，冷戦の中で社会民主党の党綱領が改訂されて国際政治への積極的なコミットが盛り込まれて政治が国際化したこと，そしてテレビが登場したことで政治のメディア化が起こったといえる。スウェーデンにおける大統領制化を論じる上で，こうした構造的な変化がすでに1960年代から確認されることは特筆すべきことである。そして，あらゆる領域において改革の時期であった1960年代だったからこそ，パルメのようなタイプが頭角を現す構造的な余地があったと指摘される（Östberg 2008：220）。パルメは，直接世論に訴えることで自律した権力を増大させ，個人化されたリーダーシップを発揮することに成功した。そして，巧みな戦略によって選挙キャンペーンではパルメの個人化が起こり，メディアはしばしばパルメの独壇場と化した。このことから，構造的な要因と偶発的要因とが相互に作用し，スウェーデン政治において大統領制化の要件を満たしたパルメ"大統領"が誕生したといえるのではないだろうか。

4　パルメ以降のスウェーデン政治

　1986年2月28日の深夜，パルメ首相は凶弾に倒れ，帰らぬ人となった。パルメ暗殺の真相は未だ明らかとなっていないが，その強力なリーダーシップの一方で根強い「パルメ憎悪」が存在したことも確かである。パルメの死によってスウェーデン政治が静かになるとのコメントがテレビでなされたほどであった。パルメ暗殺を受けてイングヴァル・カールソン（Ingvar Carlsson）が首相に就任したが，パルメとは反対にもの静かな首相と評され，強力なリーダーシップを示すには至らなかった。

　1991年9月に行われた選挙で社会民主党は下野し，穏健連合党，国民党，キリスト教民主党，中央党の4党による連立政権が発足した。首相には穏健連合党のカール・ビルト（Carl Bildt）が就任した。ビルトは冷戦終結後の世界ですでにス

第 7 章　スウェーデン政治外交史からの「大統領制化」の検討

ウェーデン外交の代名詞となっていた「積極的外交政策」を展開したことから彼をパルメと重ね合わせる見方もある。しかし，強いリーダーシップに加えて選挙の個人化は多少見られるものの，穏健連合党が社会民主党ほど執政府において権力資源を持たなかったため強力な政権運営には至らなかった。また，ビルト政権は穏健連合党，国民党自由，キリスト教民主党，中央党の 4 党による連立政権であったことから，当然ながら政党政治に拘束された。それゆえ，ビルト首相については大統領制化が見られないといえよう。

　1996年から2006年までの10年にわたって首相を務めたパーションについて検討を加えたアイロットは，「パーション大統領」の出現に大きく寄与した要素は偶然ではないにせよさほど構造的なものではなく，本章の冒頭で指摘したようにスウェーデンの首相職は「大統領的」になりうる余地が与えられているにすぎないとしている（Aylott 2005：194 = 2014：278）。「パーション大統領」という表現は，むしろその強権的でワンマンな政権運営に対する批判的な比喩に用いられた言説であって，パルメと比較すれば先行研究で指摘されるほど大統領制化が見られるかについては疑問が残る。

　2006年 9 月の議会選挙では再度社会民主党が下野し，穏健連合党，国民党，中央党，キリスト教民主党の 4 党による「スウェーデンのための同盟」（通称＝アリアンセン）と称する連立政権が誕生した。選挙キャンペーンにおいては穏健連合党がフレードリック・ラインフェルト新党首を「若くて柔軟なリーダー」として前面に出した結果，選挙においてはラインフェルトの個人化が確認できる。ラインフェルトは2009年党大会で自身をエランデルに投影してエランデル政権のような長期政権を目指すことを表明し（Brors 2009），その後 2 期 8 年にわたって政権を担った。ラインフェルトについては「ラインフェルト大統領」の可能性を示唆する研究者も存在する（Bjereld 2006）。しかしこれは，ラインフェルト政権の発足直後に，彼は大統領的な首相になるだろうかと提起されただけにすぎなかった。組閣にあたってラインフェルトは穏健連合党屈指の外交政策の専門家で人気の根強かったビルト元首相を外務大臣に据えたが，ラインフェルトが1990年代に党内抗争で反旗を翻した相手であったビルトを敢えて起用したのには党内の結束を図る目的もあった（清水 2007：120）。こうした組閣人事からすれば，ラインフェルトは穏健連合党の党内政治に拘束されていたと考えられる。

　2006年の議会選挙で政権交代が起きた要因として，穏健連合党がそれまでの新

自由主義路線を後退させ,「新しい労働者政党」を名乗って社会民主党の政策的な伝統領域を取り込んだことが指摘できる (Rothstein 2006 ; Agius 2007 : 586 ; Aylott and Bolin 2007 : 625-629 ; Möller 2007 : 304-305 ; Oscarsson and Holmberg 2008)。社会民主党の政策領域を取り込む選挙戦略を採ったのは既存の議会政党だけではなかった。移民の制限と帰還を訴える極右政党のスウェーデン民主党もスウェーデン人優先型の福祉国家を提示することで有権者の支持を得て議会で初議席を獲得したが,投票者の経済社会的ステータス分析から見るとスウェーデン民主党の躍進も社会民主党の支持層を取り込んだことがその躍進の要因であった (清水 2011)。スウェーデン民主党は2018年9月現在,第三党にまでその勢力を伸ばしているが,社会民主党の最大支持母体である労働総同盟内でもスウェーデン民主党の支持が拡大している。スウェーデンは政党政治における社会的亀裂が最も顕著な状態で観察しうると指摘されてきたが (Arter 1999 : 50-69),これまでの保革左右の対立軸が崩れて政党政治に地殻変動が起こり始めているといえる。これを社会的亀裂の衰退とするか,あるいは移民問題という新たな亀裂と捉えるかは議論の余地があるが,堅固であったスウェーデンの政党政治における社会的亀裂に綻びが現れ始めているといえる。とすれば,大統領制化の構造的要因である第4点目の社会的亀裂の衰退が生じることとなり,スウェーデン政治において将来より明瞭な大統領制化が確認できる可能性が出てくるといえよう。

　最後に現首相のステーファン・ルヴェーンは,鉄鋼業界における労働組合活動で頭角を現し,2014年に初当選して首相に就任した。すなわち,社会民主党内での政治基盤が皆無の状況からの出発といえる。目下,「環境党・緑」と連立を組んではいるものの過半数に満たない少数派政権であり,2014年12月には予算案を廃案に追い込まれて就任早々政権運営で窮地に立たされた。現代スウェーデン政治において予算案が否決されたのは史上初のことであり,そのキャスティング・ヴォートを握ったのは49議席を得て野党第三党にまで躍進したスウェーデン民主党であった。ルヴェーン政権に与えられた選択肢は,内閣総辞職もしくは再選挙,あるいは補正予算案の提出かそれとも野党の予算案を呑むかの四つであった。アイロットの指摘によれば,首相の自律性が制約される究極の形は議会が内閣に総辞職を求める場合である。ところが,議会内に戦略的な影響力をもって政権を倒そうとする「党派的拒否権プレイヤー」はごくわずかしか存在せず,なおかつその力を用いようとする傾向もないため,実際には議会による統制のための強力な

手段にはなっていない（Aylott 2005：182＝2014：260）。しかし，政党政治の地殻変動の力学を利用して，今日のスウェーデン政治において政府の予算案を廃案にして内閣総辞職が現実味を帯びてくるほどの「政権危機（regeringskrisen）」をひきおこす野党が登場してきている。最終的には，スウェーデン民主党の政治的影響力を抑えるため，社会民主党，環境党・緑，穏健連合党，国民党，中央党，キリスト教民主党との間で「12月合意」が交わされ，ルヴェーン政権の予算案をかろうじて通過させることで「政権危機」と呼ばれた事態は収拾した。したがって，ルヴェーン政権については政権運営さえもが厳しい状況に置かれていることから大統領制化の余地は全く見られない。ただし，予算案の廃案が取り沙汰されはじめていた2014年10月に発生した「国籍不明」の潜水艦による領海侵犯事件では，パルメ政権同様に軍部と連携して強硬な手段を採り，メディアを通して国民的な団結を呼びかけるなど安全保障政策の領域おいてはリーダーシップの発揮を図ろうと試みている（清水 2015：366）。

5　スウェーデン政治における「大統領制化」は見られるのか？

　本章ではスウェーデン政治を通史的に分析し，スウェーデンにおいては1970年代までには大統領制化をもたらす構造的な要因が生じていたことを明らかにした。いま一度確認すると，社会民主党による福祉国家建設で公的領域が拡大して国家が肥大化し，新政体法によって強力な首相権限が明確化された。また，社会民主党の1960年の党綱領改訂で社会民主主義の理念が外交政策にも反映されたことで政治の国際化が生じ，外交政策が政策決定者の重要な権力資源の原資となった。そして，テレビという新しいメディアの登場で政治のメディア化が起こり，論戦に強いアグレッシヴな党首がクローズアップされていったことが挙げられる。構造的要因が整いつつある中で，エランデルの個人秘書から政治キャリアを積み上げて党内政治の外から権力の掌握を達成し，その弁舌力と巧みなメディア戦略を駆使したのがパルメであった。これまでの先行研究は，主に1990年代以降に焦点を当ててきたために，大統領制化が見られるのかどうかについての結論が曖昧なものにならざるを得なかった。しかしながら，政治外交史から通史的に分析すればスウェーデンではパルメ首相がすでに大統領制化しており，パルメ"大統領"の誕生という形でスウェーデン政治において「大統領制化」が見られたといえる。

参考文献

Agius, C. (2007) "Sweden's 2006 Parliamentary Election and After: Contesting or Consolidating the Swedish Model?" *Parliamentary Affairs*, Vol. 60, No. 4: 585-600.

Arter, D. (1999) *Scandinavian Politics Today*, Manchester & New York: Manchester University Press.

Aylott, N. (2005) "'President Persson' - How Did Sweden Get Him?" in T. Poguntke and P. Webb (eds.), *The Presidentialization of Politics. A Comparative Study of Modern Democracies*, Oxford: Oxford University Press, 176-198.

―――― and N. Bolin (2007) "Towards a Two-Party System? The Swedish Parliamentary Election of September 2006," *West European Politics*, Vol. 30, No. 3: 621-633.

Berglund, T. and N. Sennerteg (2008) *Svenska koncentrationsläger i tredje rikets skugga*, Stockholm: Natur och Kultur.

Bjereld, U. and M. Demker (1995) *Utrikespolitik som slagfält. De svenska partierna och utrikesfrågorna*, Stockholm: Nerénius & Santérus.

Bjereld, U. (2006) "President Reinfeldt?" *Sydsvenskan*, den 5 oktober.

―――― (2007) "Svensk utrikespolitik i ett historiskt perspektiv," i D. Brommesson & A-M. Ekengren (red.), *Sverige i världen*, Malmö: Gleerups, 34-48.

Björk, G. (2002) "Olof Palme och politikens medialisering," i E. Åsard (red.), *Politikern Olof Palme*, Stockholm: Hjalmarson & Högberg, 118-127.

―――― (2007) "Från PR-minister till massmediernas Segovia: Olof Palme och televisionen," i M. Jönsson and P. Snickars (red.), *Medier och politik. Om arbetarrörelsens mediestrategier under 1900-talet*, Stockholm: Statens ljud- och bildarkiv.

Bohman, G. (1970) *Inrikes utrikespolitik*, Stockholm: Geber.

Brors, H. (2009) "Reinfeldt bygger vidare på sin breda S-politik," *Dagens Nyheter*, den 26 augusti.

Bäck, H., T. Persson, K. Vernby and L. Westin (2007) *Från statsminister till president? Sveriges regeringschef i ett jämförande perspektiv*, Stockholm: SOU 2007: 42.

Bäck, H., T. Persson, K. Vernby and L. Westin (2011) "Presidentialisation from a Historical Perspective: Ministerial Selection and Reshuffling in Swedish Cabinets," in T. Persson and M. Wiberg (eds.), *Parliamentary Government in the Nordic Countries at a Crossroads: Coping with Challenges from Europeanisation and Presidentialisation*, Stockholm: Santérus Academic Press, 245-277.

Demker, M. (1996) *Sverige och Algeriets frigörelse 1954-1962. Kriget som förändrade svensk utrikespolitik*, Stockholm : Nerénius & Santérus.

Elmbrant, B. (2002) "Olof Palme och medierna," i Erik Åsard (red.), *Politikern Olof Palme*, Stockholm : Hjalmarson & Högberg, 128-140.

Erlander, T. (2001) *Dagböcker 1945-1949*, Möklinta : Gidlunds förlag.

Hadenius S., B. Molin and H. Wieslander. (1968) *Sverige efter 1900. En modern politisk historia*, Stockholm : Bokförlaget Aldus/ Bonniers.

Johansson, A. W. (1984) *Per Albin och kriget*, Stockholm : Tider.

Leifland, L. (1997) *Frostens år. Om USA : s diplomatiska utfrysning av Sverige*, Stockholm : Nerénius & Santérus.

Lindbeck, A. (2012) *Ekonomi är att välja : Memoarer*, Stockholm : Albert Bonniers Förlag.

Lindholm, R. H. (2008) *Folkrätt och utrikespolitik*, Visby : Books-on-demand.

Möller, T. (2007) *Svensk politisk historia. Strid och samverkan under tvåhundra år*, Lund : Studentlitteratur.

Nilsson, T. (2009) *Hundra år av svensk politik*, Malmö : Gleerups.

Oscarsson, H. and S. Holmberg (2008) *Regeringsskifte. Väljarna och valet 2006*, Stockholm : Norstedts Juridik.

Palme, O. (1968) *Politik är att vilja*, Stockholm : Prisma.

Poguntke, T. and P. Webb. (2005) "The Presidentialization of Politics in Democratic Societies : A Framework for Analysis," in Poguntke, T. and P. Webb (eds.), *The Presidentialization of Politics. A Comparative Study of Modern Democracies*, Oxford : Oxford University Press, 1-25.

Rothstein, B. (2006) "Valet en triumf för Socialdemokraterna," *Dagens Nyheter*, den 20 september.

Ruin, O. (2007) *Statsministern. Från Tage Erlander till Göran Persson*, Möklinta : Gidlunds förlag.

Webb, P. and T. Poguntke (2013) "The Presidentialisation of Politics Thesis Defended," *Parliamentary Affaires*, 66 : 646-654.

Östberg, K. (2008) *I takt med tiden. Olof Palme 1927-1969*, Stockholm : Leopard.

ニコラス・アイロット，渡辺博明訳（2014）「パーション大統領」T・ポグントケ／P・ウェブ編，岩崎正洋監訳『民主政治はなぜ「大統領制化」するのか──現代民主主義国家の比較研究』ミネルヴァ書房。

清水謙（2007）「冷戦期のスウェーデン外交および安全保障政策──これからの研究の礎」『北欧史研究』24号（バルト＝スカンディナヴィア研究会），109-127。

―――（2011）「スウェーデンの2006年議会選挙再考――スウェーデン民主党の躍進と2010年選挙分析への指標」『ヨーロッパ研究』10号（東京大学ドイツ・ヨーロッパ研究センター），7-27．

―――（2015）「スウェーデンにおける国籍不明の潜水艦による領海侵犯事件についての分析――「中立」と西側軍事協力と武力行使基準に着目して‐」『IDUN――北欧研究』21号（大阪大学言語文化研究科言語社会専攻デンマーク語・スウェーデン語研究室），337-368．

トーマス・ポグントケ／ポール・ウェブ編，岩崎正洋監訳（2014）『民主政治はなぜ「大統領制化」するのか――現代民主主義国家の比較研究』ミネルヴァ書房．

トーマス・ポグントケ／ポール・ウェブ，荒井祐介訳（2014）「民主主義社会における政治の大統領制化――分析枠組み」T・ポグントケ／P・ウェブ編，岩崎正洋監訳『民主政治はなぜ「大統領制化」するのか――現代民主主義国家の比較研究』ミネルヴァ書房．

渡辺博明（2015）「北欧における政党政治の変容と「大統領制化」論の射程」『龍谷法学』47号2巻（龍谷大学法学会），739-768．

第8章

イスラエル政治における「大統領制化」
―― 首相公選制廃止後を中心に

浜中新吾

1 長期化するネタニヤフ政権

　ベンヤミン・ネタニヤフ（Benyamin Netanyahu）は通算で13年近く首相の座にあり，初代首相ベングリオン（David Ben-Gurion, 在職13年127日）に次ぐ長期政権を現在（本章執筆時）も維持している[1]。一般的に言って，特定の個人が長期政権を安定的に維持しているとリーダーシップが確固なものとなり，政治権力の個人化が進むと考えられる。議院内閣制において首相個人に権力が集中すると，しばしば大統領的と評されることがある。「大統領的首相」と呼ばれたイギリスのサッチャー（Margaret Thatcher）やブレア（Tony Blair），日本の中曽根康弘や小泉純一郎は 5 年を超える長期政権を担ったことで共通している。ではネタニヤフは「大統領的首相」なのであろうか。またネタニヤフは公選によって選ばれた経験をもつ首相である（第一次ネタニヤフ政権）と同時に，首相公選制廃止後にも首相の座に就いている（第二次ネタニヤフ政権）。首相公選制のような議院内閣制に大統領的性格を接ぎ木する制度を導入したことは，その後のイスラエル政治にいかなる影響を与えたのであろうか。
　一院制のイスラエルは全国一区の比例代表制を採用しているため，多党制を生み出しやすい。それゆえ憲政史上単独でクネセット（イスラエル議会）の過半数を獲得した政党は存在しない。議院内閣制に基づく政府は連立政権が常態であり，大統領に指名された首相候補が基本法に定められた期限内に組閣を行う。このようなイスラエルの政治制度は権力を分散させる傾向をもつので，首相のリーダーシップはおのずから限定的である。
　本章のリサーチ・クエスチョンは「首相公選制廃止後のイスラエルは大統領制化が進んだと言えるのか」というものである。ルーバン・ハザン（Reuven Hazan）は首相公選制を導入したイスラエルを「大統領制化した議院内閣制の失

敗」と評した（ハザン 2014）。クネセットは2001年3月に首相公選制を廃止したが，導入以前の制度に復旧したわけではなかった。本章ではポグントケ（Thomas Poguntke）とウェブ（Paul Webb）による大統領制化を測定する三つの側面，すなわち執政府，選挙，政党に注目して首相公選制廃止後のイスラエル政治を分析していきたい。

　首相公選制度は首相のリーダーシップを高める目的で導入されたものの，その結末は「基本法：政府」の改正をめぐる賛成派・反対派の予想を覆すものであった。すなわち，クネセット内は小規模政党が乱立し，首相のリーダーシップは連立パートナー政党の脅迫によって壟断されてしまった。失敗と判断されたために公選制度は廃止されたが，首相のリーダーシップを高める制度改革は残され，また新たに導入もされた。残された制度とは首相の議会解散権および内閣不信任案に議会の絶対過半数が必要だというものである。さらに2001年，当時のアリエル・シャロン（Ariel Sharon）政権において建設的不信任制度が導入された。これらの諸制度は執政府内において首相の権力資源を高めるものとなった。

　日常の政治過程では ICT の利用が活発となり，首相や各政党の党首たちはこぞって Facebook や Twitter，公式ブログなどを使って日々熱心な情報発信を行っている。マスメディアの報道も首相や閣僚，各党党首という個人に注目してなされている。このことは選挙キャンペーンにおいても顕著であり，政見放送は党首が中心となって有権者に語りかけるような形で行われる。

　イスラエルの各政党に注目すると，リクード党（Likud）と労働党（Labor）は，党首選挙と予備選挙（プライマリ）を導入している[2]。イスラエルにおける予備選挙は，党員が選挙リストに掲載する候補者を投票で選出し，その順序を定める制度である。これらの党内選挙制度は党組織の民主化を進めるとともに党首の党幹部に対する支配力を強めた。イスラエル政治は従来，強力な政党組織の活動によって運営されてきたが，「大統領制化」ないし首相権力の個人化という側面を見て取れる。

　結論を先取りして言えば，イスラエルの議会政治は単純に「大統領制化」が進行したのではなく，首相以外の政治家個人がその活動において目立つ方向にも向かっている。端的には議員提出法案の急増という形で現れている。1980年代に入ってから増加しはじめた議員立法が，現在では法案提出数の4〜5割を占めるに至っている。しばしば議員立法は政党の枠組みを超えた超党派議員連合によっ

て支持され，審議過程に載せられる。このようにイスラエルでは権力が議員個人それぞれの方向にも分散する傾向がある。

　政党はほんらい議員間の協力を促し，政治上の集合行為を解決する手段であった。その政党に集められた権力が上方向に集中するとともに下方向にも分散する，個人化現象ないし政党の空洞化がイスラエル政治において発生している[3]。「大統領制化」は，首相の権力集中現象という政治の個人化現象の一類型であり，より大きなカテゴリに包摂されるものだと考えられる（Rahat and Sheafer 2007：67）。

　本章では大統領制化の根底にある構造的原因，すなわち政治の国際化，国家の肥大化，マスコミュニケーション構造の変化，伝統的な社会的亀裂政治の衰退という四つの原因のうち，2番目と3番目のものを中心に取り上げる。その理由として次の3点を挙げることができる。① イスラエルは中東紛争の主体であるため，建国以来ずっと諸外国の影響を受けて政治がなされてきた。とりわけ外交問題・安全保障問題の中心である中東和平・パレスチナ問題は第二次インティファーダ以降，膠着状態にある。② 本章で扱う時間軸は首相公選制廃止後から今日までの短期間であり，この期間に革新的変化を遂げたのは ICT による情報伝達の速度と双方向性であった。③ イスラエルは移民社会であり，社会的亀裂に基づく政治は人口動態の変化とともに変容した。例えばかつて社会的亀裂として影響力を持っていたエスニシティは，イスラエル生まれの国民が増加したことでやや目立たなくなってきている。以上のことから，大統領制化の構造的原因としては国家の肥大化とマスコミュニケーション構造の変化による影響を主に取り上げたい。

　さて，先述のリサーチ・クエスチョンに答えるため，第1節にて執政府の議論を行う。ここでは首相の権力資源が首相公選制度廃止後，いかに変化したのかを法制度に沿って論じ，首相と閣僚との関係に着目してイスラエルの「大統領制化」を分析する。第2節では政党に関する議論を行う。ネタニヤフの所属するリクード党を中心に，党首の自党に対する自律性，立法過程の特徴，党エリートと一般党員について論じる。第3節では選挙過程，特に党首に着目するメディア報道と SNS を用いた党首自身の情報発信，および有権者の投票規定因としての党首・候補者要因に焦点を当てる。

2　執政府——首相の権力資源と閣僚との関係

(1) 権力資源となりうる制度の整備,あるいは「国家の肥大化」

　ハザン(2014：416)がすでに記述しているように,首相の権限は単なる政府の調整役から制度的・法的に強化されていく方向へと変化していった。具体的には首相府の閣僚委員会の存在である。特定の政策領域ごとに作られる閣僚委員会は,そのメンバー選定において首相に主導権がある。首相はどの委員会に出ることができ,議長を務めることもできる。特定の政策に関して閣僚委員会のメンバーだけに情報を共有すればよいため,内閣全体を相手にする必要はなく,秘密は保持されやすい。首相補佐官のポストが設置されたことで,首相府の執政権限は拡大しており,それに応じて閣僚たちの権限は縮小した(ハザン 2014：416-417)。

　首相公選制度廃止後,首相の権力資源となりうる制度として国家安全保障会議(NSC),国家経済会議(NEC),政策計画局が新たに設置された。ここでは「大統領制化」の観点から諸制度を概観する。

　第一次ネタニヤフ政権の1999年に政府決定4889号に従って国家安全保障会議(NSC)が首相府に設置された。この NSC は第二次レバノン戦争までは本来の機能を果たしているとは言えなかった。エフード・オルメルト(Ehud Olmert)政権の2008年7月,NSC は法令によって機能強化された。この経緯としては第二次レバノン戦争の戦争指導において,オルメルト政権が国防軍トップの「独断専行」を許してしまい,結果として兵員の損耗を招いてしまったことへの反省がある。戦争を調査したウィノグラード委員会の勧告に基づき,NSC が機能強化されたのである。NSC の強化は「政治の国際化」という構造的要因が執政府内での大統領制化を推し進めた,といえるだろう。

　NSC の主な役割は,① 安全保障閣僚委員会と外交国防閣僚委員会など他のすべての閣僚委員会との調整,② 閣議および委員会における討論・対案の準備,③ 閣議や委員会での議論を首相に報告し,④ アジェンダ設定の提案を行うことである[4]。NSC には対テロリズム政策,安全保障・戦略政策,外交政策,治安政策,首相外遊,法務など八つの部局があり,所掌分担がなされている[5]。

　国家経済会議(NEC)はオルメルト政権の2006年9月に政府決定430号に基づき首相府に設置された。NEC はマクロ経済政策について経済学的知見をもとに

首相へ助言する諮問機関である。スタッフは経済学者によって占められており，金融政策の策定，天然資源とエネルギー分野の政策策定，雇用と貧困の量的な測定，税制の見直し，市場の競争性を促進する政策の研究等を担当する[6]。政策計画局もオルメルト政権の2006年6月，首相府に設置されている。政策計画局は官房長官付の機関であり，さまざまな社会集団，具体的にはホロコースト生存者やエチオピア系移民，生活保護受給者，アラブ系市民に関する社会政策を行う上で政府内外での調整を行う。

　以上で概観したように，首相の権力資源となりうる諸制度は全てオルメルト政権によって整備されている。2006年クネセット選挙を前に新党カディーマ（Kadima）を旗揚げしたアリエル・シャロン首相は，脳卒中で意識不明に陥った。オルメルトはシャロンに代わって首相代行，およびカディーマ党首に就き，選挙のあと首相に就任している。このような首相就任までの経緯に加え，エルサレム市長を務めていた際に違法献金を受けていたという疑惑が報じられた。したがってオルメルトを取り巻く状況は，前任者シャロンのような強力なリーダーシップを発揮できるような環境ではなかったため，権力資源の制度化が進められたものと思われる。この制度の整備はある面では「国家の肥大化」であるとも取れるだろう。

（2）首相と閣僚との関係

　ハザン（2014：420-421）によれば，イスラエルの事実上の大統領制化は1990年代以前の，首相公選制導入以前において既に起こっている。首相公選制の導入には選挙法と基本法，すなわち実質的な憲法の改正を伴っており，その内容も実施した結果も極めてラディカルなものになった。首相のリーダーシップは連立を組むパートナー政党によって閣内で壟断され，与党第一党の凝集性も獲得議席の減少によって弱められた。では首相公選の廃止によって，執政府の中での首相の力と地位の独自性は回復したのであろうか。

　まず首相の権限を規定する法的要件の変化を見ていきたい。2001年に改正された「基本法：政府」において首相と閣僚との関係が明記された。政府は議会に対して集団的責任を負うが，個々の閣僚は首相に責任を負う（基本法：政府第4条）。首相は副首相を置くことができるようになった（同第5条e項）。従来，議院内閣制の首相は「同輩中の第一人者（primus inter pares）」とされてきた。しかし近年

になって閣僚の任免権(同第22条b項)や国会の解散権(同第29条a項；Navot 2007：129)を首相が有するようになったり、建設的不信任の制度(基本法：政府第28条b項；Navot 2007：129)が整えられたりすることにより、法に基づく首相の権力基盤は強化されてきた。なかでも国会解散権は、首相に政局を左右するイニシアティブを与えている点で重要である(Balmas et al. 2014：41)。国会の解散権をタイミングよく行使できれば、首相自身や与党にとって選挙戦を有利に展開できるからである。

「基本法：政府」第4条によって、これまで法的にあいまいだった首相と閣僚の関係が明確になり、米大統領と閣僚の関係に似た責任関係が導入された。一方で同条文は内閣の集団責任体制を明記しており、首相は政府の意思決定に際して、過半数の同意を取り付けねばならない。政府の意思決定を論じるにあたり、首相のアジェンダ権力(agenda power)はしばしば採りあげられる論点である。フレイリッヒ(Freilich 2012：44)によれば、首相が有する権威の公的な源泉の一つは、閣議において如何なる議題をいつ採りあげるのか、を決定する権力である。もし首相がある議題について議論したり決定を下したりすることを望まないならば、議論そのものを延期したり議題にすることを差し控えることができる。イスラエルにおける首相のアジェンダ権力は、日本の首相のように法的に確保されたものではない(内閣法第4条)。それゆえフレイリッヒ(2012)の議論はあくまで首相と閣僚との関係性に依存する。

一方、閣僚の選出における執政長官の絶対的権威は、大統領制の基本的特徴の一つである(Kenig and Barnea 2009：261)。イスラエル首相は閣僚の選出に際して、法制度、連立与党間の制約、自党内部の制約に直面する(Kenig and Barnea 2009：261)。最後の制約は第3節(1)で論じるので、ここでは法制度と連立与党間の制約について議論したい。法制度については、首相公選制時代の基本法に閣僚数の規定が存在した[7]ものの、2001年に制定された現行法ではそのほとんどが廃止された。ゆえに法制度における明文規定は事実上制約条件になっていない。

首相による閣僚の選出においては、首相自身と連立政権を組むパートナー政党党首との人間関係が権力資源にも権力の制約条件にもなり得るだろう。しかし首相が連立のパートナー政党による閣僚選出プロセスに介入することはほとんどない(Kenig and Barnea 2009：264)。一方、首相が閣僚を罷免するケースは、閣僚本人のスキャンダルによるものを除くと、① 閣内不一致によるものか、② 首相が

実施しようとする政策の合意形成ができない場合，のどちらかになる。①の場合，イスラエルでは予算編成をめぐって閣内不一致が生じることがあり，不一致を解消できなければパートナー政党が閣僚を引き上げ，連立内閣から離脱してしまう。連立与党が議会の過半数を割り込むこともあり，その場合は政権が不安定化して政局に陥りやすくなる。②の場合の典型例は2004年のシャロン内閣で起こった（Kenig and Barnea 2009：274-275）。アリエル・シャロン首相はガザ地区撤退計画を閣議で承認させるため，反対が確実だったナショナル・ユニオン党（National Union）のアヴィグドール・リーベルマン運輸相とビニヤミン・エロン（Binyamin Elon）観光相を解任したのであった（Navot 2007：132）。これは首相の提案に反対を表明しそうな閣僚を第22条ｂ項に従って罷免した実例でもある。

以上の議論から「イスラエル首相の法的な権威は他の民主主義国よりも制約されており，実際の権力は首相の個性，政治的手腕，連立内閣の要件の関数」と評価されている（Freilich 2012：18）。

3　政　　党

（1）自党に対する自律性

自党から閣僚を選任するにあたって，法的に首相候補は絶対的権限を持つはずだが，実際には党内の重鎮政治家によって制約を受けている（Kenig and Barnea 2009：266）。首相公選制下で成立した第一次ネタニヤフ政権では，首相のライバルと目されたリクード党の重鎮たち（ダン・メリドール（Dan Meridor），ベニー・ベギン（Benny Begin），アリエル・シャロンなど）が閣僚となった。

近年の傾向として比例代表選挙リストの上位に配置され，当選した与党議員の多くが閣僚ポストを得ている（Kenig and Barnea 2009：267-268）。ケニグとバルネアの分析によると1988年以前だと選挙リスト上位10名のうち閣僚となったのは3～6人であったが，1992年から2006年までの6回の選挙では7～8人が閣僚として登用されるようになった。このことは首相が閣僚を選任する自由が選挙リストの順位に制約されるようになったことを意味する。

表8-1は現政府（第34代内閣）のうち，リクード党に属する閣僚の氏名と第20回クネセット選挙の際に提出されたリストの順位である。なお選挙リスト3位のユリーヨエル・エデルステイン（Yuli-Yoel Edelstein）はクネセット議長に就任

表8-1　リクード党に所属する第34代内閣閣僚[8]

閣僚ポスト	氏　名	選挙リストの順位
首相・外相・通信相	ベンヤミン・ネタニヤフ	1位
公安相・戦略情報相	ギラッド・エルダン	2位
諜報相・運輸・道路保全相	イスラエル・カッツ	4位
文化スポーツ相	ミリ・レゲブ	5位
エルサレム相・環境保護相	ゼエブ・エルキン	8位
観光相	ヤリブ・レヴィン	10位
地域協力相	ツァヒ・ハネグビ	12位
国家インフラ相	ユーヴァル・ステイニッツ	13位
高齢市民相	ギラ・ガムリエル	14位
科学相	オフィル・アクニス	15位
福祉相	ハイム・カッツ	17位
首相府担当相	アユーブ・カラ	24位

しており，5位のシルヴァン・シャローム（Silvan Shalom）は2015年12月まで副首相と内相を務めていた後にスキャンダルでポストを辞任した。リスト6位のモシェ・ヤアロン（Moshe Yaalon）は2016年5月まで国防相を務めた後に辞任，9位のダニー・ダノン（Danny Danon）は科学相を2015年8月まで務めた後，国連大使となった。以上のことから，首相が閣僚を任命するにあたって選挙リストの順位に制約されていることがわかる。

第1節で述べたように，リクード党は予備選挙制度を採用しており，一般党員の投票によってクネセット選挙の候補者リスト順位が決定する。首相となった党首が自党から閣僚を登用するにあたって候補者リストに拘束されるという事実は，党内の民主化によって党首のリーダーシップが制約を受けたことの帰結である。

（2）議員立法の増加

　クネセットでの立法は他国の議会と同様に政府提出法案，委員会提出法案，および議員提出法案のいずれかによって行われる。クネセットは分野別委員会を有するものの，基本はイギリスと同じ本会議主義であり，3回の読会を経て法案が立法化される[9]。1947年から2001年までの日本の法案審議を分析した川人（2005：114）によると，新規法案のうち政府提出法案は3分の2でそのうちの約85％が成立する。イスラエルの政府提出法案は1970年代まで8割を占めていた。しかしながら第11期クネセット（1984-88年）から議員提出法案の割合が増え始め，1992

年以降は提出された法案の4～5割を占めるようになった（Mahler 2016：164）。

議員提出法案数の急増は「立法過程の個人化」を象徴すると言えるかもしれない。しかしながら議員提出法案の成立率は日本と比較するとかなり低い。川人（2005：112）は調査期間全体において新規の議員立法成立率を衆議院で34％，参議院で15.5％と計算している。イスラエルの場合，マフラー（Mahler 2016：165）のデータから計算すると，1984年から2014年までの議員提出法案総数1万5,624本のうち，法律として成立したのは866本に過ぎず，成立率は5.5％である。言い換えれば，イスラエルにおいても政府提出法案の成立率が高いので，議員による法案提出は自身のイデオロギー表明の為や有権者の注意を引いたり，支持母体の意向を受けたりしての行為であると考えられる[10]。アキラヴ・コックス・マッカビンズ（Akirav, Cox, and McCubbins 2010）によると野党議員による法案提出は政府提出法案を議事から排除する「消極的アジェンダ権力（negative agenda power）」の手段として用いられている。

（3）リクード党の衰退と再生

モシュコヴィッチ（Moshkovich 2011）によれば，1988年選挙での勝利と1992年選挙での敗北は，リクード党内の構造改革を引き起こした。もともと，リクード党の中には数多くの派閥が存在し，派閥領袖が党内の重要ポストを掌握して分権的な状況を作り出していた。リクード党自体がもともと別々の党派から成る統一リストであったため，各党派（メナヘム・ベギンが率いていたヘルートや自由党，独立リベラルなど）がそのまま党内派閥化していたのである。リクード党中央委員会によって1983年に党首に選出されたイツハク・シャミール（Yitzhak Shamir）は，1988年クネセット選挙で勝利して首相の座に着いた（Kenig and Rahat 2014：211）。この頃，ダビッド・レヴィ（David Levy）とアリエル・シャロンが有力な派閥領袖としてシャミール首相と対立していた。後に首相となるベンヤミン・ネタニヤフは当時の国連大使を務めており，シャミールとモシェ・アレンス（Moshe Arens）を領袖とする主流派に属していた。

1992年クネセット選挙に敗北したリクード党は，党の刷新を図るために党首選の導入を決定[11]，翌年に新しい党首としてネタニヤフを選出した（Kenig and Rahat 2014：211）。この時まで党首以下，すべての党ポストは中央委員会の所管であり，中央委員会には全ての派閥が代表を送っていた（Moshkovich 2011：590）。

また政治情報を統制している重要な機関として12名の幹部によって構成される書記局が存在した。まずネタニヤフは書記局の構成メンバーを60名に増員して書記局幹部各々の影響力を低下させた。その上で党事務局を新設し，敵対する派閥の幹部を排斥するために側近のアヴィグドール・リーベルマンを事務局長に据えたのである（Pedahzur 2001：42）。ネタニヤフの方針にダビッド・レヴィ[12]は強く抵抗したものの，党員の多数派は党首に従った。

ネタニヤフの党内改革は中央委員会による選挙リスト作成に代えて，党員の予備選挙を導入することにも及んだ。労働党やメレツといった左派政党が予備選挙を既に実施していたこともあり，1996年に導入が決定された。予備選挙の導入はリクード地方支部に所属する党活動家の中央委員会における力を弱めることになった（Pedahzur 2001：48）。そしてそのことはイスラエル北部と南部の地方支部に支持されていたダビッド・レヴィやイスラエル中央部の支部に支持されていたアリエル・シャロンの権力基盤[13]を掘り崩すことに繋がったのである[14]。ネタニヤフの党内改革は党組織を刷新し，党首の権力基盤を一般党員の支持に広げる分権化とともに党事務局に権限を集約させることで集権化をも図った。しかしながらネタニヤフのリーダーシップや政治スキャンダル，およびヘブロン合意やワイ・リバー合意といった外交成果に強く反発した有力議員[15]が離党し，1999年選挙に敗北したことでリクードは一時的に弱体化した。

リクード党の再生は党首選挙の結果にあった，といえるかもしれない。2001年に実施された最後の首相公選を制し，2003年選挙を勝利に導いたシャロン首相は，ガザ地区撤退計画と入植者への補償をめぐって党内外からの激しい批判にさらされた。先述のようにシャロンがリクードを離党してカディーマを結党すると，党首の座が空席になった。2005年12月の党首選挙を制したのはネタニヤフだった。しかし2006年3月のクネセット選挙でリクードは惨敗し，全120議席中わずか12議席の小勢力に転落した（Diskin 2011：57-58）。その後，第二次レバノン戦争における政府の戦争指導が強く批判されるようになると，野党党首であるネタニヤフの人気が相対的に高まっていった。2007年8月のリクード党首選ではタカ派のモシェ・フェイグリン（Moshe Feiglin）を大差で退け，ネタニヤフは再選された。ネタニヤフはタカ派・極右の支持者ではなく，中道寄りの支持者を引きつけてクネセット選挙での勝利を目指した（Diskin 2011：58）。

2009年選挙を前に実施された予備選挙を前に，第一次ネタニヤフ政権の閣僚を

辞職し，リクードを離党した重鎮政治家たちが復党した。ベニー・ベギン元科学相とダン・メリドール元財務相はネタニヤフと関係を修復し，予備選挙によってそれぞれ政党リストの5位と17位を占めた。リクード党は国防軍から退役将軍をリクルートしたが，モシェ・ヤアロン前参謀総長を除いて，予備選挙では当選可能なリスト上の順位を得ることはできなかった（Diskin 2011：59-60）。クネセット選挙でリクードは前回の2.6倍もの票を獲得し，27議席を持つ議会第2党となった。シモン・ペレス（Shimon Peres）大統領は勢力を拡大した「イスラエル我が家」やナショナル・ユニオン党およびシャスが支持するネタニヤフに組閣要請を行い，右派連立政権が発足した。以後，冒頭にも述べたように2013年と2015年のクネセット選挙を経て，第二次ネタニヤフ政権が今日まで継続している。

（4）一般党員数の変動と党内選挙

　本節（1）で触れたように，リクード党は党首選挙と候補者リスト作成のための予備選挙の制度を備えている。このように党員に開かれた民主的制度は労働党でも採用されている。こうした制度には政治参加を拡大させるインセンティブがあるため，党員の獲得に有利だと考えられるが，実際にはどうなのであろうか。

　労働党とリクード党の党員数を調査したハザンとラハト（Hazan and Rahat 2010：92-99）によると，いずれの政党も党員数を減少させていることがわかる。両党とも選挙のない時期には党員数を減らしており，解散総選挙に向かって党員を増加させる性質をもっている。しかしながら選挙のタイミングに合わせて入党した党員数のピークが近年になるにつれて減少傾向にある。1991年から2009年までの調査期間で労働党の最大党員数は1996年の26万1,169人であった。この最大党員数は選挙の開催ごとに減少していき，2009年選挙時の党員数は5万9,025人に過ぎなかった。リクード党の最大党員数は2002年の30万5,000人（公称）である。これは翌年1月のクネセット選挙を前にした予備選挙の有権者数である。2009年選挙を前にしたリクード党員の数は9万8,492人とピーク時の3分の1以下であった。

　労働党とリクード党の党員数データを見る限り，党首選挙や予備選挙といった党内民主化制度によって，党員数が増えるということはなさそうである。ラハトとハザン（Rahat and Hazan 2007：63）によると，特定の候補者を予備選挙でリス

トの上位に押し上げる目的で党専従者が党員をリクルートするために党員数が一時的に増加するのであり，予備選挙が終わると党員が辞めていくため党員数の増減が生じるのだという。イスラエルにおいて予備選挙を行う政党が，党員数を増やすことは難しくなっていることが窺える。

4 選　　挙

（1）選挙報道と選挙過程の個人化

　1996年から2001年まで実施された首相公選において，首相候補のテレビ討論が行われていた。これはアメリカ大統領選に倣ったものと考えられており，放送された実際の様子も類似している。これを「選挙過程の大統領化」と呼ぶことができるだろう。1996年選挙でネタニヤフが勝利した一因には，彼の能弁さとテレビ・パフォーマンスの良さ[16]があったと見られている（浜中 2013：265）。首相公選制廃止後はテレビ討論もなくなったが，「選挙過程の大統領化」まで消失したわけではなく，その影響は残存した。

　図8-1はラハトとシャフェール（Rahat and Sheafer 2007）に掲載された「選挙報道の個人化」の変遷を表したものである。ラハトとシャフェールはイスラエル国内の主要紙に掲載された4,711本の電子化された記事に内容分析を行い，党首に焦点を当てた記事，政党に焦点を当てた記事，および党首と政党の両方に焦点を当てた記事に分類した。図8-1からわかるように，党首に焦点を当てた記事は1981年選挙以降に急増している。1992年選挙では党首に焦点を当てた記事が6割に迫るようになり，2003年選挙までこの傾向が持続している。以上から「選挙報道の個人化」は1981年に生じており，1992年以降は6割程度の記事が党首の動静を記述するようになっていることがわかる。

　第3節（3）でリクード党の再生について触れたが，ネタニヤフ個人の復権に関してはフリーペーパーである「イスラエル・ハヨム」紙の影響が指摘されている。「イスラエル・ハヨム」紙はアメリカのカジノ経営者が所有し，発刊以後ずっとネタニヤフを支持するメディアとして機能しているという。2010年までに「イスラエル・ハヨム」紙は27万5,000部という国内最大の発行部数を占めるようになり，一面にはネタニヤフのメッセージが継続的に掲載されている（Benn 2016：20）。両者の因果関係については検証できないものの，ネタニヤフの復権と

第8章　イスラエル政治における「大統領制化」

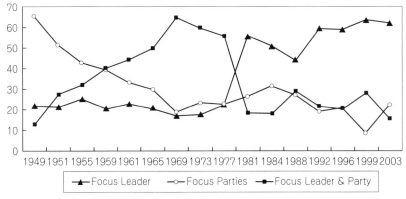

図8-1　選挙報道の個人化の変遷（単位％）
出典：Rahat and Sheafer（2007：73）．

「イスラエル・ハヨム」紙の部数増大がパラレルに生じていることは否定できないだろう。

　言うまでもないが，選挙報道の個人化はネタニヤフだけに限った現象ではない。現職首相はその一挙一投足がマスメディアによって報じられるため，首相の重点政策が集中的に報道される傾向にある。このことがプライミング効果，つまり重点政策の報道を受けた有権者がその政策分野の業績ばかりに注目して首相の評価を行う現象，を引き起こしやすい（McAllister 2007：581）。イスラエルの文脈では安全保障政策や入植地政策についての首相や各党党首の言動に報道が集中しやすくなる。バルマスとシャフェール（Balmas and Sheafer 2010）は2006年クネセット選挙を事例に，有権者がアクセスしやすい情報はオルメルト首相に集中したこと，そしてそのためにプライミング効果が生じたことを実証した。

　選挙報道の個人化とプライミング効果を強く結びつけるメディアはテレビである。テレビは政治家個人にフォーカスするメディアであり，視覚に訴える映像を映し出すという特性から，政党や組織といった「目に見えない」対象を報道できない。ネタニヤフはマスメディア，とりわけテレビに対して独自の戦略を持ち，選挙戦に役立てたという（Peri 2004）。

　近年における選挙報道の個人化に関しては，党首自らがFacebookやTwitterといったSNSを使い，有権者に直接呼びかけたり，有権者からの声を拾い集めたりしている事実も無視できない。ここに至っては「報道の個人化（personalization)」というよりは「報道の私人化 (privatization)」である。2015年クネセット選挙ではネタニヤフ首相が YouTube の動画で有権者に投票を呼びかけている。マスメディアでアラブ系政党の躍進が伝えられており，勢力拡大を恐れた首相が動画によるメッセージを発信したのである。

またイスラエルでは「選挙過程の個人化」と呼びうる現象も発生している。これは党首の名前を併記，または党首名を冠する政党が増えていることを意味している。バルマスら (Balmas et al. 2014) によると1981年以前の選挙で党首の名を党名に併記した事例は一つもなかった。しかし1981年以降の選挙では少しずつ増え始め，1999年選挙で10政党が党首名を併記するようになっていた。直近の2015年選挙では8政党が正式名称として党首の名前を冠するようになっており，「選挙過程の個人化」が進展していることを印象づけている[17]。ラハトら (Rahat, Hazan and Bloom 2016：104) は次のように指摘している。

> イスラエル政治は，特に党首に対して極度に個人化している。2009年以降首相を務めているネタニヤフは主要なアクターであり，選挙キャンペーンの焦点であった。ネタニヤフ陣営の諸政党は彼に圧力をかけて特定の方向，すなわち敬虔でタカ派的に向かわせており，野党陣営はネタニヤフおろしの論陣を張っていた。メディアは親ネタニヤフまたは反ネタニヤフのキャンペーンで活発だった。

このような選挙報道と選挙過程の個人化に対し，有権者の側はいかに反応しているのであろうか。次項では有権者の投票行動において，党首を含む候補者の要因について議論する。

（2）投票行動における候補者要因

ミシガン学派が投票行動の理論モデルを確立すると，政党帰属意識，候補者要因，争点態度に関する質問が世論調査の項目に加えられるようになった。イスラエル国政選挙調査 (Israel National Election Studies) においても例外ではなく，1969年の調査開始時から最新の2015年調査まで，数多くのデータセットが上記3項目を変数として含んでいる。アリアン (Arian 2005：239) によれば，有権者にとって投票に影響する要因は，挙げた人数の多い順に，争点態度・政党帰属意

第8章　イスラエル政治における「大統領制化」

表8-2　クネセット選挙での投票先決定に影響を与える要因（％）

	2003年	2006年	2009年	2015年
政党帰属意識	22.4	20.2	16.7	12.3
政党の候補者	12.1	20.3	20.9	―
政党の党首	―	―	―	18.5
政党の候補者リスト	―	―	―	9.4
政党の主要政策（争点）	54.4	49.3	43.4	50.8
政党が与党か野党か	5.9	7.7	6.1	3.6
NA/DK	5.2	2.5	12.9	5.8
N	1234	600	412	796

出典：Israel National Election Studies.

識・候補者であった。この順序は1977年から2003年までの8回の調査で同一である。しかしながら，21世紀に入ってから，投票行動に影響する要因には変化が生じている。

表8-2は2003年から2015年までの投票に最も影響する要因に関する質問の回答分布である。争点態度の重要性は12年間を通じて高いと言えるが，注目したいのは2番目に大きい要因である。2003年時点で政党帰属意識と答えた割合は22.4％であった。アリアン（Arian 2005：239）によれば1969年から2003年の期間，この割合は概ね全回答数の2～3割を占めており，20％を割ったことはない。しかしながら2009年調査での回答は16.7％に留まっており，2015年調査では12.3％にまで低下している[18]。すなわち，政党帰属意識が投票行動に最も影響を与えると考える有権者は年々減少していることが分かる。政党帰属意識が投票決定要因としての重要度を低下させていることは，第3節（4）で議論した労働党とリクード党における党員数の減少と関係しているように思われる。

代わって重要度を増しているのが候補者要因である。2006年調査において政党の候補者が投票に最も影響を与えると回答した割合が，政党帰属意識の回答と並んでいる。2009年調査で順序が入れ替わり，政党の候補者が投票に影響を与える2番目に大きい要因となった。2015年調査では回答選択肢に変化が生じている。政党の党首が投票に影響を与える最も大きな要因だと答えた割合は18.5％となり，候補者リストだという回答も9.4％にのぼった。おおよそ28％の有権者が候補者要因を最重要視するようになっていることがわかる。

別の世論調査はさらに興味深い結果を示している。イスラエル民主主義研究所

表8-3 クネセット選挙での投票先決定に影響を与える要因（％）

	全体	ユダヤ系	アラブ系
政党綱領	20.8	20.5	22.0
政党の実績	20.1	21.1	15.2
政党の候補者リスト	5.8	5.1	8.9
政党帰属意識	4.1	3.6	6.3
政党の党首	26.0	28.4	14.7
与党になる機会	8.3	8.7	6.3
全て同じ／どれでもない	3.5	2.7	7.3
NA/DK	9.3	8.0	15.7
N	1019	843	176

出典：Israel Democracy Index 2012.

（Israel Democracy Institute）が2012年に実施した民主主義指標調査（Democracy Index 2012）によると，投票に最も影響する要因として政党の党首を挙げた有権者は26％を占めた。表8-3に示したように，主要争点に関する質問は含まれていなかったため，この回答が最大の比率を占めていた。興味深いことは党首を重要視するのはユダヤ系有権者において多く，アラブ系有権者は政党綱領をより重視するという点である。この傾向は著者が2015年イスラエル国政選挙調査（Israel National Election Studies 2015）の分析を行った際にも確認できた。党首要因を挙げたユダヤ系有権者が21.5％にのぼったのに対し，党首要因を挙げたアラブ系有権者はほとんど居なかった（1.5％）のである。

5　イスラエル政治の個人化

　本章のリサーチ・クエスチョンは「首相公選制廃止後のイスラエルは大統領制化が進んだと言えるのか」というものであった。ポグントケとウェブの大統領制化論に従って，2003年以降のイスラエル政治を腑分けしたところ，次のことが言えるだろう。

　①執政府に関して。首相の権力資源となりうる制度は整備されている。具体的には安全保障政策の総合調整を担うNSC，経済政策の諮問機関であるNEC，そして社会政策の調整を行う政策計画局である。これらは首相府に設置されており，首相に忠誠を誓うスタッフによって運営されている。

②執政府に関して。首相公選制によって首相の力と地位は連立を組むパートナー政党に配慮しなければ，維持できないものになっていた。2001年の改正「基本法：政府」によって首相のもつ国会の解散権は維持され，建設的不信任の制度が新しく認められた。首相のアジェンダ権力は閣僚との関係性によって規定され，自党以外の閣僚人事はパートナー政党の所管事項であって，首相は介入できない。

③政党に関して。首相は自党議員から閣僚を登用する場合でも，選挙リストの順位に配慮しなくてはならない。このことは予備選挙によって生じた党内民主化の帰結であり，自身の地位を脅かす党内のライバルを忌避する場合を除き，首相は選挙リストの順位を無視できない。

④政党に関して。クネセットでは議員提出法案が審議される法案数の４〜５割にのぼる。ただし議員提出法案の成立率は5.5％と極めて低い。個々の議員が法案を提出する目的は支持者へのアピール以外に，政府提出法案を議事から排除するためである。

⑤政党に関して。リクード党は選挙の敗北やカディーマ結党による分裂によって低迷した。しかし党首選挙に勝利したネタニヤフが党内右派と争い，リクード党の立ち位置を中道化することにより，再生に成功した。党首選挙や予備選挙は党再生のきっかけにはなったかもしれないが，リクード党の党員数そのものは減少している。この傾向は労働党も同様である。

⑥選挙に関して。選挙報道の焦点は党首の動静にあり，プライミング効果を引き起こしやすい。党首自身も SNS を使って情報を発信する報道の個人化が進んでいる。ネタニヤフ個人について言えば，フリーペーパー「イスラエル・ハヨム」紙の普及が復権を助けた可能性がある。クネセット選挙に出馬する政党に党首名が冠される「選挙過程の個人化」が進んでいる。

⑦選挙に関して。有権者の投票先を決定する要因として，以前より争点態度のインパクトが強かった。有権者の政党帰属意識は２番目に強い要因であったが，2009年を境に候補者要因と逆転した。党首という個人的要因を投票先の規定因として挙げるのはユダヤ系有権者に多く，アラブ系有権者にはほとんど見られない。

以上の７点を整理すると，「イスラエルにおいて大統領制化が進んでいる」といえるかもしれない。ネタニヤフ首相がもつ権力資源はかつてより増加し，アジェンダ権力を行使する上で有利な状態を作ることは可能だろう。その一方で，首相は閣僚人事に介入できる余地が少なく，これは党内を民主化する予備選挙に

よって作り出された。クネセットでは審議される法案全体の4～5割が議員によって提出され，その一部は「消極的アジェンダ権力」の手段になっている。選挙報道と選挙過程では個人化が進み，有権者の政党帰属意識は投票の規定因としては弱くなっている。このことは党員数の減少と一致している。

以上のことから，イスラエル政治で進行している現象を総括すれば，それは政党政治の後退と同時進行した政治の個人化であり，大統領制化は「首相にフォーカスした政治の個人化」であるといえる。言い換えれば，イスラエルの政党組織や政党政治は衰退ないし空洞化しており，現在の政党は極論すれば「党首が政治活動を行う際の名義」に過ぎないのである。そして党首はSNSを使い，政党組織をスキップして直接有権者と繋がることが可能になった。政治家間の協力を促すという政党本来の任務はマスメディアの発達や情報通信技術の高速化によって，その意義を失いつつあるのだ[19]。

注
1) 2019年2月26日現在，通算で12年350日在職している。2019年4月9日に実施される予定のクネセット選挙に勝利すれば，ネタニヤフが在職期間でベングリオンを追いぬくことだろう。
2) 中小規模の政党では党首のリーダーシップや精神的指導者の指示によって党運営がなされることが多い。例えば，宗教政党のシャス（Shas）は精神的指導者であるオバディア・ヨセフ（Ovadia Yosef）導師（2013年10月死去）によって党首が選出されていた。イスラエル我が家党は党中央委員会によって党首が選ばれることになっているものの，1999年の結党以来今日まで設立者で党首のアヴィグドール・リーベルマン（Avigdor Lieberman）に挑戦した党員はいない（Kenig and Rahat 2014：212）。
3) この見解は政党政治を研究するルーバン・ハザンやギデオン・ラハト（Gideon Rahat），オフェル・ケニグ（Ofer Kenig）といったヘブライ大学政治学科出身のイスラエル人政治学者たちによって出されており，イスラエル政治学会の主流に属する見方だということができるだろう。ギデオン・ラハトとのインタビュー（2015年11月22日）およびオフェル・ケニグとのインタビュー（2015年11月23日）による。
4) National Security Council Act 2008；2008-ח"חוק המטה לביטחון לאומי, תשס"ח
5) http://www.nsc.gov.il/he/Pages/Home.aspx（2016年11月28日閲覧）
6) http://economy.pmo.gov.il/About/Pages/About.aspx（2016年11月28日閲覧）
7) 閣僚の人数は最少で8名，最大で18名（1999年選挙までで，その後は廃止）であること。公民権停止規定については刑期満了後10年だったが，2001年改正で7年に短縮

された。

8) https://www.knesset.gov.il/govt/eng/GovtByNumber_eng.asp?govt=34 および〈http://bechirot.gov.il/election/Candidates/Pages/OneListCandidates.aspx?LPF〉（2017年2月1日閲覧）。

9) クネセット・ホームページ〈https://www.knesset.gov.il/description/eng/eng_work_mel2.htm〉（2017年2月27日閲覧）。

10) 他にログローリング（票取引）を目的とした法案提出の可能性がある。Friedland and Hecht（2000：90）にアグダッド・イスラエル党（宗教政党）によるログローリングの実態が示されている。

11) ライバルである労働党は1991年に党首選を導入し，イツハク・ラビン（Yitzhak Rabin）を選出してクネセット選挙に勝利している。

12) 1996年に離党して新党ゲシェル（Gesher）を設立したが，同年のクネセット選挙においてはツオメット党（Tzomet）と共にリクードと選挙リストを組んでいる（Likud-Gesher-Tzomet）。

13) Moshkovich（2011：593）。モロッコ生まれのレヴィはミズラヒーム系の党員から支持されていた（Shindler 2015：342）。

14) ネタニヤフと対立して党を割ったレヴィとは異なり，シャロンは党内で孤立を深めるネタニヤフと決定的に対立することは回避していた（Pedahzur 2001：44）。

15) ダン・メリドール財務省，イツハク・モルデハイ（Yitzhak Mordechai）国防相，ベニー・ベギン科学相，アヴィグドール・リーベルマン事務局長など。ただしメリドールとベギンはネタニヤフのライバルであった。

16) ネタニヤフとペレスの論戦は1960年アメリカ大統領選におけるケネディ（John F. Kennedy）とニクソン（Richard Nixon）のテレビ討論のエピソードと類似している。

17) 「首相をめざすベンヤミン・ネタニヤフ党首のリクード」「イサック・ヘルツォグ／ツィピ・リブニ党首のシオニスト・キャンプ」「ヤイール・ラピッド党首のイェッシュ・アティッド」「モシェ・カハロン党首のクラヌ」「ナフタリ・ベネット党首のユダヤの家」「アヴィグドール・リーベルマン党首のイスラエル我が家」「ヤハド－エリ・イシャイ党首と我々と共にある民衆」「アヒーム・ゴールドシュタイン党首の経済党」（http://www.votes20.gov.il/nationalresults 2017年2月25日閲覧）。

18) 2013年イスラエル国政選挙調査にこの質問項目は含まれなかった。

19) 本稿の議論の骨子はヘブライ大学政治学科教授のギデオン・ラハトならびにイスラエル民主主義研究所専任研究員のオフェル・ケニグとの対話（2015年11月22日と23日）の中から生まれた。ここに記すことで感謝の意を示す。近年のイスラエル政治に着想を得て政治の個人化を多国間比較したものとして Rahat and Kenig（2018）がある。

参考文献

Akirav, Osnat, Gary W. Cox, and Mathew D. McCubbins (2010) "Agenda Control in the Israeli Knesset during Ariel Sharon's Second Government," *The Journal of Legislative Studies*, 16 (2): 251-267.

Arian, Asher (2005) *Politics in Israel: The Second Republic*, Washington D. C.: QC Press.

Balmas, Meital, and Tamir Sheafer (2010) "Candidate Image in Election Campaigns: Attribute Agenda Setting, Affective Priming, and Voting Intentions," *International Journal of Public Opinion Research*, 22 (2): 204-229.

Balmas, Meital, Gideon Rahat, Tamir Sheafer, and Shaul R Shenhav (2014) "Two Routes to Personalized Politics: Centralized and Decentralized Personalization," *Party Politics*, 20 (1): 37-51.

Benn, Aluf (2016) "The End of Old Israel." *Foreign Affairs*, 95 (4): 16-27.

Diskin, Abraham (2011) "The Likud: the struggle for the centre," Shmuel Sandler, Manfred Gerstenfeld and Hillel Freisch (eds.), *Israel at the Polls 2009*, New York: Routledge, 51-68.

Freilich, Charles D. (2012) *Zion's Dilemmas, How Israel Makes National Security Policy*, Ithaca: Cornell University Press.

Friedland, Roger and Richard Hecht (2000) *To Rule Jerusalem: with a New Afterward*, Berkeley: University of California Press.

Hazan, Reuven Y. and Gideon Rahat (2010) *Democracy within Parties*, Oxford University Press.

Kenig, Ofer, and Shlomit Barnea (2009) "The Selection of Ministers in Israel: Is the Prime Minister 'A Master of His Domain'?" *Israel Affairs*, 15 (3): 261-278.

Kenig, Ofer, and Gideon Rahat (2014) "Selecting Party leaders in Israel," Jean-Benoit Pilet and William P. Cross (eds.), *The Selection of Political Party Leaders in Contemporary Parliamentary Democracies: A Comparative Study*, London: Routledge, 206-221.

Mahler, Gregory S (2016) *Politics and Government in Israel: The Maturation of a Modern State, Third Edition*, Rowman & Littlefield.

Moshkovich, Yaffa (2011) "Changes in Likud Party Organization as an Outcome of Electoral Victory in 1988 and Electoral Defeat in 1992: An Israeli Case Study," *Israel Affairs*, 17 (4): 583-603.

McAllister, Ian (2007) "The Personalization of Politics," Russel J. Dalton and Hans-Dieter Klingemann (eds.), *The Oxford Handbook of Political Behavior*, New

York : Oxford University Press, 571-588.
Navot, Suzie (2007) *The Constitutional Law of Israel*, Alphen aan den Rijn : Kluwer Law International.
Pedahzur, Ami (2001) "The Downfall of the National Camp ?" Daniel J. Elazar and M. Ben Mollov (eds.), *Israel at the Polls 1999*, London : Frank Cass, 37-54.
Peri, Yoram. (2004) *Telepopulism : Media and Politics in Israel*, Stanford : Stanford University Press.
Rahat, Gideon, and Reuven Y. Hazan (2007) "Political Participation in Party Primaries : Increase in Quantity, Decrease in Quality ?" Thomas Zittel and Dieter Fuchs. *Participatory Democracy and Political Participation*, New York : Routledge, 57-72.
Rahat, Gideon, Reuven Y. Hazan, and Pazit Ben-Nun Bloom (2016) "Stable Blocs and Multiple Identities : The 2015 Elections in Israel," *Representation*, 52 (1) : 99-117.
Rahat, Gideon, and Ofer Kenig (2018) *From Party Politics to Personalized Politics? : Party Change and Political Personalization in Democracies*, Oxford : Oxford University Press.
Rahat, Gideon, and Tamir Sheafer (2007) "The Personalization (s) of Politics : Israel, 1949-2003," *Political Communication*, 24 (1) : 65-80.
川人貞文（2005）『日本の国会制度と政党政治』東京大学出版会。
ハザン，ルーバン（2014）「大統領制化した議院内閣制の失敗——イスラエルの議会制民主主義における憲法上の大統領制化と構造的大統領制化」T・ポグントケ／P・ウェブ編，岩崎正洋監訳『民主政治はなぜ「大統領制化」するのか——現代民主主義国家の比較研究』ミネルヴァ書房，414-443。
浜中新吾（2013）「首相公選制——イスラエル」岩崎正洋編著『選挙と民主主義』吉田書店，257-272。

第9章

ロシアの「大統領制化された大統領制」とその変容

溝口修平

1 「大統領制化された大統領制」のその後

　1991年末のソ連解体によって生まれたロシア連邦の政治制度は，当初大統領権限の強い大統領制と脆弱な政党システムを特徴としていた。ロシアにおける大統領制は，共産党一党支配の終焉による「権力の空白」を埋めるものとして採用された。一方，法制度的にはソ連末期に認められた複数政党制は，西欧的な意味での政党主導型政治とはならなかった。むしろ，政党を中心とする政治が成立しなかったからこそ，ロシアでは強いリーダーシップを発揮する大統領が必要とされたという面もある。その意味で，ロシアはそもそも「大統領制化された大統領制」としてスタートしたといえよう。

　ポグントケ（Thomas Poguntke）とウェブ（Paul Webb）らによる『民主政治はなぜ「大統領制化」するのか』（Poguntke and Webb 2005 = 2014）は，かつて政党主導型であった先進民主主義国の政治が近年「大統領制化」しているという問題意識に基づいている。ここで大統領制化とは(1) 政治的リーダーの権力資源の拡大，(2) リーダーと政党との相互自律性の増大，(3) 選挙の個人化という三つの変化を表している。そして，彼らは，政党主導型統治と大統領制的統治を対置し，主に西欧諸国で前者から後者への変化が生じていることをもとに，その理論化を試みている。そこでは，どのような執政制度であるかにかかわらず，すべての体制は大統領制的な統治形態と政党主導型の統治形態を両極とするベクトル上に位置づけられる（Poguntke and Webb 2005=2014：6-10）。

　本章の目的は，「大統領制化された大統領制」としてスタートしたロシアが，その後どのような変化をたどったのかを明らかにすることである。ここでの主張は以下の2点である。第一に，ロシアの大統領制は「分割少数派政府」から「統一多数派政府」へと変化することで，統治の効率性が向上した。この点は，大統

領による拒否権行使の頻度の低下と議会立法の大幅な増加から確認できるが，従来の理論研究からも予測された結果である。第二に，ロシア独自の現象として，大統領令の役割が議会立法を「代替」するものから「補完」するものへと変化した。2000年代に「統一多数派政府」のもとで減少した大統領令は，2000年代後半以降再び増加傾向にあり，政策決定の手段として議会立法と大統領令の双方が利用されるようになっている。

　本章の構成は以下のとおりである。第2節では，執政制度研究を概観し，大統領制化の議論との共通点と相違点を整理することによって，本章の議論を位置づける。第3節では，半大統領制を統一多数派政府，分割多数派政府，分割少数派政府の三つの下位類型に分類し，それぞれにおいて大統領の政策決定権限がどのように行使されるか，理論的に考察する。そして，第4節と第5節において，ロシアの「大統領制化された大統領制」が実際にどのような変化を遂げたのかを検討する。

2　執政制度研究と大統領制化

　ポグントケとウェブの大統領制化の議論は，西欧民主主義諸国の事例を中心に構築されたものである。一方，近年の大統領制研究は，アジア，アフリカ，ラテンアメリカ，中東欧及び旧ソ連のポスト社会主義諸国など，体制転換を経て大統領制を採用した国々を中心に発展してきた。そこで本節では，これらの研究を整理し，両者の議論にどのような共通点と相違点があるかを明らかにし，本章の議論を位置づける。

（1）大統領制の多様性

　執政制度研究の第一世代は，大統領制が民主主義体制を崩壊させるかという論争を中心に発展してきた。大統領制は議院内閣制と比べ民主主義を崩壊させる危険性が高いというリンス（Juan J. Linz）らの議論に対し（Linz 1990；Stepan and Skach 1993），大統領制という制度に問題があるのではなく，大統領制が採用される条件に問題があるという反論がなされた（Shugart and Mainwaring 1997；Shugart 1999；Cheibub 2007）。近年では，権威主義体制においても，大統領制より議院内閣制の方が持続する可能性が高いことが明らかにされている（Roberts

2015；粕谷・東島 2017）。

その後，執政制度に関する様々な研究が行われてきたが，これらの研究が明らかにしてきたことは，大統領制の多様性であるとまとめられる。この多様性は，第一に大統領の憲法上の権限を測定し比較することによって（Shugart and Carey 1992；Shugart and Haggard 2001；Siaroff 2003），そして第二に政党システムとの関係を考察することによって，論じられてきた。例えば，シュガート（Matthew S. Shugart）らは，大統領の「強さ」を大統領の政策課題を立法化できる程度と定義し，それが大統領の憲法上の権限と党派的権力によって決まると主張した（Mainwaring and Shugart 1997；粕谷 2010）。また，待鳥は，政権党が議会で多数派を取るか否かと，政党の一体性の強さによって，大統領の強さが決まるとしている（待鳥 2016）。このように，政党システムとの関係に注目する中で，先行研究は，大統領制と多党制の組み合わせが民主制を不安定化すると指摘した（Mainwaring 1993；Mainwaring and Shugart 1997）。さらに，サミュエルズ（David Samuels）とシュガートは，大統領制と議院内閣制では政党の機能の仕方に違いが生じ，大統領制では政党が内部分裂する傾向があると論じている（Samuels and Shugart 2010）。

同様に，半大統領制についてもその多様性が検討されてきた[1]（Cheibub et al. 2013）。まず，内閣が議会のみに責任を負うか，それとも大統領と議会の双方に責任を負うかによって，半大統領制は首相・大統領制と大統領・議会制に区別される（Shugart and Carey 1992）。そして，大統領と議会双方が敵対的な戦略をとりやすい大統領・議会制は，民主主義が崩壊する危険性が高いとされる（Elgie 2011b）。

また，スカック（Cindy Skach）は，半大統領制を統一多数派政府，分割多数派政府，分割少数派政府に分類し，分割少数派政府の場合には民主主義体制が崩壊する危険性が高いと主張する（Skach 2005）。このように，半大統領制についても憲法上の権限区分と党派性との関係に応じて，その多様性が明らかにされてきた。

（2）大統領制化論との共通点と相違点

ポグントケとウェブの「大統領制化」の議論も，大統領制，半大統領制，議院内閣制という執政制度の違いによらず，それぞれの国が政党主導型統治と大統領制的統治という二つの理念型の間で様々な形をとりうると主張する。この点は，

大統領制の多様性を議論してきた執政制度研究と共通した見方であるといえよう。

また，彼らは政党の役割強化とリーダー個人のリーダーシップ強化はトレードオフ関係にあるという前提を置いている。つまり，大統領制化は政党政治の衰退によって生じる現象である。このような理解は，大統領制では執政府と立法府の間で政党が内部分裂しやすいと主張するサミュエルズとシュガートの議論とも親和性をもつ（Samuels and Shugart 2010）。大統領制では，政党の役割が限定され，大統領個人のリーダーシップが重要だという認識がそこにはある。

このような共通点がある一方，以下のような相違点もある。まず，ポグントケとウェブの立論が主に先進民主主義諸国の経験から導き出されているのに対し，執政制度研究はいわゆる民主化の「第三の波」以降に体制転換を経験したラテンアメリカ，アジア，ポスト社会主義諸国（新興民主主義諸国及び権威主義諸国）を主要な対象として発展してきた。こうした国々では，そもそも政党政治が不安定で，強いリーダーシップを有する指導者が要請されてきた側面がある。したがって，政党主導型の政治が衰退し，政治リーダーの自律性が強化されている先進民主主義諸国とは，そもそも政治の発展経路が大きく異なる。

さらに，大統領制化の議論は，執政制度の変更を経ていないにもかかわらず，構造的要因により政治のあり方が変化したという点に注目している。これに対し，執政制度研究の多くは，独立変数である政治制度が，政治体制の持続や政策パフォーマンスにどのような効果をもつかを考察してきた。別の見方をすれば，大統領制，半大統領制の多様性がこれまで指摘されてきた一方で，それぞれの制度の動態についてはあまり考察されてこなかったといえよう。

3 分析視角

以上のような研究状況を踏まえ，本章では半大統領制の多様性を指摘する先行研究を参考に，ロシアの「大統領制化された大統領制」がどのように変化したのか，その動態を分析する。

表9-1は，スカックによる半大統領制の三つの下位類型を整理したものである。大統領制では一般的に大統領と議会多数派の党派性が同じ状況を統一政府，両者の党派が違う状況を分割政府と呼ぶ。また，議院内閣制は，首相を中心とする内閣が議会の多数派から選ばれているか，少数派から選ばれているかによって

表 9-1 半大統領制の下位類型

		大統領・議会関係	
		統一政府	分割政府
内閣・議会関係	多数派政府	統一多数派政府	分割多数派政府
	少数派政府	—	分割少数派政府

出典:Skach (2005) を基に筆者作成。

多数派政府と少数派政府に分かれる。半大統領制は,この双方の特徴によって三つのバリエーションをもつ。

　第一に,大統領と議会多数派の党派が一致し,その多数派から内閣が選出される統一多数派政府(consolidated majority government)である。この場合,制度的対立の可能性は低いため,政治は安定し,民主主義か権威主義かを問わず,政治体制の崩壊はもっとも起こりづらい。大統領と議会の間には協力関係が生まれ,大統領は自らの立法上の権限(法案に対する拒否権,大統領令)に訴えなくても,自らの政策を比較的容易に立法化できる。これは,ウェストミンスター型の議院内閣制において,首相が単独政党に支えられている状況と類似している(Colomer and Negretto 2005:62;Remington 2014:24)。権威主義体制においては,大統領(独裁者)による議会の支配という形で体制が安定している状況であるが,その場合にも議会立法が政策決定の主要な手段になると考えられる。

　第二に,大統領と議会多数派の党派が異なり,議会多数派が内閣を選出している分割多数派政府(divided majority government)である。このように,大統領と首相の党派が異なる状況は一般にコアビタシオンと呼ばれる[2]。この場合,統一多数派政府の場合よりも制度的対立の可能性は高くなるため,大統領は自らの権限を活用し,政策を遂行しようとする傾向が強まる。ただし,次に述べる分割少数派政府よりは大統領権限の活用は抑制的である。

　第三に,大統領も首相も共に議会多数派を持たない場合として,分割少数派政府(divided minority government)がある。体制内に明確な多数派が存在しないため,議会内の連合や政府の頻繁な交代が起き,政治的対立が生じやすく,もっとも不安定である。そのため,大統領は,議会立法に拒否権を行使したり,大統領令によって政策決定を行ったりというように,自らの権限を積極的に活用するこ

第9章　ロシアの「大統領制化された大統領制」とその変容

とになる。スカックによれば，この状態は「大統領制においてもっとも問題のある分割政府と，議院内閣制においてもっとも問題のある少数派政府の混合体」である（Skach 2005：351）。後述するように，1990年代のロシアはまさにこの状況であったし（Colton and Skach 2005），ロシアだけでなく，政党システムが不安定であった体制転換直後のポスト社会主義諸国やラテンアメリカ諸国の多くもこうした状況に直面した。

以上のように，半大統領制には三つの下位類型が存在する[3]。この三つの中で，統一多数派政府がもっとも安定し（その分部門間の均衡・抑制は最も弱い），分割少数派政府がもっとも不安定になりやすく，分割多数派政府は両者の中間となる。そして，政治的に不安定になればなるほど，大統領権限は積極的に活用されることになる。また，不安定な状況から安定的な状況に移行するには，政党システムの変化（大統領を支持する多数派政党の存在）が必要であると言える。このような理論的予測は，ロシアにおいてどの程度当てはまるだろうか。

4　ロシア大統領の権力資源

ロシアの「大統領化された大統領制」がどのような変容を遂げたのかを具体的に検討する前に，本節では，大統領の権力資源として，大統領の憲法上の権限，大統領を支えるスタッフ機構，そして政権党の議席率の変遷について簡単に確認する。

（1）憲法上の権限

1993年12月に成立したロシア連邦憲法は，大統領に強大な権限を付与した半大統領制（大統領・議会制）をとった。1991年12月のソ連解体以降，大統領と議会の間に熾烈な権力闘争が起きたこともあり，エリツィン（Борис Н. Ельцин）大統領は改革遂行のために大統領権限を強化することを正当化した（溝口 2016）。

そのため，憲法では，首相の任命や議会による政府不信任に関しては，大統領が議会下院（国家会議）に対して優位に立つことを制度的に保障した[4]。それにより，大統領と首相の党派が異なる分割多数派政府にはなりにくい[5]。また，大統領の弾劾は可能だが，その手続きは非常に複雑で実現は容易ではない。

立法に関しても，大統領の権限は大きい。大統領は立法発議権を持ち，議会が

199

表9-2 大統領府職員数の変化

年	2005	2006	2007	2008	2009	2010	2011	2012	2013	2014
人数	2,679	2,196	2,210	2,117	2,146	2,151	2,046	2,198	2,241	2,309

出典：Федеральная служба государственной статистики（Росстат）各年。

可決した法案に対する拒否権も持つ。議会が大統領の拒否権を覆すには，上下両院で議員総数の3分の2以上の多数で再度法案を可決する必要である。また，大統領は連邦憲法及び連邦法に反しない限り，大統領令（указ）及び大統領指令（распоряжение）を公布できる。このように大統領が強大な権限を持つロシアの大統領制は，「超大統領制」とも呼ばれる（Fish 2000）。

（2）スタッフ機構

次に，大統領が大統領府に抱えるスタッフについてである。1990年代，エリツィン大統領は強大な憲法上の権限を手にしたが，議会との連携や政府への統制に苦慮した。ハスキー（Eugene Huskey）によれば，エリツィンは大統領府内に独自の官僚組織を構築することで，こうした問題を解決しようとした。結果として，1990年代半ばには数千人のスタッフが大統領府内で働くことになった。しかし，その多くが大統領府と政府の間で，または大統領府内部で職務の重複をきたし，派閥闘争を引き起こした。こうした「制度的余剰（institutional redundancy）」が1990年代のロシアにおける非効率な統治を助長した（Huskey 1999）。

1990年代後半から大統領府のスリム化は少しずつ進んだといわれるが，大統領府職員数に関する通時的なデータは公表されていないため，その全貌は不明である。公式の統計では2005年以降の数字のみが発表されている（表9-2）。それによると，2005年に2,679名であった大統領府職員は，2011年には2,046名にまで減少した。ただし，その後は再び増加に転じており，2014年には2,309名となった。

また，安全保障問題などの重要な意思決定を行う機関として安全保障会議がある。大統領が議長を務める安全保障会議は，エリツィン政権下ではそれほど重要な役割を果たしてこなかったが，プーチン（Владимир В. Путин），メドヴェージェフ（Дмитрий А. Медведев）両政権では国家戦略や軍事戦略に関する重要な決定を行うようになっただけでなく，地方政策における役割も強化されている（兵頭 2012：長谷川 2015）。特に，1990年代と比べ，2000年以降は委員の固定化が進

んだこと，そして，2010年の「安全保障法」の改正などで，安全保障会議の地位と役割が明確化されたことによって，近年ますます重要な意思決定の役割を担うようになってきている。このように，大統領をサポートする体制は徐々に整備されている。

（3）政権党の議席率

　前節で述べたとおり，半大統領制においては，大統領と議会多数派の関係，内閣と議会多数派の関係によって三つの下位類型に分類できる。ロシアでは1990年代と2000年以降で議会の構成は大きく変化した。1990年代はエリツィン大統領自身が特定の政党に所属せず，政党システムを安定化させるような法整備もなされなかった（Remington 2010）。1993年と1995年の2度の下院選挙後の有効政党数は，それぞれ9.73と5.79であり，各会期における大統領支持政党であった「ロシアの選択」と「我らの家ロシア」は，いずれも議席率が20％に届かなかった（図9－1）。このように，1990年代のロシアは，政党システムが破片化した状態が続く分割少数派政府であった。

　エリツィンの任期満了が近づいた1999年下院選挙では，翌年の大統領選挙を見据えて，ルシコフ（Юрий М. Лужков）モスクワ市長ら有力地方首長が「祖国・全ロシア」を結成した。クレムリンは「統一」を組織し，これに対抗した。選挙ではどちらの政党も過半数を取ることはできなかったが，「統一」を支持していたプーチンが1999年末に大統領代行となり，翌年の大統領選挙で勝利すると，「統一」は「祖国・全ロシア」などの諸勢力を吸収する形で，2001年に「統一ロシア」を立ち上げた（溝口 2011）。

　統一ロシアは，プーチンに対する国民の圧倒的な支持を梃子に，また，統一ロシアに有利な様々な政治制度改革が実施されたこともあり，2003年と2007年下院選挙で全体の3分の2を超える議席を獲得した。2011年の選挙では，プーチン政権の長期化に対する反発から議席を大幅に減らしたが，それでも過半数は維持した。そして，2016年下院選挙では，ウクライナ危機後の愛国主義の高まりもあり，統一ロシアの議席は4分の3を超えた。このように，議席数に変動はあるものの，今世紀に入り大統領は概して安定的な支持基盤を議会で確保し，統一多数派政府が継続している。

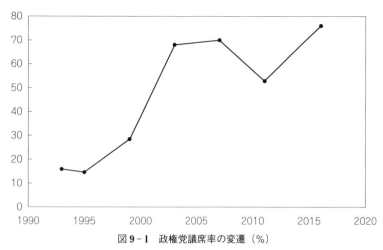

図 9-1 政権党議席率の変遷（％）

注：政権党は，1993年は「ロシアの選択」，1995年は「我らの家ロシア」，1999年は「統一」及び「祖国・全ロシア」，2003年以降は「統一ロシア」である。
出典：中東欧・旧ソ連諸国の選挙データ（http://src-h.slav.hokudai.ac.jp/election_europe/index.html）より筆者作成。

5　大統領・議会関係の変遷

　このような大統領の権力資源の変化は，政策立案能力としての大統領の「強さ」に対して，どのような影響を及ぼしているだろうか。第3節で示したように，理論的には，政治的にもっとも不安定な分割少数派政府において大統領の拒否権行使や大統領令の活用は積極的になり，政治的にもっとも安定している統一多数派政府ではこうした大統領権限の行使が抑制的になると予想できる。ロシアでは，1990年代と2000年以降で政権支持政党の議席率が上昇し，前者から後者へと変化したが，その違いは大統領権限の行使にどの程度の影響を与えたであろうか。

（1）大統領の拒否権行使

　変化がもっとも顕著であるのは，大統領による拒否権行使である。図9-2は，下院で可決された法案に対して大統領が拒否権を行使した割合をまとめたものである。一見して明らかなように，1999年の85回を最多として，エリツィン大統領

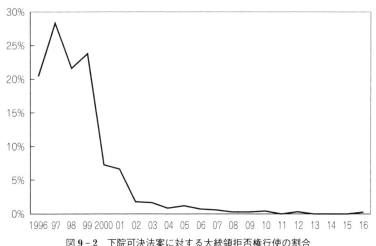

図9-2　下院可決法案に対する大統領拒否権行使の割合
出典：http://www.duma.gov.ru/legislative/statistics/ を基に筆者作成。

はその在任期間中に下院が可決した法案の多くに拒否権を行使した。1996年から1999年にかけてその割合は20％を上回り，1997年には下院を通過した法案の30％近くに拒否権を行使した。しかし，プーチンが大統領に就任した2000年以降その数は大幅に減少し，特に2002年以降拒否権が行使されることはほとんどなくなった。

このような変化は，連邦議会における法律採択数の増加をもたらした[6]（Remington 2008；Chaisty 2014；Ogushi 2016）。図9-3が示すように，大統領による拒否権の数が減ったことに伴い，2000年以降は下院で可決された法案がほぼ全て成立するようになった。そして，大統領と下院との間の「緊密な連携」（Зуйков 2008：173）が進んだことで，立法作業はより効率的に行われるようになった。1990年代には1年間に制定される法律の数は200未満であったが，2010年代に入るとその数は倍増し，2014年には555の法律が制定された。このように，2000年以降，議会立法の数は一貫して増加傾向にある。統一ロシア党首や下院議長を務めたボリス・グルィズロフ（Борис В. Грызлов）によれば，これは単に現行法の改正が増加したからというわけではない。彼は，2007年11月の下院会期終了の際に，議会は新たに多くの法律を制定して「21世紀のロシアの法的システムの基礎」を作ったとして，その働きを自画自賛した[7]。

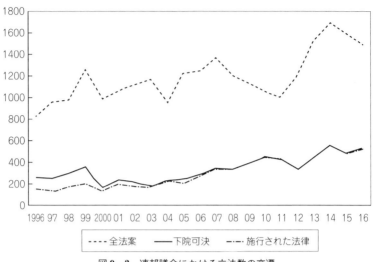

図9-3 連邦議会における立法数の変遷
出典:http://www.duma.gov.ru/legislative/statistics/ を基に筆者作成。

以上のように,大統領が議会で安定的な支持基盤を獲得し,分割少数派政府から統一多数派政府へ移行したのにつれて,大統領による拒否権行使の数は減少し,議会立法の数が増加した。これは,第3節で述べた理論的予測に沿ったものである。また,2011年下院選挙における統一ロシアの議席数減少は,議会立法の数にはあまり影響がなかったという点も注目に値する。議席が減少したとしても統一ロシアは単独で過半数を確保していたし,「官製化」しているといわれる野党も統一ロシアと投票行動をともにすることが多かった。そのため,議席数の減少は政権の政策決定に大した影響を与えなかった。

(2)大統領令

一方,大統領令については事情がやや複雑である。拒否権の場合と同様,大統領令についても,一般に大統領と議会が対立関係にあれば,大統領令の数は増加し,大統領と議会の協力が進めば,その数は減少すると予想される。

ロシアでは大統領令は幅広い分野で活用されている。それらは,人事も含めた政府機構に関するもの,褒賞授与,そして政策を決定するものに大別することができる。もっとも,国家機密に関わる情報を含む大統領令など,非公開で内容が

不明のものもある[8]。ここでは，公表されている大統領令のうち，政策に関する大統領令を中心に検討する。なぜなら，本章が注目するのは，大統領の政策課題がどのように立法化されるのかという点だからである。政策に関する大統領令とそれ以外の大統領令は，ロシアでは規範的（нормативный）と非規範的（ненормативный）なものとして区別されているが，ここでは議会立法を代替する前者に注目する[9]。

　これまでの研究で，ロシアにおける大統領令の活用についていくつかのことが明らかになっている。まず，1993年12月の憲法制定以前の時期には，それ以降よりも多くの大統領令が発せられた。これは，当時の大統領と議会の熾烈な対立の結果であると考えられる。それと同時に，大統領の憲法上の権限は，実際の大統領令の活用を規定するわけではないということも示している。1993年憲法は，それ以前よりも大統領の憲法上の権限を強めるものであったが，権限が強化されたからといって，大統領令が頻繁に発令されるようになったわけではない（Protsyk 2004：652）。

　第二に，大統領選挙があり，大統領の新しい任期が始まる時期には，多くの大統領令が発せられる。これは，大統領選挙後には政府が再編され，人事や政府機構に関する大統領令が増加する傾向にあるためである。ただし，その中でも1996年大統領選挙の時期は特に多くの大統領令が発せられた。この時は，政府機構関係の大統領令に加え，社会，経済関係の大統領令が極めて多かった（Protsyk 2004；Remington 2014：109-113）。1996年4月15日の大統領令「ロシア連邦市民の年金支給改善に関する緊急措置について」が年金の増額を定めたように[10]，大統領選挙の直前には多くの「バラマキ」が大統領令によって行われた。

　第三に，1994年から1999年までのエリツィン時代と2000年から2008年までの第一次プーチン政権時代を比べると，後者の方が大統領令の数が少ない。表9-3は各大統領の任期ごとに政策関連の大統領令発令数の1か月平均値と標準偏差をまとめたものである。すでに見たように，エリツィン政権下では，議会が可決した法案に大統領が頻繁に拒否権を行使していたことから，当時の大統領令は議会を迂回して政策を決定するためや，議会に圧力をかけるために利用されたものと理解できる。それと比べて，2000年から2008年までの時期は，大統領令の数が大きく減少している。これは，大統領と下院の「緊密な連携」によって，大統領が政策決定において大統領令ではなく議会立法を活用するようになったた

表9-3 大統領令発令数の推移

大統領（期間）	大統領令発令数 （1ヶ月あたり平均）	標準偏差
エリツィン1（1991.7-1993.12）	22.5	10.8
エリツィン2（1994.1-1995.12）	18.4	5.8
エリツィン3（1996.1-1999.12）	20.4	13.9
プーチン1（2000.1-2004.4）	12.6	5.5
プーチン2（2004.5-2008.4）	13.8	5.3
メドヴェージェフ（2008.5-2012.4）	17.7	6.6
プーチン3（2012.5-2016.12）	20.7	7.9

出典：Remington 2014：102. 2012年5月以降は Собрание законодательства Российской Федерации を基に筆者が集計。

めである[11]。そして，このような傾向は第3節で示した理論的予測と合致している。

ただし，それ以降の時期については，この理論的予測とは異なる傾向が生じている。2008年以降も統一ロシアは一貫して下院で過半数を維持しているが，大統領令の数が増加しているからだ。大統領令や議会立法の「数」が政策決定のあり方をすべて決定しているわけではないが，2000年代後半から，議会立法の増加と並んで，大統領令による政策決定も増加するという新たな傾向が生じ，その傾向は現在まで続いている。

レミントン（Thomas Remington）によれば，第一次プーチン政権の後半からメドヴェージェフ政権期にかけて，企業の再国有化，安全保障，社会保障などの分野で大統領令が増加した（Remington 2014：112-113）。2000年代後半は，まさに統一ロシアの党勢が最高潮に達していた時期であるが，そのような状況で大統領令の数が増加したことになる。

議会における安定的な支持がある統一多数派政府であるにもかかわらず，大統領が大統領令を多く発令する理由としては，いくつかのことが考えられる。第一に，緊急性の高い問題に対処しなければならない場合である。図9-4は，プーチンが大統領に復帰した2012年5月以降に出された規範的大統領令の数の推移である。毎年12月に多くの大統領令が出されるという全般的な傾向が見て取れるが，さらに，2014年3月から6月までの間は，この時期の平均値を大きく上回る毎月30近い大統領令が出されていることが分かる。これは，同年3月のクリミア併合後，大統領が多くの問題に対処する必要性に直面していたことを示してい

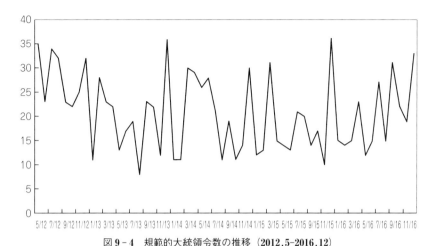

図9-4 規範的大統領令数の推移（2012.5-2016.12）
出典：Собрание законодательства Российской Федерации を基に筆者が集計。

る。

そして，議会で政権党が多数派を確保している状況では，このような大統領令はその後の議会における立法を方向づける働きをする。つまり，大統領令が議会立法に先立って，政策を規定する役割を果たしている。

もう一つの可能性としては，大統領令を媒介したレントの分配である。すでに述べたように，2000年以降統一ロシアの圧倒的多数の下で議会立法の数が増加した。そして，これらの立法に，クレムリンの意向が反映されているのは間違いない。ただし，同時に，議会での法案審議に先立ってその法案に関係する利害の調整がなされるという「ゼロ読会」の存在も指摘されている（Chaisty 2005；Remington 2008；Ogushi 2016）。つまり，関係アクターへのレントの分配が法案審議に先立って交渉されているのである。

大統領令においても，同様のことが行われている可能性がある。ロシアでは，大統領令によって特定の企業が「戦略的」企業に指定され，優遇されているが，こうしたことを通じて議会とは別のチャネルを通じたレントの分配がなされていると言える。2000年代後半は，重点産業の育成のために国家コーポレーションと呼ばれる組織が相次いで創設された時期である。国家コーポレーションは，形式的には非営利組織であるが，傘下に多数の営利法人を抱え，実質的に営利活動を

行っている[12]。この時期，ロシアの国家財政は石油や天然ガスの輸出により余剰資金を得ており，それが国家コーポレーションに注ぎ込まれた。国家コーポレーションの創設は，経済に対する国家介入の拡大（いわゆる「国家資本主義化」）の現れだと理解されるが，特定の省庁間の調整や通常の予算手続きを経ずに，大統領が影響力や人事権を行使できる点に大きな特徴がある（安達 2016：352-353；Volkov 2008）。このように，統一多数派政府のもとで議会との協力関係を維持しつつも，大統領は新たな権力を獲得している。

　以上のように，2000年に誕生したプーチン政権が統一多数派政府となったことで，2000年代前半は大統領令の数は減少する傾向にあった。これは，1990年代に大統領と議会が対立し，大統領令が議会立法を代替する役割を担っていたのに対し，2000年以降は大統領と議会の意向が一致し，大統領令の必要性が低下したためであった。

　しかし，第一次プーチン政権の後半から，メドヴェージェフ政権，そして第二次プーチン政権にかけて，再び大統領令の数が増加している。この点について，本章では，緊急性の高い問題への対応，議会立法の方向付け，そして，レントの分配という大統領令の機能を指摘した。こうした機能は，いずれもそれ以前の時期から大統領令に備わっていたとも考えられるが，このようなものが積極的に活用されるようになったという点にこの時期の変化がある。すなわち，大統領令は議会立法を「代替」するものから「補完」するものへと変化したのである。

6　ロシアの大統領制の二つの変化

　本章は，ロシアの「大統領制化された大統領制」がいかに変容したのかを検討してきた。そのために，まず執政制度に関する先行研究をもとに，半大統領制を三つの下位類型に分類し，ロシアの大統領制が分割少数派政府から統一多数派政府へと変化したことを確認した。その上で，理論的な予測どおりに，大統領と議会の協力関係が進めば大統領による立法上の権限利用は抑制的になり，反対に両者の関係が対立的になれば，大統領は積極的に自らの権限を利用しようとするのかを検証した。

　ここまでの議論をまとめると，政策決定過程における大統領と議会の関係性は次の三つのフェーズに分類できる。第一に，分割少数派政府であった1990年代に

は，大統領と議会の対立が顕著であり，大統領は下院が可決した多くの法案に拒否権を行使し，同時に数多くの大統領令を発した。統一多数派政府に移行した2000年代前半の第二段階では，この傾向は大きく変化し，大統領と議会の関係は協力的になった。この時期，法案に対する大統領の拒否権行使はほぼなくなり，大統領令の数も減少した。そして，2000年代後半から現在までの第三段階では，大統領と議会の協力関係は維持され，立法の数はさらに増加したが，その一方で，大統領令が再び活発に利用されるようになった。

ロシアで生じたこのような変化について，次の2点を指摘できる。まず，先行研究でも指摘されてきたように，議会における政権党の勢力が，大統領による権限行使の度合いを規定している。したがって，分割少数派政府であった1990年代には大統領と議会の対立が，統一多数派政府となった2000年以降では大統領と議会の協力関係が見られ，両者の間には大きな断絶がある。言い換えれば，後者において統治の効率性（governability）は大きく改善した。ただし，統治の効率性と応答性（accountability）の間にはトレードオフの関係がある（Chaisty 2014）。大統領と議会の協力関係は，政策決定の効率を向上させる一方で，部門間の抑制・均衡機能は低下する。そのため，統一多数派政府は，政治体制の安定化をもたらすのと同時に，政治体制の権威主義化を促す面も併せ持つ。

次に，1990年代から2000年代半ばまでと，2000年代後半以降の時期にも大きな違いがある。つまり，前者においては，大統領令は議会立法を「代替」するものであり，大統領が議会立法を通じて自分の政策を実現できるのであれば，大統領令を利用する必要はなかった。実際，大統領令の数と拒否権行使の数の間には相関関係がある。これに対し，2000年代後半以降はそのような相関関係はなくなった。大統領は議会を通じた政策の実現が可能であっても，大統領令による政策決定も多用するようになったのである。その意味で，大統領令は議会立法を「補完」するものになっている。ロシアの「大統領制化された大統領制」は，その成立以降，以上の2つの意味で大きく変容したのである。

　　［付記］　本研究は，科学研究費補助金（若手研究（B）17K13681）の助成を受けたものである。

注

1) ここでは，エルジー（Robert Elgie）に従い，半大統領制を「国民が選出する，任期が固定された大統領と，議会に対して責任を負う首相と内閣の双方が存在する体制」と定義する（Elgie and Moestrup 2008；Elgie 2011a）。
2) ただし，コアビタシオンが生じるのは，ほとんどの場合首相・大統領制である（Elgie 2011b）。
3) 大統領と議会多数派が同じ党派（統一政府）であれば，内閣が少数派から選出されることはないので，表9-1の左下は空欄になっている。
4) 憲法第111条によれば，大統領の提案した首相を下院が3度拒否した場合，大統領は首相を任命し，下院を解散し，新しい選挙を公示する。また，第117条によれば，下院による政府不信任が採択された場合，大統領は政府の総辞職を公示するか，または下院の決定に同意しないことができる。下院が3か月以内に政府不信任を再度採択した場合には，大統領は政府の総辞職を公示するか，下院を解散する。このように，首相の任命及び政府不信任について，大統領と下院の見解が対立した場合には，大統領に下院を解散する権限が担保されている。
5) 唯一の例外と言えるのが，1998年のプリマコフ（Евгений М. Примаков）首相就任のケースである。当時自らの推薦する候補に対する議会の反対に直面していたエリツィン大統領は，最終的に議会が支持するプリマコフを首相候補として推薦し，議会の承認を得た。
6) 連邦議会では，上下両院の過半数によって採択される通常の法律（連邦法）だけでなく，下院の3分の2以上，上院の4分の3以上という特別多数が必要である「連邦の憲法的法律」の審議も行われる。この連邦の憲法の法律の採択数も，2000年以降に大きく増加した（溝口 2017）。
7) «Четвертая Дума закрыла двери» РИА Новости. 16 ноября 2007 г. (https://ria.ru/politics/20071116/88452476.html)
8) 毎年，すべての大統領令には発令順に番号が振られるが，その総数と公表数の間に乖離があるため，非公開の大統領令が一定数あると考えられる（Protsyk 2004）。
9) ただし，ある政策が大統領令によって打ち出されると，それは前者に分類されるが，その大統領令に関連した人事についての大統領令は後者に分類されることになる。このように，実質的には両者の区別は曖昧であり，非規範的な大統領令の中にも政策的な意味合いをもつものが多くある。
10) Указ Президента Российской Федерации «О неотложных мерах по улучшению пенсионного обеспечения граждан Российской Федерации» Собрание законодательства Российской Федерации, No. 16 от 15 апреля 1996 года, ст. 1843.
11) ただし，プーチン時代には非公開の大統領令が増加した（Protsyk 2004）。

12) 国家コーポレーションの例としては，ナノテク産業ではロスナノ，原子力産業ではロスアトム，ソチオリンピックの施設建設や地域開発を行うオリンプストロイなどが挙げられる。

参考文献

Chaisty, P. (2005) "Majority Control and Executive Dominance : Parliament-President Relations in Putin's Russia," in Pravda, A. (ed.), *Leading Russia : Putin in Perspective (Essays in Honour of Archie Brown)*, Oxford : Oxford University Press.

―――― (2014) "Presidential Dynamics and Legislative Velocity in Russia, 1994-2007," *East European Politics*, 30 (4) : 588-601.

Chaisty, P., Cheeseman, N., and Power, T. (2012) "Rethinking the Presidentialism Debate : Conceptualizing Coalitional Politics in Cross-Regional Perspective," *Democratization*, 21 (1) : 1-23.

Chaisty, P. & Chernykh, S. (2015) "Coalitional Presidentialism and Legislative Control in Post-Soviet Ukraine," *Post-Soviet Affairs*, 31 (3) : 177-200.

Cheibub, J. A. (2007) *Presidentialism, Parliamentarism, and Democracy*, Cambridge : Cambridge University Press.

Cheibub, J. A. & Chernykh, S. (2009) "Are Semi-Presidential Constitutions bad for Democratic Performance ?" *Constitutional Political Economy*, 20 (3-4) : 202-229.

Cheibub, J. A., Elkins, Z., Ginsburg, T. (2013) "Beyond Presidentialism and Parliamentarism," *British Journal of Political Science*, 44 (3) : 514-544.

Colomer, J. M. & Negretto, G. L. (2005) "Can Presidentialism Work like Parliamentarism ?" *Government and Opposition*, 40 (1) : 60-89.

Colton, T. J. & Skach, C. (2005) "The Russian Predicament," *Journal of Democracy*, 16 (3) : 113-126.

Elgie, R. (2011a) "Semi-Presidentialism : An Increasingly Common Constitutional Choice," in Elgie, R., Moestrup, S., & Wu, Y. S., *Semi-Presidentialism and Democracy*, Basingstoke : Palgrave Macmillan.

―――― (2011b) *Semi-Presidentialism : Sub-Types and Democratic Performance*, Oxford : Oxford University Press.

Elgie, R. & Moestrup, S. (2008) "Semi-Presidetialism : A Common Regime Type, But One That Should Be Avoided ?" in Elgie, R. & Moestrup, S. (eds.), *Semi-Presidetialism in Central and Eastern Europe*, Manchester University Press, 1-13.

Fish, M. S. (2000) "The Executive Deception : Superpresidentialism and the Degradation of Russian Politics," in Sperling, V. (ed.), *Building the Russian State : Institutional Crisis and the Quest forDemocratic Governance*, Boulder, Co. : Westview Press, 177-192.

Huskey, E. (1999) *Presidential Power in Russia*, Armonk, N. Y. : M. E. Sharpe.

Linz, J. J. (1990) "The Perils of Presidentialism," *Journal of Democracy*, 1 (1) : 51-69.

Mainwaring, S. (1993) "Presidentialism, Multipartism and Democracy : The Difficult Combination," *Comparative Political Studies*, 26 (2) : 198-228.

Mainwaring, S. & Shugart, M. S. (eds.) (1997) *Presidentialism and Democracy in Latin America*, Cambridge : Cambridge University Press.

Ogushi, A. (2016) "Executive Control over Parliament and Law-Making in Russia : The Case of the Budget Bills,"『法学研究』89巻3号：61-77。

Poguntke, T. & Webb, P. (eds.) (2005) *The Presidentialization of Politics : A Comparative Study of Modern Democracies*, Oxford : Oxford University Press. T・ポグントケ／P・ウェブ編，岩崎正洋監訳（2014）『民主政治はなぜ「大統領制化」するのか——現代民主主義国家の比較研究』ミネルヴァ書房。

Protsyk, O. (2004) "Ruling with Decrees : Presidential Decree Making in Russia and Ukraine," *Europe-Asia Studies*, 56 (5) : 637-660.

Remington, T. F. (2008) "Patronage and the Party of Power : President-Parliament Relations under Vladimir Putin," *Europe-Asia Studies*, 60 (6) : 959-987.

―――― (2010) "Presidents and Parties : Leadership and Institution-Building in Post-Communist Russia," in Newton, J. M. & Tompson, W. J. (eds.), *Institution, Ideas and Leadership in Russian Politics*, Lanham, MD : Palgrave Macmillan.

―――― (2014) *Presidential Decrees in Russia : A Comparative Perspective*, New York : Cambridge University Press.

Roberts, T. L. (2015) "The Durability of Presidential and Parliament-Based Dictatorships," *Comparative Political Studies*, 48 (7) : 915-948.

Samuels, D. & Shugart, M. S. (2010) *Presidents, Parties, and Prime Ministers : How the Separation of Powers Affects Party Organization and Behavior*, Cambridge : Cambridge University Press.

Shugart, M. S. (1999) "Presidentialism, Parliamentarism, and the Provision of Collective Goods in Less-Developed Countries," *Constitutional Political Economy*, 10 (1) : 53-88.

Shugart, M. S. & Carey, J. (1992) *Presidents and Assemblies : Constitutional Design and Electoral Dynamics*, Cambridge : Cambridge University Press.

Shugart, M. S. & Haggard, S. (2001) "Institutions and Public Policy in Presidential

Systems," in Haggard, S. & McCubbins, M. D. (eds.), *Presidents, Parliaments, and Policy,* Cambridge: Cambridge University Press, 64-102.

Shugart, M. S. & Mainwaring, S. (1997) "Presidentialism and Democracy in Latin America: Rethinking the Terms of the Debate," in Mainwaring S. & Shugart, M. S. (eds.), *Presidetialism and Democracy in Latin America,* Cambridge: Cambridge University Press, 12-54.

Siaroff, A. (2003) "Comparative Presidencies: The Inadequency of the Presidential, Semi-Presidential and Parliamentary Distinction," *European Journal of Political Research,* 42: 287-312.

Skach, C. (2005) "Constitutional Origins of Dictatorship and Democracy," *Constitutional Political Economy,* 16 (4): 347-368.

Stepan, A. & Skach, C. (1993) "Constitutional Frameworks and Democratic Consolidation: Parliamentarism versus Presidentialism," *World Politics,* 46 (1): 1-22

Volkov, V. (2008) "Russia's New "State Corporations": Locomotives of Modernization or Covert Privatization Schemes?" *PONARS Eurasia Policy Memo No. 25.*

Зуйков, А. В. (2008) Институт президентства в России: конституционная модель, современные реалии и перспективы развития. Конституционный вестник, 19 (1): 171-179.

Федеральная служба государственной статистики (Росстат) (各年) Российский статистический ежегодник: Статистический сборник. М.

安達祐子（2016）『現代ロシア経済——資源・国家・企業統治』名古屋大学出版会。

粕谷裕子編（2010）『アジアにおける大統領の比較政治学——憲法構造と政党政治からのアプローチ』ミネルヴァ書房。

粕谷裕子・東島雅昌（2017）「選挙権威主義からの民主化——議院内閣制の脅威？」日本比較政治学会編『日本比較政治学会年報第19号　競争的権威主義の安定性と不安定性』ミネルヴァ書房，1-30。

長谷川雄之（2015）「プーチン政権下の現代ロシアにおける政治改革と安全保障会議——規範的文書による実証分析」『ロシア・東欧研究』第43号：69 - 88。

兵頭慎治（2012）「国家安全保障政策の決定過程におけるロシア連邦安全保障会議の役割」『コスモポリス』No. 6：1-10。

待鳥聡史（2016）『アメリカ大統領制の現在——権限の弱さをどう乗り越えるか』NHK出版。

溝口修平（2011）「政党システムの分岐点——ロシア，ウクライナにおける政治エリートの連合再編過程の比較分析」仙石学・林忠行編『ポスト社会主義期の政治と経済——旧ソ連・中東欧の比較』北海道大学出版会，177-201。

―――（2016）『ロシア連邦憲法体制の成立――重層的転換と制度選択の意図せざる帰結』北海道大学出版会。
―――（2017）「ロシアにおける1993年憲法体制の成立と変容――憲法改正なき変容から憲法改正を伴う変容へ」『レヴァイアサン』第60号。

第10章

議院内閣制の「大統領制化」から「大統領制化」された大統領制へ[1]
―― トルコにおけるリーダーシップと改憲国民投票

岩坂将充

1 トルコにおける執政制度の移行の試み

トルコ共和国は，これまで1924・1961・1982年と三つの憲法のもとで運営されてきたが，1961年憲法以降はいずれも明確な議院内閣制を掲げており，執政権は長らく内閣のもとに置かれてきた[2]。2018年10月現在の公正発展党（Adalet ve Kalkınma Partisi＝AKP）政権も，2003年3月以降は党首であるエルドアン（Recep Tayyip Erdoğan）が首相を務め，国政を担ってきた。しかし，2007年10月の改憲によって大統領が議会選出から国民による直接選出へと変更され，変更後最初の大統領選挙を迎えた2014年8月には，エルドアンがこれに出馬・当選し，トルコ初の国民選出による大統領として，実質的に執政府の長となり政治を動かしていくこととなった（岩坂 2016b）。

このような状況のなか，2017年4月に，次期大統領選挙・議会選挙（2019年11月同時実施予定）からの大統領制への移行を主眼とする改憲に関する国民投票が実施された[3]。そして即日開票の結果，改憲への賛成票が51.4%，反対票が48.6%となり，約140万票という僅差ながらも，改憲が認められることとなった[4]。投開票日の夜半には，ユルドゥルム首相（Binali Yıldırım）による勝利演説ののち，エルドアンも会見・演説を行い，「全国民の勝利」や「文民政治の手による変革」をアピール，同時に対 EU 関係での懸案事項である死刑制度の復活についても言及し，自身の出身政党でもある与党 AKP，そしてトルコ民族主義を掲げ議会主流派が AKP とともに賛成に回った民族主義者行動党（Milliyetçi Hareket Partisi＝MHP）の両党党首との協議を始める用意があるとした。しかしその一方で，野党第一党・共和人民党（Cumhuriyet Halk Partisi＝CHP）のクルチダルオール党首（Kemal Kılıçdaroğlu）やクルド系市民に基盤をもつ人民民主党（Halkların Demokratik Partisi＝HDP）幹部を含む反対派陣営は，高等選挙委員会に

215

違法行為があったと訴え，票数にして250万票ほどが不正であると主張，街頭でも反対派がデモを行う事態となった。これに対し，エルドアン大統領は自らの支持基盤である AKP（と MHP の一部）以外を切り捨てたかたちでの政権運営を実施する構えを見せ，対決姿勢を鮮明にした。そしてこの構図は，2019年11月から2018年6月へと大幅に前倒しされた大統領選挙・議会選挙でエルドアン大統領が再選を果たし，大統領制に完全に移行したことで，決定的なものとなった[5]。

　こうした対立あるいは亀裂の深刻化は，この改憲が単なる大統領制への移行にとどまらず，トルコにおける建国以来の政治的リーダーシップのあり方を大きく変化させるものであることを示唆している。本章では，エルドアンと彼が率いる与党 AKP，そして国民投票の分析を通して，トルコの議院内閣制において生じていた政治の「大統領制化（presidentialization）」という現象が，改憲を経て執政制度が大統領制への移行へと向かっていたその途上においても引き続き進行した状況と，その背景にある構造的原因を明らかにしたい。

　本章の構成は以下のとおりである。まず次節では，政治の「大統領制化」の構造的原因を，トルコの事例について確認する。そのうえで，政治の「個人化」との区別をあらためておこなう。第3節では，首相時代から続くエルドアンのリーダーシップを「大統領制化」との関係から読み解き，それが改憲によってどのように変化したのかを分析する。第4節では，改憲国民投票によってリーダーシップの重要度が増したこと，そして社会的亀裂が変化しつつも継続したことで，トルコで「大統領制化」がさらに進行したことを明らかにする。そして第5節では，改憲国民投票を経てトルコが「大統領制化」された大統領制へと移行していった状況を示すものとする。

2 「大統領制化」と構造的原因

（1）「大統領制化」を導く原因

　トルコでの政治の「大統領制化」現象は，改憲国民投票が実施される前の段階においても，執政府・政党・選挙というそれぞれの側面について明確に観察され，その背景に構造的原因が確認されたことで存在が明らかとなった（岩坂 2016b）。ここでは，大統領制への移行を視野に入れた状況下でも引き続き政治の「大統領制化」が進行していることを確認するため，今一度，トルコにおける「大統領制

化」の原因を整理しておきたい。

　ポグントケ（Thomas Poguntke）とウェブ（Paul Webb）によると，政治の「大統領制化」の根底には大きく四つの構造的原因が存在しているとされる（Poguntke and Webb 2007＝2014：22）。これらは，① 政治の国際化，② 国家の膨張と複雑化，③ マスコミュニケーション構造の変化，④ 亀裂の衰退であり，それぞれが三つの領域，つまり執政府・政党・選挙での「大統領制化」のうちの一つあるいは複数を招くこととなる。トルコの事例において，こうした「大統領制化」の長期的・構造的原因の有無やそれらが影響を与える三つの領域を確認すると，トルコにおける「大統領制化」の特徴が浮かび上がってくる。

　まず，① 政治の国際化に関しては，トルコは他の現代民主主義諸国と同様に，NATO ならび EU（EC）といった国際・地域統合体とも早い時期からかかわり，グローバル・イシューへの取り組みを続けてきた。こうした点から，トルコでも政治的リーダーや政府幹部が，内閣や議会を承認組織化しており，国内政治の大部分の決定を担っている状況にあるといえる。とくに，1999年末の EU 加盟候補国化とそれに続く加盟プロセスでは，執政府の長が，EU 加盟のために不可欠な政策・改革として国内の政治的反対派を抑える構図がみられた。

　② 国家の膨張と複雑化（国家の肥大化）についても，トルコでは官僚機構の複雑化や専門化の進行にともない，執政府長の調整機能が重要となったことで，これが生じているといえる。そしてここでも① 政治の国際化と同様に，EU が担ってきた役割は非常に重要である。EU 加盟プロセスにおける「民主化」の進展によって，トルコの執政府への集権化は EU 加盟国と同様の水準にまで達しており，トルコも「大統領制化」の背景としてこうした構造的原因を有しているといえるだろう。

　③ マスコミュニケーションの構造化については，トルコでは1980年代から1990年代にかけてテレビのカラー放送の拡大が一つの契機であったといえる。それにともない，メディアが政策よりも政治的リーダー個人やそのイメージに注目するようになった過程は，他の多くの国で生じている現象と同様である。そしてこれに重なるようなかたちで，トルコではアメリカの手法を取り入れた広告代理店が選挙キャンペーンに参加し始め，次第に複数の政党が党の顔として党首個人をクローズアップするキャンペーンを採用した（岩坂 2016b：145）。こうした傾向は，やはり上記二つのように他国とも共通しているものであるといえる。

しかし，④ 亀裂の衰退に関しては，トルコの状況をより精査する必要がある。トルコにおける社会的亀裂政治や，それが基づく社会のイデオロギー的対立は，他の現代民主主義諸国のそれとは異なるかたちで発展し，展開してきた。トルコにおける社会的亀裂は，1990年代には「世俗主義 - 親イスラーム」の間が顕著であり，とりわけ軍が前者の中心的アクターとして政治介入をおこなう状況が存在していた。これが2000年代に入ると，EU 加盟プロセスにおいて「民主化」が推進される過程で「旧体制 - 改革」ないし「世俗主義体制（国家）- 国民」の構図へと上書きされ，後者の代表として AKP が国内政治で覇権を握ることとなった（岩坂 2019）。しかし，ジャーナリストや大学関係者に圧力を掛けるなど AKP 政権が強権化の傾向を示し始めたことや，2013年に生じた大規模な反政府抗議運動とそれへの対応によって，現在の構図は「エルドアン（AKP）- 反エルドアン（反 AKP）」へと再度変化している。

このように，トルコではかたちを変えながら依然として亀裂が存在しているといえるが，同時に，亀裂においても個人がより注目されるようになっていることが分かる。政治的リーダー個人への注目は，AKP・エルドアンにのみ限定されるわけではなく，野党においても党首が注目を集めている。特に，CHP 党首であるクルチダルオールが，2016年7月クーデタ未遂後の政府の施策に対する抗議としておこなった，アンカラからイスタンブルまでを踏破する「正義の行進（Adalet yürüyüşü）」とその後の大規模集会は，従来のクルチダルオールの知性派としてのイメージを大きく塗り替える非常に行動的なパフォーマンスとして大いに注目を集めた（Hürriyet, 9 July 2017）。これは，クルチダルオールが政治的リーダーのイメージの重要性を熟知していたことで，より世論に強く訴えかける手法を採用し，成功したものである。

これらのトルコでみられる現象は，「大統領制化」の原因として大部分が他の現代民主主義諸国とも重なっている。こうした原因は執政府・政党・選挙での「大統領制化」に影響を与えていると考えられるが，トルコの事例では政党における「大統領制化」に影響するものとして，これらに加えて政党法の存在も重要である。トルコの政党法（Siyasi Partiler Kanunu，法律第2820号，1983年4月）は，選挙や政党そのものにおけるリーダーの自律性を支えるものである。リーダーが党員らに説明責任を負わず最終決定権を保持する「権威主義的構造」は，現在でも継続しているとされる（Ayan Musil 2011：104-114, 144）。そしてこれはもちろ

ん，政党・選挙という重要な側面における「大統領制化」を導くものである（岩坂 2016b：146-147）。

（2）政治の「大統領制化」か「個人化」か

トルコ固有の状況があるものの，このような他の現代民主主義諸国とも共通した背景があることを考えると，やはりトルコでは政治の「大統領制化」を導く構造的原因が存在しているといえるだろう。ただ，現在のトルコの政治状況においては，エルドアンを筆頭として政治の「個人化（personalization）」が生じているという議論も存在する。では，トルコの事例において政治の「個人化」はどのようにとらえることができるのだろうか。

政治の「個人化」と「大統領制化」とのもっとも大きな違いは，前者が当該のリーダー個人（この場合はエルドアンのみ）にそなわっている特有の資質のみへの注目を表しており，後者はリーダーだけではなく社会やメディア構造の変化といった構造的原因をも包含している点にある。パッサレッリが指摘するように，候補者中心の選挙キャンペーンのように「大統領制化」をともなわない「個人化」がありうる一方で，「大統領制化」が生じる場合には「個人化」も一定程度生じていると考えられる（Passarelli 2015：8-9）。また同時に，「大統領制化」は，構造的変化であるがゆえに「個人化」に比べてより長期的な現象であるということができる。

このように「大統領制化」と「個人化」をとらえた場合，前節で述べたように，トルコの事例は長期的・構造的原因を背景とする政治の「大統領制化」現象であると同時に，政治の「個人化」も大きな割合で含んでいるといえる。これはエルドアンや前述のクルチダルオールだけではなく，他の野党党首においても指摘できる。HDP 共同党首であったデミルタシュ（Selahattin Demirtaş）は，2014年8月大統領選挙に出馬し，それまで単にクルド系と目されていた党を政治的多元主義へと昇華させ，9.8%という得票率を実現，2015年の二つの総選挙でも HDP の議会議席獲得に大きく寄与した（Milliyet, 18 August, 2014）。また MHP 党首であるバフチェリ（Devlet Bahçeli）も，エルドアンや AKP がトルコ民族主義に接近したことを機に，2015年11月総選挙以降に独断で AKP との事実上の連立ともいえる協力状態を作り出し，党首選をめぐって反対派を排除，党の分裂を招いた[6]（岩坂 2016a；Milliyet, 8 April 2016）。

改憲国民投票後も，こうした政治の「個人化」にとどまらず「大統領制化」が進行していると判断するためには，ポグントケとウェブが挙げた構造的原因を踏まえつつ，以下のような点に注目する必要がある。すなわち，執政府・政党・選挙という三つの領域における「大統領制化」現象の確認，より具体的には，① 執政府内および，② 党内におけるリーダーシップの権力資源と自律性の増大，そして，③ リーダーシップを重視するようになった選挙過程，である (Poguntke and Webb 2007 = 2014：7)。以下，改憲国民投票の前後においてもこうした状況が継続しており，議院内閣制における「大統領制化」から大統領制における「大統領制化」へと進行していることを，トルコの国内政治状況を確認することで，明らかにしたい。

3　エルドアンのリーダーシップ

（1）「行動的大統領」エルドアン

　トルコにおける政治の「大統領制化」の現状を分析するために，ここではまず，現在にいたるまで15年近くにわたり事実上執政府の長を務めてきたエルドアンに焦点を当て，そのリーダーシップや権力集中の状況を確認する。

　2002年11月以降継続している AKP による単独政権は，2015年6月総選挙後の数か月の中断を除いて，長期にわたって継続してきた。AKP 政権は，軍を中心とする旧体制の変革を目指し，EU 加盟という大義をある種利用するかたちで「民主化」を推進，軍の政治への影響力の排除を実現するとともに，高い経済成長率を達成してきた。その一方で，2013年半ば頃からトルコ各地に拡大した大規模な反政府抗議運動を，時には警察による暴力も用いるかたちで鎮圧し，反政府的とみなした勢力に対しては圧力を強めていった。

　このような，ときには「民主化」という観点からは相反するような施策もとってきた AKP 政権は，結党時の党首であり，2014年8月まで首相を務めたエルドアンによって牽引されてきた。1994年3月にイスタンブル広域市市長として政治家キャリアを開始したエルドアンは，1999年3〜7月の禁錮期間[7]を経たのち，2001年8月に AKP を結党，初参加となった2002年11月総選挙で議会（一院制）の全550議席中363議席（得票率34.4％）を獲得したことで単独政権を樹立し[8]，与党党首として国政の頂点に登りつめた。以降エルドアンは，今日にいたるまで

第10章　議院内閣制の「大統領制化」から「大統領制化」された大統領制へ

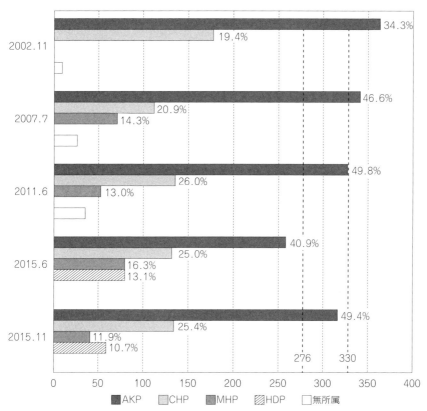

図 10 - 1　トルコにおける総選挙（2002〜2015年）での各党の獲得議席数と得票率
注：横軸は議席数（過半数は276議席，5分の3は330議席），%は得票率を表す。
出典：トルコ統計機構ウェブサイト（http://www.tuik.gov.tr/）より筆者作成。

すべての総選挙で AKP を議会第一党に導いている。

エルドアンは，2003年3月から AKP 党首かつ首相として党と政府を率いていたが，2014年8月大統領選挙に出馬，第1回投票で過半数（51.8%）を得票したことで大統領に就任した。現行憲法である1982年憲法（議院内閣制時代）では，大統領は象徴的・儀礼的な役割が強く，あくまでも議院内閣制が志向されていたことから，大統領の権限は限定的であり政治的中立性が求められていた。しかしエルドアンは，「行動的大統領（aktif cumhurbaşkanı）」を標榜し，憲法規定によって AKP の党籍は離脱したものの，首相（AKP 党首）をはるかにしのぐ党・政

221

治の権力者として強烈な存在感を示し続けた。

　本来，議院内閣制時代のトルコでは，大統領の憲法上の権限はあまり大きくなかった。憲法第8条では，執政権は大統領と内閣に属すると規定されていたが，同第104条で示された大統領の権限や任務を除いては，内閣およびその長たる首相が行使してきた。執政にかかわる大統領の限られた権限には，例えば，首相の任命と辞任の承認，首相の提案に基づく大臣の任免，必要に応じての閣議の議長担当と招集，参謀総長の任命，国家安全保障会議（Milli Güvenlik Kurulu, MGK）の議長担当と招集，閣議決定による戒厳令・非常事態布告，政令（kararname）への署名と発布などがある。そのため，より重要度の高い議会の解散や閣僚の任免については，その判断を下すのは首相であり，大統領はあくまでもそれを承認する立場にとどまってきた。大統領は，「共和国と国民の一体性を代表する国家元首」（第104条）として，「国家諸機関の秩序立ち調和の取れた活動を後見する」（同）べく中立であることが求められてきたのである。大統領が議会選出であった頃には，当選には概して議会議員総数の3分の2以上の得票が必要であったため（第102条），大統領候補は必然的に議会第一党以外からの支持も得なければならず，制度的にもその中立性が幾分保障されていたといえる（Yazıcı 2013：130-131）。

　しかしエルドアンは，大統領就任以前から，憲法で求められていた大統領像に縛られない，新しい大統領としての方向性を打ち出していた。エルドアンによると，軍を中心とする旧体制では，前述の憲法第104条の「後見（vesayet）」とはあくまでも「体制」の「後見」であり，真の意味で中立ではなかったという。直接選挙による大統領の選出は，国民の側に立った大統領の誕生を意味するとされ，実際に大統領選挙の勝利演説では，エルドアンは後見体制の終焉と全国民の代表としての大統領となることを宣言した（Hürriyet, 11 August 2014）。

　エルドアンが「行動的大統領」としての本領を発揮し始め，執政府・政党・選挙におけるリーダーシップが顕在化したのは，2015年6月総選挙に向けて与野党の動きが活発化した頃からであった。出身政党である AKP や政府を演説において支援するとともに，半ば公然と AKP 候補者名簿の作成にも関与したとされる。欧州安全保障協力機構民主制度・人権事務所（OSCE/ODIHR）による選挙に関する調査でも，中立であるはずの大統領が露骨に AKP を支援し野党を批判したとの指摘がなされており（OSCE/ODIHR 2015：14），候補者名簿には当時首相で

あったダヴトオールに対しエルドアンの介入があったといわれている（Hürriyet, 6 April 2015, 7 April 2015）。

また，AKPのマニフェストにも，内閣および首相がもつ執政権をエルドアン大統領に公式に付与する大統領制が，「効率的に機能する統治モデル」として描かれ，その導入を目指すことが明記された。そこでは，直接選挙によって選出された大統領職を「後見的役割から解放された」と非常に肯定的に位置づけたうえで，現行制度で起こりうる首相と大統領の出身政党が異なる「ねじれ」を避けるためにも，大統領制の導入が必要であると主張された（AKP 2015：38-39）。

2015年6月総選挙では，AKPが議会第一党を維持したものの過半数に届かず，また連立交渉も不調であったことから，同年11月に再度総選挙が実施された。ここでAKPは，保守政党9)である自党に比較的近い，トルコ民族主義を標榜するMHPの切り崩しと取り込み，そして6月総選挙以降に悪化した治安の回復を達成するための安定した政権運営を強調した戦略を成功させ，再び単独政権に返り咲いた（316議席）。しかし，エルドアンの目標であった，大統領制導入改憲案の議会承認に必要な367議席（国民投票不要）あるいは330議席（国民投票による承認必要）には届かず，その後エルドアンおよびAKP政権は，必要な議席を確保するためMHPへの接近を積極的に進めることとなった（岩坂 2016a）。

こうしたトルコ民族主義との結びつきは，同時に，トルコ国内の少数民族で広範な自治を求めるクルド系勢力との対立を深刻化させた。政府が「テロ組織」と認定するクルディスタン労働者党（Partiya Karkerên Kurdistanê, PKK）と治安部隊との衝突回数は顕著に増加し，クルド系政党の流れをくむHDPはPKKとのつながりを疑われ，議会第三党にもかかわらず党首を含む議会議員が相次いで逮捕される事態となり，政党政治からは事実上排除されていった。このような状況は，必然的に社会不安と治安悪化をもたらし，2016年7月に生じたクーデタ未遂事件をある種の「追い風」として，国民の間に「国民の側に立つ強力なリーダー」を待望する空気を醸成したといえよう。

（2）改憲内容と「大統領制化」

このように，エルドアンの執政府・政党・選挙におけるリーダーシップは，2017年改憲国民投票にいたるまでの間も，十分に発揮されるとともに，次第に強化されてきた。それでは，そのリーダーシップは改憲を経てどのように変化する

表 10-1 「トルコ共和国憲法改定に関する法律」概要

	概　　要		概　　要
△第1条	司法の中立性	◎第10条	副大統領
○第2条	議会議席数増	◎第11条	議会解散権
○第3条	議会議員被選挙権年齢の変更	◎第12条	非常事態宣言
○第4条	議会議員任期の延長	△第13条	軍事裁判所の廃止
○第5条	議会権限の1部廃止	△第14条	裁判官検察官委員会の改組
○第6条	議会の国政調査権	◎第15条	予算および決算
◎第7条	大統領候補者資格	―第16条	上記条文にともなう変更
◎第8条	大統領権限	―第17条	次期選挙実施日
◎第9条	大統領弾劾裁判	―第18条	改憲条文施行時期等

注：◎大統領，○議会，△司法機関にそれぞれ主に関連するもの。―はその他。
出典：『トルコ共和国官報』第29976号（Resmî Gazete, Sayı : 29976）より筆者作成。

こととなったのだろうか。ここでは，「大統領制化」が生じる前述の三つの領域に注目し，確認をおこないたい。

　エルドアンおよび AKP 政権による働きかけが功を奏し，2016年末頃までには MHP 議会議員の大多数が改憲に賛同したことで，改憲に関する法律の成立に必要な330議席を上回る議席数が確保された。2016年12月にはより具体的な改憲案が検討され，2017年1月には議会に提出された18条すべてが成立した。これらは，一括して国民投票に諮られたが，それぞれの主な内容は表10-1の通りである。

　ポグントケとウェブによると，執政府における「大統領制化」とは，端的に「政党を無視した統治」（Poguntke and Webb 2007 = 2014 : 12）と表現することができ，政党における「大統領制化」は「個人化されたリーダーシップへの移行」（ibid.: 13），選挙における「大統領制化」は「リーダーによる支配への移行」（ibid.: 14），ということができる。三つの領域における「大統領制化」をこのようにとらえた場合，この改憲によって正式に執政府の長となる大統領にかかわる変更は，次のようにまとめられる。

- 執政権は大統領に属する（第8条）♠
- 国内外の政治に関し議会に意見を述べる（同上）♠♥
- 1名または複数の副大統領，閣僚および上級行政官を任免する（同上）♠
- 国家安全保障政策を決定し必要な措置をとる（同上）♠♥
- 大統領令および規則を発令する（同上・第16条）♠

224

第10章　議院内閣制の「大統領制化」から「大統領制化」された大統領制へ

- 議会解散権を有する（第11条）♠♥
- 非常事態を宣言する（第12条）♠
- 予算案を提出する（第15条）♠
- 党籍を離脱する必要はない（第18条）♥◆

(注)　♠執政府，♥政党，◆選挙における「大統領制化」にそれぞれ関連するもの

　大統領が国民による直接投票で選出される点や，任期5年・2期までといった規定は従来通りであるが，執政権の所在を明確にしたことをはじめ，第8条を中心に大統領の執政府におけるリーダーシップや執政府の自律性の確立がもたらされることとなった。さらに，大統領が政党（ないし立法府）に拘束されない，あるいは大統領令の発令や非常事態の宣言など立法権の一部を有するともみなしうる内容が盛り込まれていることにも，注意が必要である。これまでは，大統領令（第16条）は大統領府に関するものに限定されていたが，改憲案では執政にかかわる様々な事柄を対象としている。また非常事態（第12条）についても，従来の2種類の区分を撤廃し，あわせて戒厳令を廃止すること，ならびに宣言を閣議決定から大統領個人の決定へと変更することに，特徴がみられる。これらに加えて注目すべきなのは，予算案の提出権が大統領にあるという点である（第15条）。大統領が議会に提出した予算案は，予算委員会にて精査されたのち，議会の承認を受けて成立する。しかし，改憲案では予算委員会の構成についての言及はなく，大統領に近い委員で占められる可能性も十分に存在している。こうした改憲内容は，執政府の自律性とあいまって，大統領個人のリーダーシップを増大させるものであるといえる。

　また，政党における「大統領制化」も，この改憲案では着実に進展がみられる。大統領制への移行にともない，内閣の任務などに関する憲法条文は削除となるほか（第16条），議会議員の任期は4年から大統領と同じ5年に延長され，議会選挙も大統領選挙と同時におこなわれることとなった（第4条）[10]。さらに議会解散権（第11条）は，議会も議席総数の5分の3の賛成を満たすことで行使できるが，いずれにしても同時に大統領も失職し，大統領選挙・議会選挙がやはり同時に実施される。このことは，大統領の政党への所属を認めたこともあり（第18条），必然的に大統領の所属政党への影響力保持を招くとともに，これまでと同様に選挙での候補者選定などへの関与も継続させることにつながるといえる。とくに，大統

領が政党党首を兼ね，さらに議会多数派と大統領の所属政党が一致した場合には，大統領は事実上議会をコントロール下に置くことが可能となる。

一方，立法府（政党・議会）や司法府の自律性や影響力は，このような大統領への権限の付与に比して，著しく縮小される傾向にある。立法府に関しては，議会が大統領や副大統領・閣僚を罷免することは，大統領自身が議会解散を決定することに比べ，制度上非常に困難となっている点が重要である。議会において，大統領や副大統領・閣僚に対する審問を発議する際には議席総数の過半数が，また審問の開始には同5分の3以上が必要である（第9条・第10条）。審問は，議員によって構成される委員会にておこなわれ，議会はそこでの報告書をもとに弾劾裁判所へ提訴することもできるが，これには議席総数の3分の2以上が求められる（同上）。さらに，弾劾裁判は憲法裁判所によって実施されるが，後述するように裁判官の多数は大統領によって任命されることも考慮しなければならない。

司法府は，大統領の人事権の増大にともなって，その自律性が大きく揺らぐ可能性がある。まず，裁判官や検察官の人事をつかさどる裁判官検察官高等委員会は，名称から「高等」が削除され，委員も22名から13名へと削減，同委員会の委員長を務める法相と常任委員を務める法務省事務次官を除いた委員の選出も，大統領（4名）・司法諸機関（計16名）によるものから大統領（4名）[11]・議会（7名）へと変更される（第14条）。あわせて，大統領令も含め違憲審査を担当する憲法裁判所についても，裁判官が17名から15名となり，大統領がその大半である12名を任命することとなる（第16条）。こうした司法機関の構成に対して加えられた変更の影響は，改憲案第1条にある司法の中立性規定のみでは補いきれない程に大きいといえる。

こうした立法府や司法府の「弱体化」を含む制度上の変更は，単なる大統領制の導入以上に重要な政治的転換をもたらしうるものといえる。つまり，改憲によって大統領（執政府）は多くの権限のみならず，大統領選挙・議会選挙の同時実施などの，議会多数派と大統領の所属政党の一致をうながす仕組みゆえに，憲法規定以上に立法府に影響力を行使しうる環境も得るのである。また，司法府も人事を通して大統領の影響下に置かれることから，改憲案が承認されすべての条文が施行された際の大統領は，非常に大きな権限を様々な場面で行使しうることが見込まれた。これはまさに，「大統領制化」された大統領制であるといえ，理念的な大統領制が権力分立を導くものであるならば，この改憲案では大統領への

権力集中が志向されているといえるだろう。

4　2017年改憲国民投票

（1）国民投票前夜の状況

　このような改憲案に対し，改憲案賛成派・反対派はともに2月下旬の活動解禁から各地でキャンペーンを展開し，国民投票における有権者の支持獲得を目指した。国民投票の実施が近づいても，賛成／反対のいずれかが圧倒的に優位な状況にはならず，各種調査機関でも拮抗が予想された。

　賛成派は，AKPとMHP議会主流派が精力的に活動し，その主張や演説について連日報道が行われた。AKPは直近の2015年11月総選挙で50％近くを得票し勝利したものの，同年6月総選挙では得票率は40％程度にとどまっていた（図10-1を参照）。この差は主に，6月総選挙時にマニフェストに掲げられた大統領制導入に反対しながらも，11月総選挙では安定を求めた人々に由来すると考えられる。また，議会主流派が賛成に回ったMHPも，議会外や従来の支持層には，大統領制導入に否定的な人々が数多くいるといわれていた。

　一方，反対派は，CHP，HDP，MHP議会反主流派が中心となり，改憲は独裁体制や国民間の分断を導くとして運動を展開した。これには，多くの労働組合やトルコ弁護士連合会などの組織も同調したが，反対派が絶対的に優位に立つまでには至らなかった。また，野党勢力がこれまでの選挙で「無敗」を継続しているエルドアンに有効な対抗策を打ち出せていない点や，トルコの過去6回の国民投票で反対票が過半数を獲得したのは1度だけである点[12]なども，反対派にとっては不安材料であった。

　こうした状況下で，エルドアン自身が果たした役割は大きい。国民投票前の9か月間において，エルドアンは自ら改憲案賛成をうったえて積極的なキャンペーンをおこなった。これによって，AKP支持層のうち国民投票での方針を決めていないとした人々の割合は20％超から4％にまで減少，賛成票を投じるとした人々は70％程度から90％超にまで増加した（KONDA 2017：73-74）。また，エルドアンの動向を受けて，CHPによる反対派キャンペーンが，むしろエルドアンへの言及を避けて制度的問題点を意識したものへと変化させたことは（Hürriyet, 2 March 2017；Sabah, 11 March 2017），選挙における「大統領制化」現象を逆説的

表 10-2　トルコにおける過去の国民投票結果

	1961	1982	1987	1988	2007	2010	2017
賛成	61.7%	91.4%	50.2%	35.0%	69.0%	57.9%	51.4%
反対	38.3%	8.6%	49.8%	65.0%	31.0%	42.1%	48.6%
投票率	81.0%	91.3%	93.4%	88.8%	67.5%	73.7%	85.4%

出典：トルコ統計機構ウェブサイトより筆者作成。

に裏付けるものとして興味深い。

　このように，改憲国民投票においてもエルドアン個人の存在感は極めて大きく，選挙における「大統領制化」の傾向がここでもみられることとなった。また，AKP 党首であるユルドゥルム首相やそのほか AKP 議員も，改憲によって首相職の廃止や立法府の「弱体化」が確実であるにもかかわらず大統領制への移行をうったえており，ここに政党における「大統領制化」現象も観察することができるといえよう。

（2）国民投票の結果：僅差と社会的亀裂

　改憲国民投票の結果は，前述のように賛成派の僅差での勝利に終わった。この僅差は，キャンペーン中からある程度予想されていたものの，実際の結果を分析すると，さらなる政治の「大統領制化」を導く重要な社会的亀裂の存在が見えてくる。

　トルコでは，前述のように2014年8月に初の国民の直接選挙による大統領選挙が実施され，第1回投票でエルドアンが過半数を得票し大統領に選出されたが，今回は改憲に関する国民投票であったものの，賛成派はこれに極めて近い得票率・得票分布となった。具体的には，今回の国民投票では，CHP の地盤であるエーゲ海・地中海沿岸と，クルド系の人々が多く HDP が強い南東部・東部を除いて，ほぼすべての県で賛成票が上回ったという点で，大統領選挙時のエルドアン票との類似点が見える。この点からも，今回の国民投票はエルドアン大統領の信任投票の意味合いもあったといえ，執政制度としての大統領制の選択でありながら，やはりエルドアンのリーダーシップを想定した「エルドアンが大統領を務める大統領制」が承認されたという側面があるといえる。

　しかし，大統領選挙と今回の国民投票との間には，重大な違いもある。それは，

これまで AKP やエルドアンが勝利してきた，イスタンブルやアンカラといった大都市で，反対票が上回ったことである。この背景には，国民投票で AKP と協力関係にあった，MHP の支持層の多くが，予想を上回る反対票を投じたことが挙げられる。MHP 議会議員の大多数は今回の改憲に賛同していたが，支持層の多数は，大統領制移行というトルコ政治の大転換に否定的であったといえる（KONDA 2017：75）。

ここには，第2節第1項で指摘したような，トルコ政治における社会的亀裂をみることができる。トルコの政治は，かつての「世俗主義 - 親イスラーム」の構図は衰退したものの，あらたな亀裂がそれを上書きしたにすぎない状況にある。賛成派キャンペーンにおけるエルドアンや AKP の主張は，国民の側に立った大統領の確立という点で，「旧体制 - 改革」という彼らの描く構図のなかに位置づけられる。そして，旧体制の象徴である軍や司法機関による政治介入の歴史は，2016年7月に発生したクーデタ未遂事件によって強烈に思い出されることとなった。この意味において，本来はエルドアンや AKP 政権の危機であったクーデタ未遂事件も，賛成派に追い風となったといえるだろう。

旧体制が非民主的な性格を有していたことから，エルドアンが首相時代に推進してきた，「政治の文民化（＝軍の政治的影響力の排除）」による旧体制の切り崩しは，CHP などにも一定程度受け入れられてきた。トルコにおいて，2000年代前半に「民主化」が大幅に進展したとされるゆえんである。また，2013年7月にエジプトでムルシー大統領（Mohamed Morsi）が軍に打倒された事件，そして前述の2016年7月のクーデタ未遂事件では，AKP はもとより，CHP・MHP などの関係者も強い非難声明を発した。国民投票キャンペーンで，エジプトでムルシー支持を意味する4本指を掲げるサインを賛成派が多用していたのは，AKP の親イスラーム的な支持層へのアピールもありながら，旧体制との対決姿勢を示すものであった。

しかし一方で，これまでの議院内閣制のトルコにおいては，一人の政治家に権力が集中することは，あくまでも例外的であった。たとえば，1990年代に辣腕をふるったオザル（Turgut Özal：1983～1989年首相，1989～1993年大統領）は，大統領時代のアクブルト首相（Yıldırım Akbulut）や出身政党で単独政権を担っていた祖国党（Anavatan Partisi, ANAP）に対し強い影響力を有していたが[13]，オザルの死後はこうした政治家は現れていなかった。そのため，軍に代表される旧体

制そのものには批判的でありながらも，大統領制への移行によってエルドアンへの権力集中が制度化される点，そして彼個人の思想信条が政治に反映されやすくなる点に懸念が広がっており，改憲国民投票を経て「エルドアン（AKP）－反エルドアン（反 AKP）」という構図へと亀裂が変化しているといえる。

5 「大統領制化」した大統領制へ

　改憲国民投票をめぐるトルコ政治をこのようにとらえた場合，政治の「大統領制化」現象は，大統領制への移行を視野に入れた状況下でも引き続き進行していたといえる。これは，議院内閣制の時代からの構造的原因（政治の国際化・国家の膨張と複雑化・マスコミュニケーション構造の変化・政党法）によって導かれ，執政府・政党・選挙それぞれの側面において現れたものであった。しかし，大統領制への移行を目指す段階で，他の現代民主主義諸国において「大統領制化」に資するとされる亀裂の衰退がトルコでは見られず，むしろかたちを変えながら亀裂が存続することでリーダー個人の存在感が増し，さらなる「大統領制化」の進展につながることとなった。そしてもちろん，改憲内容の実現によって「大統領制化」は確固たるものとなる。2018年6月へと大幅に前倒しされた大統領選挙・議会選挙にともない，大統領制への移行は再選を果たしたエルドアン大統領のもとで実現した。政治の「大統領制化」の構造的原因を有するトルコにおいて，「大統領制化」された大統領制が誕生することとなったのである。

　トルコにおける今回の改憲は，エルドアンが議院内閣制における「大統領制化」の過程においてすでに有していた権力を大統領制への移行により制度化したという側面が強いが，ここで指摘したような長期的・構造的原因が重要な背景として存在している。また，大統領の党籍離脱に関する条文の廃止やエルドアンのAKP党首への再就任などが改憲承認直後から速やかに始まったことは，「大統領制化」への重要な布石であった[14]。そして，エルドアンが再選を果たしたことで，トルコはこれまで経験したことのない，政治的リーダー個人への制度的な権力集中——国家元首・執政府の長・議会第一党党首を兼ねる人物の誕生——を目の当たりにすることとなった。それが今後のトルコ政治にどのような影響を与えることになるのか，その適切な分析のためにも政治の「大統領制化」の視点は不可欠であるといえるだろう。

注

1) 「大統領制化された大統領制」の概念は，(Poguntke and Webb eds. 2007［岩崎監訳 2014］：8）による．
2) 1924年憲法における執政制度をどのように分類するのかについては，議論がわかれている．執政権は，議会が選出する大統領と，その大統領が任命する首相，そして首相によって選出され大統領によって承認された内閣をとおして，立法権とともに議会によって担われる（第7条・第44条）。議会は4年の固定任期制で内閣を罷免する権限を有し（第7条），大統領も議会と同周期の固定任期制で議会に責任を負う（第31条・第41条）。大統領が執政府の長であるが，議会選出であり，また憲法上は議会の優位性を強調していることから，典型的な大統領制であるとは言いがたく，より議院内閣制に近い．執政府の事実上の長は，大統領と首相との関係性によるところが大きく，1923～1950年の CHP 政権時代には大統領が，1950～1960年の民主党政権（Demokrat Parti, DP）の時代には，メンデレス首相（Adnan Menderes）が実権を握った．
3) トルコ共和国憲法改定に関する法律（Türkiye Cumhuriyeti Anayasasında Değişiklik Yapılmasına Dair Kanun, 法律第6771号，2017年1月21日承認）．
4) 高等選挙委員会（Yüksek Seçim Kurulu）の発表による．投票率は85.4％であった．
5) 2018年6月24日に実施された大統領選挙では，エルドアンが52.6％を得票し，第1回投票で当選を決めた．なお，同時実施された議会選挙については，岩坂（2018）を参照のこと．
6) 反対派の多くは2016年に MHP を除名され，アクシェネル（Meral Akşener）を中心に2017年10月に善良党（İyİ Parti）を結成した．
7) 1997年12月に政治集会でイスラームを称揚する詩を朗読したことにより，宗教・人種間の敵対心を扇動した罪に問われ（刑法第312条），実刑判決が下った．
8) トルコの選挙制度は比例代表制であるが，全国での得票率が10％を超えない政党は議会に議席をもつことができない．2002年11月総選挙では，AKP と CHP のみが得票率10％を超えたため，両党は得票率以上の割合で議席を獲得した（図10−1を参照のこと）．
9) AKP は，そのルーツや党幹部の個人的信条からイスラーム主義的な政党とみなされる傾向があるが，党としては「保守民主主義（muhafazakâr demokrasi）」を標榜しており，これまでの政策もイスラーム主義的というより中道右派に近い（Akdoğan 2004）．
10) 2019年11月3日に実施予定であったが（第17条），2018年4月に同年6月24日に繰り上げることが決定した．
11) 改憲後は，法相と法務省事務次官の任免は大統領が行うことから，大統領選出委員

は実質 6 名となる。
12) 唯一，反対票が過半数を獲得した1988年国民投票では，翌年に予定されていた地方選挙の 1 年前倒しが問われていた。
13) オザルが強いリーダーシップを発揮できた背景には，ANAP が単独政権を担う議会多数派であったこと，そしてオザル自身が当時政治に積極的に関与していた軍と良好な関係を維持していたことなどがあると考えられる。ANAP が下野して以降，AKP が登場するまでトルコでは連立政権が続いた。
14) 改憲案のうち，第 2 条・第 4 条・第 7 条は同時実施となる大統領選挙・議会選挙の行程開始後，それ以外の第17条を除く条文は，新しく選出された大統領の任務開始後に施行される，となっていた（改憲案第18条）。したがって，首相府の廃止と本格的な大統領制の導入は，2018年 6 月に実施された大統領選挙・議会選挙後に行われた。

参考文献

トルコ全国紙（すべて電子版）
Hürriyet ／ Milliyet ／ Sabah
政党配布物
AK Parti [AKP]. (2015). *Yeni Türkiye Yolunda Daima Adalet Daima Kalkınma.* Ankara : Adalet ve Kalkınma Partisi.
政府関連刊行物
Resmî Gazete
トルコ統計機構（http://www.tuik.gov.tr/）

Akdoğan, Yalçın (2004) *AKParti ve Muhafazakâr Demokrasi.* İstanbul : Alfa.
Ayan Musil, Pelin (2011) *Authoritarian Party Structures and Democratic Political Setting in Turkey,* New York : Palgrave Macmillan.
KONDA (2017) *Nisan '17 Barometresi : 16 Nisan Sandık ve Seçmen Analizi.* İstanbul : KONDA.
Office for Democratic Institutions and Human Rights, Organization for Security and Co-operation in Europe [OSCE/ODIHR] (2015) *Republic of Turkey, Parliamentary Elections 7 June 2015 : OSCE/ODIHR Limited Election Observation Mission Final Report,* Warsaw : OSCE/ODIHR.
Passarelli, Gianluca (ed.) (2015) *The Presidentialization of Political Parties : Organizations, Institutions, and Leaders,* New York : Palgrave Macmillan.
Poguntke, Thomas and Paul Webb (eds.) (2007) *The Presidentialization of Politics : A Comparative Study of Modern Democracies,* New York : Oxford University Press.

T・ポグントケ／P・ウェブ編，岩崎正洋監訳（2014）『民主政治はなぜ「大統領制化」するのか——現代民主主義国家の比較研究』ミネルヴァ書房.

Yazıcı, Serap (2013) *Başkanlık ve Yarı-Başkanlık Sistemleri : Türkiye İçin Bir Değerlendirme* (3. Baskı), İstanbul : İstanbul Bilgi Üniversitesi Yayınları.

岩坂将充（2016a）「トルコにおける二〇一五年総選挙とエルドアン体制の政策変容」『中東レビュー』第3号.

―――（2016b）「議院内閣制における政治の『大統領制化』——トルコ・エルドアン体制と大統領権限の強化」『日本比較政治学会年報』第18号.

―――（2018）「固定化する分断——2018年トルコ議会選挙の分析から」『中東研究』第533号.

―――（2019）「世俗主義体制における新たな対立軸の表出——トルコ・公正発展党と『国民』の世俗主義」高岡豊・溝渕正季編著『「アラブの春」以降のイスラーム主義運動』ミネルヴァ書房.

終 章
日本における政治の大統領制化

岩崎正洋

1　日本政治の大統領制化

　日本政治において大統領制化の現象がみられるかという問いかけに対しては，2000年代初頭の小泉純一郎首相を代表的な事例として捉えることにより，日本でも大統領制化の事例がみられるとする議論がしばしばなされてきた。確かに，小泉首相のリーダーシップは，それ以前の日本の首相と多くの点で異なっているようにみえる。小泉は，自民党所属の国会議員であるにもかかわらず，2001年の自民党総裁選挙において，「自民党をぶっ壊す」というフレーズを用いて戦い，結果的に勝利を手にした。彼は自民党総裁だけでなく，首相の地位も手に入れ，2006年9月の退任時には通算1,980日に及ぶ在任記録を残した[1]。自民党を壊すといいながら自民党総裁になり，しかも長期にわたって首相に在任したという点だけをみても，小泉のリーダーシップが歴代首相のそれとは一線を画すものであることを示している。
　1955年以降のいわゆる「五五年体制」においては，自民党による単独政権が常態化し，自民党総裁は同時に，日本の首相になると考えられてきた。自民党内の派閥対立は，派閥間の合従連衡を引き起こし，総裁選をめぐり，党内の主流派と非主流派との対立を激化し，一つの政権党内部において，疑似的な政権交代のメカニズムをもたらしてきた。当時の日本政治は，一つの政党の党首がそのまま一国の首相になることが暗黙の前提となっていた。首相のリーダーシップは，一国規模のものであったとしても，権力の源泉は，一つの政党内部の，しかも党内主流派に基礎を置くものでしかなく，首相というよりも党首の地位を支援する勢力に支えられたものに過ぎず，内向きのリーダーシップといえるものであった。党首の党内基盤が揺らぐことは，そのまま首相のリーダーシップにも影響を及ぼし，首相の権力行使の機会だけでなく，首相の地位さえ脅かすことにつながった。

この点については，自民党が長期にわたって政権に就いていたからであるとか，日本が議院内閣制を採用しているからであるとかというように，さまざまな説明が可能である。これまでに蓄積されてきた議論において，どの説明が最も説得力をもっているかについて，今ここで断定する必要はないとしても，異なる角度から多様な解釈がなされてきたことだけは確かである。極論すれば，学術的なものであれ，ジャーナリステックなものであれ，いかようにも捉えられ，論じられてきたといえなくもない。

　この文脈からいえば，日本政治の大統領制化についても同様である。小泉首相がそれ以前の自民党総裁と比べると異色の政治家であるとか，派閥政治に縛られずに人事を行ったとか，郵政民営化に代表されるようなリーダーシップを発揮したという理由により，彼が従来の日本の首相とは異なるタイプの首相であり，あたかも大統領であるかのように，強力なリーダーシップを発揮したという意味で，大統領制化の一つの事例として語られることがある。

　しかしながら，大統領制化の議論が政党衰退論後の政党政治を解き明かそうとして論じられたものであると考える限り，政党政治とのかかわりという点から政治の大統領制化を捉える必要がある[2]。大統領制化は，政党の衰退が顕在化したり，あるいは深刻化したりしたことと無関係ではない。政党主導の統治がなされるか，それとも首相ないし大統領といった執政主導の統治がなされるかの違いにより，政党政治の全盛か衰退か，政党主導か執政主導かの区分が明確になる[3]。政党主導型の統治は，政党政治が全盛であるからこそ実現するのであり，政党政治が衰退すれば，政党主導型統治は困難になり，執政主導型の統治に移行する。

　五五年体制下において，自民党単独による長期政権や，自社二大政党の対立などは，政党政治が全盛であり，政党主導型の統治が実現していたからこそ目撃できたことである。五五年体制の崩壊後は，政党政治の衰退が顕在化し，政党主導型統治には揺らぎがみえはじめた。小泉首相のリーダーシップと彼以前の首相のリーダーシップとの違いも，政党主導型の統治か，それとも執政主導型の統治かという点を考慮に入れて識別できる。そのように考えると，小泉首相は，政党衰退後に登場したからこそ執政主導型の統治を実現できたのであり，大統領制化の一つの事例として捉えることができるのである。

　本章においては，ポスト政党衰退論として，大統領制化の議論を捉え，ポグントケ（Thomas Poguntke）とウェブ（Paul Webb）が提示した大統領制化の分析枠

組みに基づいて，日本の事例について考えることを目的としている[4]。本章は，まず，日本でみられる大統領制化の要因を確認した後，大統領制化がみられる三つの側面，すなわち，執政府，政党，選挙という三つの側面にそれぞれ目を向け，日本政治が大統領制化しているか否か，大統領制化しているとすれば，どの側面でどのようにみられるのかについて検討し，日本政治における大統領制化の経験をまとめることとする。

2 大統領制化の二つの要因

ポグントケとウェブによれば，大統領制化の要因は，構造的要因と偶発的要因との二つに大別される。まず，構造的要因としては，政治の国際化，国家の肥大化，マスコミュニケーション構造の変化，伝統的な社会的亀裂政治の衰退といった四つが挙げられる。これらは，中長期的な時間の経過にともなう変化に関連している。いずれも短期的な変化でもたらされるものではなく，一定の経年変化により生じることばかりである。構造的要因には，漸進的な変化によって蓄積されたり，形づくられたりするからこそ，後からふり返ることにより，何らかの影響力をもっていたとして明確に位置づけられるような要因が挙げられている。

ここで挙げられている四つの構造的要因は，日本でもみられる現象であり，ポグントケとウェブが先進工業民主主義国として取り扱った14か国と同様に，日本の事例についても観察可能である。日本での経験に基づいて四つの構造的要因を考えると，日本の場合は，1980年代あたりを一つの分岐点としているように思われる。

日本において国際化が叫ばれ始めたのは1980年代のことであった。それ以前に比べると，歴代内閣の施政方針演説や所信表明演説において，国際社会における日本の立場や役割を意識した内容が明確に盛り込まれるようになったのもこの時期であった。また，先進国首脳会議（サミット）は，1975年に第1回目の会合がフランスのランブイエで開かれたが，そのときから日本は参加国の一つであった。1979年には，東京で第5回目の先進国首脳会議が開催され，1986年には再び東京で第12回目の先進国首脳会議が開かれた。世界的にみて，政治の国際化が顕著になった時期に日本も足並みを揃えて他の先進工業民主主義諸国の首脳との会議に参加していたのであり，1979年と1986年に立て続けにサミットを開催したことも，

終　章　日本における政治の大統領制化

当時の日本政治が国際化してきていたことの一端を物語っている。

　国家の肥大化には，官僚制の複雑化や組織的専門化がともなっている。1980年代の日本では，第二次世界大戦後の高度経済成長以来，肥大化してきた行政の役割の見直しが図られた。1982年11月に発足した中曽根政権においては，第二次臨時行政調査会（第二臨調）によって行財政改革に関する議論がなされ，改革の具体案として，民営化や規制緩和，内閣の総合調整機能の強化や省庁の再編・統合，人員や予算の節減などが示された。実際に，1980年代には，日本国有鉄道や日本電信電話公社，日本専売公社の三公社が民営化され，国鉄が JR に，電電公社が NTT に，専売公社が JT になった。

　また，総務庁の設置は，内閣の総合調整機能の強化にも関連し，第二臨調による総合管理庁（仮称）の設置構想を受けたものであった。当時の構想において，行政管理庁に総理府人事局などを移すことにより行政機関の人事や組織などを一元的に管理し，総合調整の役割を果たす省庁として考えられたのが総合管理庁（仮称）であった。総務庁は，行政管理庁と総理府の大半とが一つになった組織であり，1984年7月に総理府の外局として発足した。その後，総務庁は，2001年1月の中央省庁の再編により総務省となった。

　国家の肥大化が直接的に大統領制化に結びついたというよりも，国家の肥大化への対応策が結果的に大統領制化に結びついたと考えることができる。ポグントケとウェブの議論からいえることは，内閣の総合調整機能の強化は，執政中枢に権力を集権化するとともに，縦割り行政は，関係大臣と首相との関係をバイラテラルなものにし，内閣のもつ集団的責任を浸食することにつながる（Poguntke and Webb 2005 = 2014：19）。

　第三に，マスコミュニケーション構造の変化もまた，1980年代には大きな転機を迎えていた。当時は，新聞，書籍と雑誌，ラジオ，テレビなどのメディアが影響力を保持していたが，テレビでは衛星放送が始まり，既存のメディアとは異なる多様な「ニューメディア」の可能性も論じられるようになっていた。たとえば，文字放送，テレビ電話，CATV，パソコン通信などがニューメディアとしてとり上げられた。これらが後に ICT（Information and Communications Technologies）の普及や発展につながったのは明らかである。また，1980年代初めには既に，インターネット・プロトコル・スイート（TCP/IP）が標準化され，インターネットの商用化が進められていた。

第四に，日本での社会的亀裂政治の衰退については，西欧諸国のように，伝統的な社会的亀裂政治が顕著にみられたのか否かという点で議論が分かれるため，慎重に議論する必要がある。しかしながら，1980年代の日本の政党政治をみると，政党が社会的亀裂に規定され，政党間競合が左右のイデオロギー対立にも影響されるという前提が崩れ始め，それ以前とは異なる政党システムの特徴が顕在化し始めたことが明らかである。たとえば，1970年代までの保革伯仲から1980年代の保守回帰への変化は，伝統的な社会的亀裂政治の衰退を示すものであった。自民党の包括政党化が指摘されたのもこの時期の特徴の一つであり，その時点において，既存の政党政治に変化がみられるようになったことは，後に大統領制化の構造的要因がそこにつながっていることを示すものである。
　西欧諸国においては，イングルハート（Ronald Inglehart）による「静かなる革命」という指摘にみられるように（Inglehart 1977），物質主義的価値観から脱物質主義的価値観への変容が顕在化し，政党システムには，新しい社会運動と関連した政党が参入した。たとえば，エコロジーや反核，反原発などの政策を掲げる「緑の党」は，旧西ドイツで結成された後，ヨーロッパ各地でもつくられた。その結果，従来の左右のイデオロギーにもとづく一次元的な政治的対立軸だけでなく，「物質主義」対「脱物質主義」という対立軸が新たに追加された。
　さらにいえば，緑の党の日本語名には政党の「党」という言葉が使われているが，英語では，The Greens という表現であることも従来との違いを示している。既存の政党が「〜党」というように，名称に「党」という言葉を使用していたのとは異なり，新しい政党名は必ずしも「〜党」という名称をつけなかった。この点は，同時期の日本でも「新自由クラブ」や「社会民主連合」などのように，「〜党」という名称をもたない政党が誕生し，政党名のバリエーションが広がり，その後，現在に至る転機になったともいえる[5]。その意味で，伝統的な社会的亀裂政治にもとづく政党政治が転機を迎えることになったと考えられる。
　これまでみてきた点から明らかなように，ポグントケとウェブが挙げた四つの構造的要因は，日本でもみられることである。そのため，彼らが取り扱った大統領制化の事例と同様に，日本の事例を考えることができるのではないかと思われる。つまり，他国の事例と同様の前提が日本にも存在しており，大統領制化をもたらす要因がみられるということである。
　次に挙げられる要因は，偶発的要因である。偶発的な要因とは，そのときの政

治的状況やリーダーの人格などのことであり，この部分を重視すると，政治の個人化ないし人格化（personalization）として大統領制化を捉えることになる。

たとえば，大統領制化の代表例として，しばしばブレア（Tony Blair）英首相やシュレーダー（Gerhard Schröder）独首相の名前が挙げられる。その理由としては，政治家としての彼らの名声や実力，性格や人格などが特徴的であり，彼らを取り巻く構造的要因よりも，彼ら自身が偶発的要因として大統領制化をもたらしたと考えられるからである。日本の場合には，小泉純一郎がそれに該当し，大統領制化の代表的な事例として名前が挙げられてきた。

日本の事例として，他に誰が該当するかを見定めるには，大統領制化が新しい政治現象であり，政党衰退の顕在化ないし深刻化にともなう現象である点を考慮し，1980年代以降の首相に限定することで対象が絞られる。もちろん，次節以降の議論を通じて検討する余地があるとはいえ，ここではさしあたり，以下に挙げる4人の首相を対象として扱うこととする。まず，「大統領的首相」という表現を自らが用いていた中曽根康弘（在職1982年11月27日〜1987年11月6日），2人目は，行政改革を含む「六大改革」を打ち出し，中央省庁の再編と内閣機能の強化に取り組んだ橋本龍太郎（1996年1月11日〜1998年7月30日），3人目として，小泉純一郎（2001年4月26日〜2006年9月26日），4人目に挙げられるのは，在任期間が戦後第3位の安倍晋三（2006年9月26日〜2007年9月26日，2012年12月26日〜）である。

それぞれの首相の人格や，彼らの就任前後と在任期間を通じた政治的状況が偶発的要因となり，政治の大統領制化をもたらしたといえるのか否かは，個々の事象を検討しなければ解明することができない。これら4人の首相を対象とすることは，日本政治の大統領制化の具体例を絞り込むとともに，大統領制化における構造的要因と偶発的要因とのかかわりを明らかにする。次なる課題は，執政府，政党，選挙という大統領制化の三つの側面において，4人の首相が大統領制化の事例として適切であったといえるか否かを検討することである。次節では執政府に，その次の節では政党に，その次は選挙に注目する。

ポグントケとウェブは，執政府，政党，選挙という三つの側面における大統領制化が相互に影響を及ぼしていると主張し，次のように指摘している（Poguntke and Webb 2005=2014：23-24）。

有権者の支持をめぐる競争において個々の政治家の価値がますます重要になると，それらの政治家による選挙キャンペーンの大統領制化や党内権力の掌握は正当化され，さらに彼らは政治的執政府内での公選ポストを勝ち取るであろう。つまり，選挙過程の大統領制化はリーダーに自党からの大きな自律性をもたらし，勝利を得た政党のリーダーは，政党への委任を個人への委任と考え，執政府内でより優越的な役割を果たすことを正当だと考えるようになる。より簡潔に言うと，この説明に従うならば，選挙過程の大統領制化は権力の大統領制化をもたらすのである。さらに，反対方向への因果の流れを考えることもできる。政治の国際化のような構造的変化はリーダーにより多くの執政権力をもたらすが，それによってリーダーの選挙での魅力が高まり，自党を支配する力も強化されるであろう。つまり執政府の大統領制化が起きると，メディアはますますリーダーに焦点を当て，有権者はますますリーダーシップの影響を受けやすくなるのである。

大統領制化は，構造的要因と偶発的要因とが相互に作用することでもたらされる現象であり，首相のリーダーシップのみに注目して論じることはできない。二つの要因とともに，執政府，政党，選挙という三つの側面にも目を向け，それぞれの側面において大統領制化という現象がみられるか否かを観察しなければならないのである。果たして日本において大統領制化の事例がみられ，そこでみられる現象がポグントケとウェブの指摘通りか否かは，本章の最後の節で明らかになるであろう。

3　執政府

（1）大統領制化と大統領的首相

　大統領制化は，政治的リーダーの権力資源と自律性の増大，さらに，それにともなう内閣や政党などの集団的アクターの権力と自律性の低下によって示される。執政（執政府長官）の，いいかえると，政党リーダーの権力資源と自律性の増大は，彼ないし彼女の権力の総体を大きくする。権力の総体は，外部干渉から保護された領域の範囲と，その領域の範囲外から起こり得る抵抗を打開するために全権力資源を投入する能力を組み合わせたものとされる。大統領制化は，執政ない

し政党リーダーの権力資源と自律性が増大することで示され,「自律的な統制領域の拡大」と「他者の抵抗に対する打開能力の拡大」という二つの過程においてもたらされる (Poguntke and Webb 2005＝2014：10)。

執政府における政治的リーダーの権力資源と自律性の増大は,執政である首相の公式的な権限の拡大によって明確に示されるであろうし,具体的には,首相の権力行使の範囲や対象に目を向けることによって把握できる。大統領制化に関する議論においては,大統領のように,首相が強いリーダーシップを発揮するという意味で,「大統領的首相」という言葉が大統領制化と結びつけられて議論されたり,強い首相と弱い首相というように,首相の強さの区分により,首相が強くなることを大統領制化として捉えたりする場合がある。大統領制化という言葉のもつイメージが先行し,言葉だけが独り歩きする危険もある。

ポグントケとウェブによる大統領制化の説明において,大統領的首相 (presidential prime minister) という表現は使用されていない。大統領制化は,大統領的首相の登場を意味しているかのように捉えられることもあるが,実際には,彼らがそれほど安易に大統領制化について説明しているわけではない。彼らは,執政の権力資源と自律性の増大という点から大統領制化を捉えており,首相の強いリーダーシップというような曖昧な基準のまま一つの新しい現象を説明しているわけではない。また,強い首相と弱い首相という二分法は,強い首相を大統領的首相として解釈してしまう可能性がある。ポグントケとウェブは,強い首相や弱い首相という区分も使用していない。強いとか弱いとかという基準もまた曖昧なものであり,執政府において大統領制化がみられるか否かを考える際に有用な基準とすることはできない。少なくとも本章においては,「大統領的首相」と「大統領制化」とを分けて考えることにし,強い首相と弱い首相という曖昧な二分法を使用することも避けることにする。

首相の権力資源と自律性の増大は,首相が意のままに扱うことのできる資源や人材が拡充されたのかという点に注目することで明らかになる。この問題については,首相が何をやったかではなく,何を使ったか,いいかえると,何を使用できたかという点に目を向けることが有用である。首相が自らの権力資源として何を使用することができたのかということや,首相の自律性が増大したからこそ使用できるようになったり,使用可能な範囲が拡大したりしたことは何かということである。もちろん,首相が何をやったかは重要であるとはいえ,何かをやるた

めに，何を使ったかに注目する必要がある。日本の政策決定過程において，首相が何を使ったかという点を考えると，まず，中曽根，橋本，小泉，安倍に共通しているのは，行財政改革という問題と政権とのかかわりであり，改革との関連で審議会や政策会議を使っていたところに共通点を見出すことができる。さらに，彼らが関わった行財政改革の積み重ねにより，首相の権力資源と自律性が増大した結果，大統領制化が日本でもみられるようになったと考えることができるのである。

（2）大統領制化の前段階：中曽根首相と橋本首相

1980年代以降，日本では，財政再建が問題とされ，当時の鈴木善幸首相によって「増税なき財政再建」が唱えられ，1981年には，経団連会長であった土光敏夫を会長とする第二次臨時行政調査会（第二臨調）が発足した。1982年7月に第二臨調は，三公社の民営化について盛り込んだ基本答申を鈴木首相に提出した。日本国有鉄道，日本電信電話公社，日本専売公社の三公社の民営化は閣議決定され，鈴木内閣に続き中曽根内閣において民営化が実施された。中曽根首相は，鈴木内閣において行政管理庁長官を務めていたが，そのときにかかわった行財政改革を自らの政権で実現したのであった。

中曽根康弘は，首相就任にあたり，自らを「ノーダン満塁のピンチに臨むピッチャー」と表現し，「戦後政治の総決算」のための「仕事師内閣」を標榜して発足した。彼は，首相になるまでの三十年来にわたって書き溜めてきた三十数冊のノートをもとに，行財政改革をはじめ，日米関係，日韓関係，教育，先端科学技術，労働運動などの改革といった政策の重点項目をまとめていた[6]。とりわけ，中曽根首相が行財政改革に関する第二臨調の答申を受けて三公社の民営化を行ったことは，その後に続く政治改革や行政改革の先駆けとなるものであった。中曽根は，前内閣から引き継いだとはいえ，第二臨調をはじめ，臨時行政改革推進審議会（行革審），閣僚の靖国神社参拝に関する懇談会，平和問題懇談会，国際協調のための経済構造調整研究会など多岐にわたる政策分野の私的諮問機関を活用した（野中・青木 2017）。

中曽根は，自らの政治手法を「指令政治＝ディレクティブ・ポリティックス」と表現し，ある仕事を始める際には，事前に大筋の構想を用意して，関係閣僚や党幹部に示し，事前準備を指示した後，しばらくしてから取り組んだと述べてい

る（中曽根 2017：196）。彼は，さまざまなスタッフと相談し，「これをやらなくてはいけない」という判断によりトップダウンで物事に取り組んだと強調している。

中曽根首相は，私的諮問機関を利用して，いわゆる「審議会政治」を行っていたとされる。たとえば，第二臨調の答申内容には大蔵省の後ろ盾があったように，審議会政治は，官僚による組織管理や運営があったのであり，首相の真の意味での指令に端を発する政治とは言い切れない側面があったように思われる。中曽根が政治主導ないし官邸主導型の統治を試みたことは明らかであるとしても，首相の権力資源や自律性が拡大していたようにはみえない。第二臨調の答申にもとづく民営化は，中曽根による行財政改革の結果ともいえるが，実際には，第二臨調が発足したのは前内閣のときであるし，答申も前の内閣で閣議決定されたものであった。中曽根は，既に決まっていたことを実施したに過ぎず，彼自身が「大統領的首相」と自らを表現し，強いリーダーシップを行使していたかのように述べたとしても，大統領制化の事例として捉えることはできない。

中曽根政権以降も行財政改革は，継続的に取り組まれてきた[7]。1983年3月の第二臨調の解散後は，臨時行政改革推進審議会（行革審）が1983年7月から1993年10月の最終答申の提出まで存続し，1995年5月には，地方分権推進委員会が発足し，2001年6月の最終答申の提出まで存続した。橋本龍太郎は，このような流れを受けて，1996年1月に首相に就任し，行政改革，財政構造改革，社会保障構造改革，経済構造改革，金融システム改革，教育改革からなる六大改革を掲げた。

「橋本行革」と呼ばれる一連の改革を行うために，彼は，1996年10月の衆議院総選挙の翌月には，総理府に行政改革会議を設置した。行政改革会議は，1996年11月21日より1998年6月30日まで設けられ，橋本首相自らが会長に就任した。同会議は，1996年11月28日に第1回目の会合を開催した後，1998年6月23日まで45回にわたる会合を実施した。1997年9月に中間報告が提出され，同年12月には，最終報告が提出された。最終報告を受け，1998年6月には，中央省庁等改革基本法が成立し，省庁再編が実現した。同法は，「行政改革会議の最終報告の趣旨にのっとって行われる内閣機能の強化，国の行政機関の再編成並びに国の行政組織並びに事務及び事業の減量，効率化等の改革（以下「中央省庁等改革」という。）について，その基本的な理念及び方針その他の基本となる事項を定めるとともに，中央省庁等改革推進本部を設置すること等により，これを推進することを目的」としたものであり，同法の「施行後五年以内に，できれば」2001年1月1日を目

標として，中央省庁等改革による新たな体制への移行を開始するものとするとされていた。

同法において，内閣機能の強化は，首相の発議権，国務大臣の総数を15～17人程度とする法制上の措置，内閣官房の基本的性格および任務，補佐官および秘書官の定数の弾力的な対応，内閣府の基本的な性格および任務，内閣府の任務にかかわる担当大臣，国の行政機関の幹部職員の任免についての内閣承認などの項目から規定され，内閣官房と内閣府の役割を強化することになった。また，国の行政機関の再編成と国の行政組織等の減量，効率化等について，具体的には，1府22省庁から1府12省庁へと省庁が再編成され，2001年1月6日より新体制が発足した。それにともない，内閣府には，「経済財政政策，総合科学技術政策，防災及び男女共同参画に関し，国務大臣，学識経験を有する者等の合議により審議し，必要な意見を述べるための合議制の機関」として，経済財政諮問会議，総合科学技術会議，中央防災会議，男女共同参画会議が置かれた。そのうちの経済財政諮問会議と総合科学技術会議の議長は首相が，中央防災会議の会長も首相が，男女共同参画会議の議長は官房長官がそれぞれ務めることとされた。

さらに，同法は，「中央省庁等改革による新たな体制への移行の推進に必要な中核的事務を集中的かつ一体的に処理するため」に，首相を本部長とする中央省庁等改革推進本部を内閣に置くことを定めていた。

橋本首相は，行政改革会議の会長を自らが務めることにより，それまでの審議会政治とは異なるスタイルでリーダーシップを発揮した。同会議の会長代理には武藤嘉文行政改革担当大臣／総務庁長官が任命され，委員には13名の学識経験者が任命された。事務局長は，首相補佐官の水野清であった。水野は，衆議院議員を長く務め，1996年10月の衆議院総選挙に出馬せず，既に政界を引退していたが，1996年11月に橋本により行政改革担当の首相補佐官と行政改革会議事務局長の二つのポストへ起用された。行政改革会議は，審議会の一つであったが，官僚を入れることなく，橋本首相による政治主導ないし官邸主導型の運営が実現し，最終報告の提出に至った。

最終報告においては，さらに，公務員制度改革として，省庁の機能再編に対応した人事管理制度の構築や新たな人材の一括管理システムの導入，内閣官房および内閣府の人材確保システムの確立など，中央人事行政機関についても言及がなされていた。この点は，2008年6月に成立した「国家公務員制度改革基本法」や

2014年4月に成立した「国家公務員制度改革関連法」などに関連しており、橋本行革がその後の改革にも影響を及ぼしていることがわかる。橋本首相が六大改革を掲げ、広範囲にわたる行財政改革に取り組んだとはいえ、彼自身は、改革の成果にふれることなく、1998年7月の参議院選挙での自民党敗北の責任をとって退陣した。彼は、行革を行うことによって新体制への道筋をつけただけで退場したのであった。その意味で、橋本自身を大統領制化の事例の一つとして捉えることは難しいが、彼の行ったことは、その後の日本における大統領制化の事例を提供することにつながっており、日本政治の大統領制化の生みの親として、橋本首相を位置づけることができる。

(3) 大統領制化の現出：小泉首相

2001年1月1日には、中央省庁等改革に基づく新体制が始まり、同年4月に小泉純一郎が首相に就任した。小泉は、橋本首相の蒔いた種が実をつけたときに政権を担当することになったのである。小泉の首相就任時には、既に内閣機能が強化されており、小泉は、それ以前の首相とは質量ともに異なる権力資源や自律性を獲得できる立場にあった。そのため、彼が「構造改革」に着手したときは、かつて中曽根や橋本が行財政改革に取り組んだときとは異なる環境にあり、制度的にも実態的にも、首相が権力を行使できる対象も内容も拡大し、首相の地位は、それまでとは異なるものになっていた。

小泉首相は、第151回国会での所信表明演説において、自らに課せられた最重要課題として、「経済を立て直し、自信と誇りに満ちた日本社会を築くこと」を挙げるとともに、「地球社会の一員として、日本が建設的な責任を果たしていくこと」を挙げ、「構造改革なくして日本の再生と発展はない」という信念のもとで、経済、財政、行政、社会、政治の分野における構造改革を進めると述べた。彼は、構造改革には「痛みを恐れず、既得権益の壁にひるまず、過去の経験にとらわれず」という姿勢で臨むとし、「聖域なき構造改革」に取り組むことを表明した。小泉は、「構造改革なくして景気回復なし」という立場から経済・財政の構造改革を、「民間にできることは民間に、地方にできることは地方に」という点から行政の構造改革を、さらに、教育、社会保障、環境問題などの制度改革について社会の構造改革を行うことが必要であるという認識を示した。構造改革の具体的な取り組みとしては、たとえば、政策過程改革、郵政改革、特殊法人改革、

不良債権処理と金融システム改革,公的年金改革,財政再建と税制改革,地方行財政改革[8],地域経済改革,知的財産改革などが挙げられる(上村・田中 2006)。

経済財政諮問会議は,2001年1月に発足し,小泉構造改革における中心的な役割を担うことにより,それまでのような官僚主導ではなく,官邸主導による政策決定過程への転換をもたらした。橋本行革により,首相には発議権が与えられ,閣議で基本方針を発議できるようになっていた。また,内閣府は,縦割りとなっている他の省庁よりも一段格上の組織として設置されたのであり,経済財政諮問会議をはじめとする四つの戦略会議が置かれていた。経済財政諮問会議は,首相の諮問に応じて,経済全般の運営の基本方針,財政運営の基本,予算編成の基本方針,その他の経済財政政策に関する重要事項について調査審議するものであるが,議長は首相が務めることになっている。

経済財政諮問会議は,議長および議員10人以内をもって組織するとされていた。官房長官と経済財政政策担当大臣を議員とすることは明記されていたが,それ以外は,首相が指名する各省の大臣や,それ以外の国務大臣,関係する国の行政機関の長,さらに,「議員の総数の四分の一未満であってはならない」とされる首相の任命による「経済又は財政に関する政策に優れた識見を有する者」などが構成員とされた。小泉首相は,官房長官,経済財政政策担当大臣,総務大臣,財務大臣,経済産業大臣,日本銀行総裁,民間議員4人という構成をとった。経済財政政策担当大臣には,発足時は慶應義塾大学教授であった竹中平蔵が就任した。

小泉首相と竹中大臣とは,小泉が自民党総裁になる前から勉強会を通してつながりがあった(清水 2005:243)。竹中は,2001年4月の第一次小泉内閣と,2002年の第一次小泉内閣(第一次改造内閣)において,民間人の立場でありながらも経済財政政策担当大臣と金融担当大臣を兼任したが,その後,2004年7月の参議院選挙に立候補して当選し,国会議員となった。彼の閣僚ポストは,経済財政政策担当大臣から後に総務大臣へと変わったが,小泉の首相在任時は一貫して小泉内閣の閣僚であるとともに,経済財政諮問会議の一員として過ごしたのであった。会議においては,小泉首相が議長を務め,竹中大臣が議事進行や会議の総括を行っていた(曽根 2006)。小泉と竹中との間の役割分担は,経済財政諮問会議において,竹中の果たした役割が特殊なものであったことを意味するだけでなく,小泉が内閣機能の強化によりもたらされた首相の発議権を行使するために同会議を一つの手段としていたことを意味しているように思われる。

終　章　日本における政治の大統領制化

　小泉首相は，組閣にあたって従来の慣行を破り，独自の手法で人事を行った。彼は，派閥からの推薦を受け付けず，彼自身による一本釣りによって閣僚を登用した。総裁選で戦った橋本派は最大派閥であったが冷遇し，わずか2名の閣僚ポストしか与えなかった。小泉内閣における女性閣僚は5名となり，歴代最多となった。小泉は民間人も大臣に登用した。発足時は，遠山敦子文部科学大臣，川口順子環境大臣，竹中平蔵経済財政政策担当大臣が民間人からの登用であったが，田中真紀子外務大臣が辞めた後に，川口順子が環境大臣から外務大臣となり，後任の環境大臣には衆議院橋本派の大木浩が任命された。小泉首相の組閣の特徴は，一見すると，従来型の派閥政治からの脱却を企図したようにみえるが，実際には，橋本派外しと，彼が所属していた森派重視という見方も可能であり，派閥政治を引き継いでいたという捉え方もできる（後藤 2014：178-181）。

　従来の首相と異なり，小泉は首相の人事権を意のままに行使することができたようにみえる。閣僚人事だけでなく，党役員人事についても彼は自分の思うように行うことができた。その点でいえることは，人事という首相の権力資源を最大限に利用することができたのであり，派閥からの推薦などを受け容れず，自らの考えにしたがって人選し，それぞれのポストに登用することができたのは，首相の自律性が従来よりも高くなっているからである。たとえば，最初は民間人であった竹中が一貫して閣内に留まり，途中から参議院議員として閣僚を務めたことなども，人事にかかわる従来と異なる特徴を示している。

　小泉は，経済財政諮問会議を利用して首相の発議権を行使した。経済財政諮問会議の特徴は，審議会政治と異なり，官邸主導型のツールとして機能し，首相によってトップダウン型の組織運営がなされたところにあり，審議会政治というよりも政策会議政治の一つの事例として捉えることができる（野中・青木 2017：12）。政策会議政治は，2001年以降に顕著になったとされ，審議会政治が各省設置法による縛りがあったのとは異なり，法令体系の枠を超えるイニシアチヴによって進められる。審議会政治における政策のターゲットが大臣からの諮問に対する答申であったのに対し，政策会議政治の政策のターゲットは，官邸などにより政策目標が設定されるところに特徴がみられる。両者の大きな違いは，審議会政治が官僚による組織管理と運営によるのに対し，政策会議政治は，トップダウン型の人選と運営体制によるという点である。

　経済財政諮問会議は，郵政民営化のような政策課題を設定し，それを実施する

だけでなく，予算編成においても大きな役割を果たした。また，閣議の代替機能を果たしていたという指摘もみられる（曽根 2006）。閣議決定は，省庁間の調整がなされていることを意味しているが，経済財政諮問会議における議論と討論は，首相と官房長官を除くと，経済財政政策担当大臣，財務大臣，総務大臣，経済産業大臣という4大臣の間の調整を行うことになり，省庁間の調整を簡略化することになる。その意味で，経済財政諮問会議が閣議の役割を果たしたとされる。このようにみてくると，同会議が中央省庁等改革後の新体制を象徴する一つの機関であり，政策決定過程に変化をもたらす役割を担ったことは明らかである。

　小泉純一郎は，橋本行革によってもたらされた権力資源と自律性の増大という恩恵を受けた最初の首相であった。小泉は，自らが議長を務める経済財政諮問会議に諮問し，諮問を受けて同会議が調査審議したものを受け取るという立場に身を置きつつ，首相の発議権を行使した。彼はまた，組閣にあたって従来の慣行を破り，派閥に縛られることなく，彼の意に沿った人物を閣僚に任命したり，女性や民間人からも登用したりすることで，それ以前の首相とは異なる権力行使を体現したのであった。かくして，執政府という側面に注目する限り，小泉首相は，日本における大統領制化の一つの事例として位置づけることができる。

　小泉の次の首相となった安倍晋三は，就任後わずか1年で退陣を余儀なくされたが，2012年12月の政権交代によって再び首相の地位に就いた。安倍は，2006年9月26日から2007年9月26日までの第一次政権と，2012年12月26日からの第二次政権とを合わせると，2019年2月23日の時点で通算2,617日に及ぶ在任日数となり，戦後第2位となる長期政権を記録した。それ以降も，安倍は首相の地位にあり続けた。「安倍一強」とも表現されたように，安倍内閣に対する支持は安定したまま推移した。安倍は，長期にわたって首相の座に留まった結果，首相の権力資源と自律性を拡大し，大統領制化を経験しつつあるといえるだろう。

　第二次安倍政権の特徴の一つとして挙げられるのが内閣人事局の存在である。内閣人事局は，2014年5月に内閣官房に設置された内部部局の一つであり，各省幹部の人事について一元的な管理を行っている。内閣法では，「内閣人事局に，内閣人事局長を置く」とされ，「内閣人事局長は，内閣官房長官を助け，命を受けて局務を掌理するものとし，内閣総理大臣が内閣官房副長官の中から指名する者をもつて充てる」とされている。

　内閣人事局は，2013年12月に国家公務員制度改革関連法案が内閣により提出さ

れ，2014年4月に「国家公務員法等の一部を改正する法律」が成立したのを受けて設けられた。これは，1997年5月に閣議決定され導入された「閣議人事検討会議」に関連している（野中・青木 2017：51-55）。閣議人事検討会議は，内閣官房長官と官房副長官からなる会議であり，各省庁の局長以上の幹部の人事に関する事前審査を行っていた。幹部人事は閣議了承が必要とされるが，橋本行革の際に，行政改革会議は，幹部人事の閣議了承の前に，閣議人事検討会議で事前審査を行うように提言し，それが実現したものである。その後，2014年に内閣人事局が設置され，首相をはじめ，内閣官房（官房長官や内閣人事局長たる官房副長官）による幹部官僚の人事に関する一元管理が実現し，これまで以上に人事にかかわる権力資源が増大したという点で首相の自律性も増大した。

　この点は，首相ないし官邸主導が目にみえるかたちで実現したことの一つであり，政治主導が強化されたこととしても捉えられる。2001年からの中央省庁等改革にもとづく新体制は，官僚の人事にも影響を及ぼし，それ以前とは大きく異なる一国規模での人事管理システムをもたらした。内閣機能の強化は，結果的に，小泉首相を大統領制化の一つの事例として捉えることができるようにしたといえるが，今後の詳細な観察を通し，もう一つの事例として安倍首相の名前を挙げられるようになるかもしれない。本章の課題は，安倍首相を大統領制化の事例として捉えることができるのかということではないため，早急な結論づけは控えることにしたい。

4　政　党

　政党リーダーに権力が集中し，党内での彼あるいは彼女の自律性が高まることは，大統領制化が政党の側面でみられることを意味する。執政府の側面に注目することにより，中曽根首相や橋本首相は，大統領制化の事例として適切ではないことが既に明らかになったが，彼らは政党の側面においても適切な事例だとはいえない。彼らが首相になった時期は，まだ自民党内で派閥の影響力が強く，派閥政治とのかかわりを抜きにして自民党総裁＝首相の地位を手に入れることができなかった。

　中曽根は，当時の最大派閥であった田中派の協力を得て自民党総裁選挙を勝ち抜き，総裁に就任した。田中角栄をオーナーとする田中派は，自民党の派閥政治

の象徴といえる存在であり、田中派による支援の有無は、自民党総裁選の帰趨を決めるものと考えられていた。中曽根は、党三役だけでなく、組閣についても田中派から重要ポストへの登用を行い、中曽根内閣は、「田中曽根内閣」とか「直角内閣」などとメディアに評されたのであった。

　橋本は、田中派の後継である竹下派、さらに、その後継の小渕派に所属しており、派閥の後ろ盾があったからこそ総裁の立場と首相の立場の二つを手にすることができた[9]。橋本は、初当選以来、田中派に所属し、田中派の勢力拡大の過程や、田中派から竹下派への移行過程、さらに、竹下派の分裂を経て小渕派の誕生へ至る過程など、自民党内の派閥政治の中心に身を置いてきた。橋本は、総裁選での勝利も、内閣発足にあたっての組閣や党役員人事についても、すべて派閥とのかかわりを前提として行動してきた。中曽根も橋本も自民党内の派閥政治を前提として首相の座に就いたのであり、就任時に政党からの自律性を有していたわけではなく、就任後の政権運営においても自律的に行動することができたわけでもない。彼ら2人は、政党主導型の統治がなされていた時期の首相であり、政党の衰退が既に指摘されていたとはいえ、首相は、政党からの直接的な影響力を受けながら統治を行う立場にあったのである。したがって、彼らについては、執政府の側面だけでなく、政党の側面においても大統領制化の事例とすることが不適切な事例であるという結論になる。

　それに対して、小泉純一郎は、それまでの首相と異なり、政党主導型の統治ではなく、執政主導型の統治を行った首相であり、執政府の側面だけでなく、政党の側面においても大統領制化の事例として捉えることができる。小泉の特徴は、自民党総裁選、小選挙区比例代表並立制や政党助成制度などの政治改革による制度変更などの点から説明することができる。いいかえると、これらの点が中曽根や橋本と、小泉との違いを明らかにしているのである。

　まず、自民党総裁選において、小泉が従来とは異なるスタイルで圧倒的な勝利を収めたことは、彼の権力資源や自律性の増大を説明するのに役立つ。2001年4月の総裁選は、総裁の森喜朗が辞任を表明したことにより実施された。森の任期は、同年9月30日までであったが、その任期は同時に、前任者であり任期途中で辞めた小渕恵三のものでもあった。森は、小渕の任期途中の辞任により後任の総裁として選出されたため、小渕の任期満了までの任期となっていた。しかし、森の辞任により、2001年4月の総裁選で選ばれる新しい総裁の任期は9月末までと

限られていた。2000年4月に，小渕の緊急入院により，一部の有力議員による密室での話し合いにより森が後継総裁に選出されたことは，後々も批判された。そのため，森の後任を選出する際には，総裁選において，できるだけ開かれ，幅広い意思が反映されるような工夫が必要であるとされ，各都道府県連にそれぞれ「3票」が割り当てられ，県連ごとに党員・党友選挙が行われた。森の地元である石川県連では，予備選挙で1位になった総裁候補者に3票すべてを投じるという対応を決めた。他のほとんどの県連も足並みを揃えたが，予備選挙の結果をふまえて3票を切り分ける按分方式を採用するところもあり，結果的に，県連ごとの多様な対応が総裁選挙を「開かれ」，「幅広い意思」を反映するものとした。

　総裁選には，麻生太郎，橋本龍太郎，亀井静香，小泉純一郎の4人が立候補し，自民党所属国会議員346名の票と，各都道府県連から3票ずつ投じられる党員分の141票の計487票を取り合うことになった。4月11日の告示後，4人の候補者は街頭演説を行ったが，とりわけ，小泉の街頭演説には，自民党員以外からも多数の聴衆が集まった。その結果として，自民党総裁を選ぶための選挙に過ぎなかった総裁選が大きくクローズアップされ，多くの国民が注目する状況で行われた。各都道府県連での予備選挙は4月21～22日に行われ，23日に結果が公表された。予備選の結果は，小泉の得票が123票，橋本が15票，亀井が3票，麻生が1票も獲得できず0票であった。亀井は本選挙を辞退し，4月24日の総裁選の本選挙では，小泉が487票のうち298票を獲得し，圧倒的な勝利を収めた。橋本は155票，麻生は31票を得たに過ぎなかった。

　直ちに小泉は自民党の第20代総裁に選出され，4月26日には，国会で第87代首相に選出された。彼は，党役員人事と閣僚人事を進めたが，最大派閥の橋本派から党三役への起用はなく，橋本派外しを行った（後藤 2014b : 178-181）。人事に際して，小泉は派閥からの推薦を受け付けず，彼自身の手で一本釣りを行った。小泉による人事は，脱派閥であるかのようにみられるが，実際には，橋本派を外し，さらに，江藤・亀井派も標的にしたという意味では，派閥の枠組みを意識したものであったいう見方ができる（後藤 2014b : 181）。しかし，小泉が党から自律的に人事権を行使したことは，それまでの総裁にはみられない行動であった。小泉だからそれが可能であったと考えることは，属人的な要素に縛られてしまい，大統領制化という現象を理解するためには適切な見方であるとはいえない。

　なるほど，小泉純一郎という政治家に注目し，彼のリーダーシップを強調する

には，属人的な要素を重視することになるかもしれないが，ここでは，小泉首相を大統領制化の事例として捉えることができるか否かという点を考える必要がある。少なくとも橋本行革によってもたらされた首相の機能強化により，2001年4月の時点において，それ以前の首相よりも利用可能な権力資源が多くなっており，同時に，小泉が自らの権力資源を自民党から自律して利用したことは明らかである。

　次に，政治改革と大統領制化との関係に注目する。政治改革の結果として，小選挙区比例代表並列制と政党助成制度が新たに導入された。政治改革関連四法案は1994年に成立した。小選挙区比例代表並立制は，1996年10月の第41回衆議院総選挙において初めて用いられた。1993年7月の第40回総選挙では，選挙制度が中選挙区制であった。その後，選挙制度改革がなされ，新しい選挙制度による総選挙は，1996年10月まで行われなかった。第40回総選挙まで衆議院議員の定数は511名であったが，第41回より500名となった。その内訳は，小選挙区が300名，比例区が200名となっていた。2000年には，公職選挙法の一部を改正する法律が成立し，比例区選出議員の定数が20議席削減され，180となり，総定数は480名となった。小選挙区比例代表並立制において，有権者は1人あたり2票をもっており，小選挙区では候補者に1票，比例区では政党に1票を投じることになっている。

　重複立候補が認められているため，候補者は，小選挙区と比例区との両方に立候補できるようになっており，小選挙区で落選しても，比例区に立候補している場合は，小選挙区での当選者（最多得票者）の得票数に対する得票の割合（惜敗率）が高い順に比例区において当選できる。新しい選挙制度は，小選挙区で落選しても，比例区での復活当選が可能とされた。しかし，小選挙区における有効投票総数の10分の1未満で落選した候補者については，復活当選ができないことになっている。

　小選挙区比例代表並立制において，政党は，小選挙区に1人ずつ候補者を擁立するとともに，比例区では候補者名簿を提示する。小選挙区では1人しか当選しないため，かつての中選挙区制のように，同一選挙区における同一政党の候補者による同士討ちはみられなくなった。政党間で選挙協力が行われるようになり，小選挙区の候補者数は収斂した。たとえば，連立政権を組んでいる自民党と公明党が選挙協力を行い，候補者の調整を行ったり，小選挙区では一方の政党の候補

終　章　日本における政治の大統領制化

者を支援し，比例区ではもう一方の政党を支援するなど，小選挙区と比例区との調整を行ったりするようになった。この点は，選挙において政党が中心的な役割を果たすことを意味しており，政党本位の選挙が実現したという見方を可能にする。

　新しい選挙制度は，小選挙区と比例区のそれぞれにおいて政党の役割を変えた。中選挙区制において，派閥が候補者に対して行っていたことは，小選挙区比例代表並立制では政党執行部が行うようになった。小選挙区では，1選挙区につき1人が党公認の候補者となる。選挙の際に，党公認となるか否かは，候補者にとって重要な問題である。中選挙区制においては，派閥の領袖に対する忠誠心が候補者に問われたが，並立制においては，政党執行部に対する忠誠心が問われる。党執行部が公認を与えるため，候補者は，執行部ににらまれたり，たてついたりしたら公認を受けられない可能性がある。また，比例区においても政党の候補者名簿に記載されるか否か，記載されるとしても順位がどこかによって当落に影響してくるため，候補者にとって名簿記載の有無だけでなく，名簿上の順位も大きな問題となる。党執行部が公認の決定に際して影響力を行使できるようになったことは，政党リーダーの権力資源の拡大をもたらすとともに，派閥政治の衰退と，政党リーダーの自律性を増大することにもなった。

　政党リーダーとしての小泉純一郎は，この点にかかわる一つの事例を提供した。2005年9月の第44回総選挙において，彼は従来とは異なる方法で自民党候補者の公認を行った。首相としての小泉は，自らの政権における最重要課題として掲げた郵政民営化の是非を問うために衆議院を解散し，総選挙を行った。総選挙は，2005年8月30日の告示，9月11日の投票であった。郵政民営化は，小泉が長年にわたり掲げてきた政策であり，2001年4月の小泉内閣発足時から示されてきた。2005年の第162回通常国会において，郵政民営化関連法案が7月5日に衆議院で可決されたが，8月8日に参議院では否決された。同日中に，小泉首相は衆議院を解散した。総選挙において，自民党は，郵政民営化法案の採決で反対した「造反議員」を公認せず，造反議員の選挙区には「刺客」として対抗馬を擁立した。また，自民党執行部は，造反議員に対して，離党勧告や除名などの処分を行うなどの厳しい姿勢を示した。

　議員本人にとって，自分が反対する政策を掲げる政党に所属することは適切ではなく，そのような議員が所属することは，政党にとっても適切なことではない。

政党と所属議員との間に政策についての一致がみられることが前提であり，両者の間に180度異なる主張がみられることは矛盾したことであり，政党として不健全な姿である。小選挙区制では，各党の候補者が自党の政策を掲げて選挙戦を戦うのであり，候補者自身が自党と異なる政策を掲げるようでは，政党本位でもなく，政策本位でもない。小泉が自民党執行部を通じて造反議員に多くの刺客を放ち，彼ら刺客が相手を破って当選したことで自民党は大勝した。2005年総選挙は，自民党の歴史的な勝利や，小泉首相個人のパーソナリティばかりが注目される傾向にあるが，それよりも政党リーダーとしての小泉に権力資源がもたらされ，彼のリーダーシップにより党執行部の権力行使がなされたことに注目する必要がある。政党リーダーは，従来と異なり，候補者の生殺与奪の権限までもつことが可能になった。中選挙区制においては，派閥が自派所属の国会議員の生殺与奪権を握っていたが，並立制においては，政党リーダーが派閥に代わり強い権限をもつようになったのである。2005年の総選挙は，小選挙区比例代表並立制による4回目の選挙であったが，政党は，過去4回の経験に基づいて，選挙制度の特徴をふまえて行動するようになったことが明らかになった。

　さらに，政治改革により政党助成法がつくられたことも挙げることができる。政党に対する公的助成が導入されたことにより，政党は，自力でカネ集めをしなくても，国からの政党交付金を受け取ることにより，組織として存続できるようになった。まず，政党交付金は，政党本部に割り当てられた後，政党支部に配分される。政党助成法は，国が政党に対して政党交付金による助成を行うことを定めたものであり，政党の要件や交付の算定などについて詳しく示している。政党助成法において，政党は，「当該政治団体に所属する衆議院議員又は参議院議員を五人以上有するもの」か「直近の国政選挙で得票総数が有効投票の総数の二％以上であるもの」と定義づけられている。

　政党交付金を受け取ろうとする政党は，毎年1月1日現在で総務大臣に届け出を行う。交付金の総額は，人口に250円をかけて算出された金額であり，毎年約300億円になる。政党交付金は，議員数割と得票数割で交付される。そのため，大政党ほど多くの交付金を受け取ることができるし，小政党でも勢力に応じた交付金を受け取ることができる。1995年に政党助成が導入されてからすでに20年以上が経過している。一貫して受け取りを拒否している共産党を除き，各党の年間収支を占める割合は一定程度を維持しており，各党とも政党交付金の依存度が高

まっていることが収支報告書に示されている。

　政党交付金は，現在の政党にとっては存続するのに不可欠なものとなっており，交付金の受け取りはもちろん，政党本部から支部への配算なども含め，政党執行部の存在が以前よりも大きくなっていることは明らかである。とりわけ，政党リーダーが小選挙区比例代表並立制の候補者公認において強い影響力をもつだけでなく，政党交付金の配算にも影響力をもつことは，政治改革の結果としてもたらされた権力資源の拡大とともに，派閥政治からの自律性の拡大を意味している。

　かくして，政党の側面における大統領制化は，自民党総裁選や政治改革後の制度変更にともなう党執行部の強化に関連して目撃することができる。とりわけ，小泉純一郎は，執政府の側面においても，政党の側面においても大統領制化の事例に適合することが明らかになった。近年，「安倍一強」とも表現されるように，安倍晋三については，執政府の側面に関しては，大統領制化の傾向がみられるとしても，自民党に焦点を絞った場合に，小泉ほど顕著に大統領制化の事例として捉えることは容易ではない。たとえば，小泉が郵政選挙に際して，造反議員に刺客を放ったように，政党リーダーの権力行使の顕著な事例が安倍の場合にはほとんどみあたらない。それにもかかわらず，安倍の在任期間は長期化し，歴代総裁の中でも佐藤栄作に次ぐ在任期間となっている。

　安倍は，2012年9月26日の総裁選の勝利以来，2015年9月の彼の任期満了にともなう総裁選で無投票再選となり，2018年秋の総裁選で「三選」したことにより，党内においても強力な地位を築き上げた。党内では，早々に安倍三選という声が上がり，二階俊博自民党幹事長は，学校法人森友学園や加計学園などの問題をめぐって国会で与野党の対立が激化したり，内閣支持率の低下が報道されたりしているにもかかわらず，2018年春の時点において，安倍三選支持という立場を表明した。また，ポスト安倍と評される複数の名前が挙げられたとしても，いずれも直ちに安倍に取って代わるほど有力な対抗馬ではなかった。その意味では，安倍の党内基盤は強く，政党リーダーとしての権力行使も可能な立場にあった。

5　選　挙

　選挙過程における大統領制化は，特定の政治的リーダーによる「個人化された」選挙キャンペーン，「大統領的」な選挙キャンペーン，「候補者重視」の選挙

キャンペーンなどの点から説明される。ある一人の政治的リーダーが選挙の顔として前面に出て戦うことは，これらの点を意味している。首相は，執政府の顔であるとともに，政党リーダーという意味で，政党の顔でもある。彼ないし彼女に求められるのは，選挙における「シンボル」としての役割であるが，そこには選挙での強さも含まれる。シンボルには，選挙で勝利を導くことが期待されるのであり，選挙で勝てる顔でなければならないのである。

　本章で注目した4人の首相は，いずれも選挙の顔として役割を果たしたことがある。彼らの在任期間に行われた衆参両院にかかわる国政選挙すべてで勝利を収めたわけではない。中曽根は，1986年7月の総選挙では圧勝したが，1983年12月の衆院選では自民党が過半数割れとなり，新自由クラブとの連立を組むことになった。橋本は，1996年10月の小選挙区比例代表並立制による最初の選挙に際して，選挙の顔として全国を遊説し，現有議席を28議席上回るほどの勝利を収めた。しかし，1998年7月の参議院選挙においては，橋本や閣僚による恒久減税をめぐる一連の発言，景気低迷や失業率の悪化などにより，自民党が惨敗した。選挙の結果，自民党は44議席しか確保できず，非改選議席58と合わせて102議席の勢力となった。当時の参議院は252議席であったため，自民党は参議院で過半数を確保できず，ねじれ国会となった。橋本首相の辞任は，参院選惨敗の責任をとったものであった。

　小泉首相の在任期間には，衆議院総選挙が2003年11月と2005年9月に行われ，いずれも自民党が大勝した。参議院選挙は，彼の首相就任直後の2001年7月と2004年7月に行われ，2001年は大勝したが，2004年は改選議席数を下回る結果となった。2004年の参院選の結果は，自民党首脳の年金未納問題や年金制度改革などが争点となり，自民党は議席を減らした。しかし，連立与党の自民党と公明党の議席の合計は，参議院の過半数を超えており，小泉の責任が問われることはなかった。小泉は，すべての選挙で勝利を収めていたわけではないが，ほとんどの選挙で勝利し，選挙のたびにシンボルとしての役割を果たしていたことは，マスメディアに対する彼の手法を通じても理解可能である。

　たとえば，「小泉劇場」という表現にみられるように，小泉は，2001年4月の自民党総裁選のときから連日さまざまなマスメディアを通じて注目され続けた[10]。とりわけ，小泉首相ないし小泉政権にかかわる内容がテレビのワイドショーで連日とり上げられたことに関連して，劇場型政治の現出であるとか，ポピュリズム

終　章　日本における政治の大統領制化

の台頭であるとか，これまでとは異なる政治の潮流をマスメディアとのかかわりにおいて指摘する声もみられた。小泉首相が一方的にマスメディアから注視され，毎日のテレビやラジオ，新聞や雑誌などでとり上げられていたというのではなく，小泉側からも多様な手段を通じてメッセージを発信し，マスメディアを利用していたことは確かである。飯島勲は，小泉首相秘書官を務めた経験を『小泉官邸秘録』として上梓しており，彼はそこで，マスメディアの特性や役割に応じて対応を行ったことを明らかにしている（飯島 2006）。

　たとえば，飯島によれば，小泉は，首相官邸での「ぶら下がり取材」を昼と夕方の2回に分け，「昼は主に新聞を念頭に置いたカメラなしのぶら下がり取材とし，夕方はテレビで映像が流れることを念頭に置いたカメラ入りのぶら下がり取材」とした（飯島 2006：34）。小泉首相が記者からの質問に対して「ワンフレーズ」で答える姿は，テレビに映る際に印象的であり，わずかひと言に単純化したメッセージを発することにより，放送時間の制約があるテレビなどで効果的に放送されることになった。それに対して，新聞記者や雑誌記者などからの取材に対しては，テレビ取材とは異なり一定のまとまった量の情報を提供することを重視した。さらに，マスメディア対応は，多様な読者層を意識してスポーツ紙の内閣記者会への加盟などを働きかけたり，毎週1回「らいおんはーと」と題するメールマガジンを発行したり，定期的にラジオ番組を放送するなど，従来とは異なる方法を採用した（飯島 2006：35-36）。

　小泉のマスメディア戦略は，日常的な対応だけでなく，選挙の際の対応にも直接間接に結びついており，日常的な政治活動における顔が，選挙のときには，選挙の顔にそのままつながっていたように思われる。2005年8月の衆議院解散当日の夜の記者会見において，小泉は，郵政民営化の是非を国民に問うために衆議院を解散したと述べ，そのときの解散を「ガリレオ解散」として位置づけた。彼の記者会見は，テレビで放映され，20％を超える視聴率を示したとされる。そのとき彼は次のように述べている[11]。

　　「約四百年前，ガリレオ・ガリレイは，天動説の中で地球は動くという地動説を発表して有罪判決を受けました。そのときガリレオは，それでも地球は動くと言ったそうです」。「今，国会で，郵政民営化は必要ないという結論を出されましたけれども，もう一度国民に聞いてみたいと思います。本当に

257

郵便局の仕事は国家公務員でなければできないのかと」。「これができなくて，もっと大事なこと，最も大事なこと，公務員の特権を守ろうとしているんじゃないですか，国家公務員の身分を守ろうとしているんじゃないですか，反対勢力は。そういう既得権を守る，現状維持がいい，そういう勢力と闘って，本当に改革政党になる，自民党はなったんだということから，この選挙で国民に聞いてみたいと思います。自由民主党は郵政民営化に賛成する候補者しか公認しません」。「はっきりと改革政党になった自民党が，民営化に反対の民主党と闘って，国民はどういう審判を下すか聞いてみたいと思います。だから解散をしました」。

　この記者会見は，小泉首相にとって歴史的な意味をもつものとして位置づけられる。総選挙に際して，自民党は，そのときの首相の映像を選挙運動用に使うことを考えた。しかし，解散後の記者会見は，内閣の職務として行われたため，政党のコマーシャルとして使用することは断念し，記者会見のときと同じネクタイや，背景のカーテンなどを使用することで同じ舞台設定とし，小泉が郵政民営化の必要性を有権者に唱えかける選挙用のコマーシャルを作成した。このような取り組みは，小泉がマスメディアを通して日常的に国民に訴えかけを行っている姿をそのまま選挙運動にも投影させることにより，小泉のマスメディア戦略をより効果的なものにしようという意図にもとづいている。

　2005年9月の総選挙は，まさに小泉首相という個人を中心に展開されたのであり，「個人化された」選挙キャンペーン，「大統領的」な選挙キャンペーン，「候補者重視」の選挙キャンペーンの典型的な事例であったことが明らかである。その点からいえることは，小泉純一郎の場合は，選挙の側面における大統領制化もみられたということである。それに対して，第二次安倍政権においては，安倍首相が一貫して選挙の顔として注目を浴びており，いずれの国政選挙も自民党の勝利に終わっているという意味では，安倍の場合も選挙の側面における大統領制化の事例として捉えることができるかもしれない。しかし，安倍首相については，小泉のように明確な選挙キャンペーンが行われたり，マスメディア戦略に関する顕著な特徴がみられたりしてきたとは現時点では言い難いところがある[12]。大統領制化の事例として安倍首相を捉えるか否かについては，今後の情報収集はもちろん，研究の蓄積が必要であり，繰り返しになるが，現時点では結論を下すこと

が容易ではない。

6 事例としての日本

最後に，本節では，日本における大統領制化の事例について総括を行うとともに，日本の事例においても，大統領制化が政党政治の衰退後にみられる現象であることを指摘して本章のまとめとする。本章で注目した4人の首相のうちで，最も適切な大統領制化の事例として挙げることができるのは，小泉純一郎の名前である。小泉の場合には，執政府，政党，選挙のいずれの側面においても大統領制化の特徴がみられる。2001年4月に小泉が自民党総裁選に出馬してから2006年に首相を辞めるまでの期間において，三つの側面は相互に影響を及ぼし合い，その結果として，それ以前とは明らかに異なる首相の誕生をもたらした。

小泉の首相就任が中央省庁等改革に基づく新体制の開始時期であることや，政治改革によって導入された小選挙区比例代表並立制や政党助成などの制度が定着した時期であることも背景として存在する。これらの改革は結果的に，首相の権力資源と自律性の増大をもたらした。2001年4月の時点ですでに，小泉には，これまで以上の権力資源や自律性を手に入れられる状況が整えられていたのであり，彼は首相在任中に権力資源を利用するだけでなく拡大し，同時に，自律性を確保しつつ拡大した。しばしば首相が退陣する頃には，政権がレイムダック化し，首相の影響力が著しく低下する。

それにもかかわらず，小泉は，残りの任期が約1年という時期に郵政解散と総選挙を行って圧勝し，小泉チルドレンと呼ばれた大量の新人議員を生み出した。彼らは，党内の派閥に所属することなく，「偉大なるイエスマン」と自らを称し，小泉に対して忠実な武部勤幹事長による自民党内の教育の場を通じて行動した。小泉は自らの総裁選での勝利を皮切りに，党役員人事や組閣を通じて既存の派閥政治を排してきたが，さらに，新人議員に対して，党として教育を行うという方針を示し，派閥の影響力が及ばないような方向性を打ち出したのであった。政党リーダーでありながらも，党内の派閥政治から距離をとることで，小泉は政党からの自律性を増大することができた。小泉首相は，最後までレイムダック化することなく，首相就任前より掲げてきた政策である郵政民営化を実現し，大量の小泉チルドレンを擁し，権力資源と自律性を増大したり，維持したりすることがで

きたのである。

　この点は，一方で，小選挙区比例代表並立制や政党助成によって政党執行部が強力になりながらも，他方では，派閥が弱体化したことで，政党主導型の統治というよりも，政党リーダー主導型の統治が実現していたことを意味している。政党主導型の統治は，政党が有権者の利益代表として機能しており，有権者も安定的に特定の政党に支持を与えていることで成り立つ。ここで前提となるのは，これまでの政党組織論が説明してきたような「大衆政党」型の政党モデルの存在である。大衆政党が政党のステレオタイプである限り，議会制民主主義において，政党政治は衰退したという見方が導かれる。しかし，大衆政党のように，政党が有権者との結びつきを維持し続けているのではないが，政党を取り巻く環境変化の只中にありながらも，政党が今も存続し，変化に対応しているとすれば，政党主導型の統治から政党リーダー主導型の統治への移行がみられるという指摘が可能になる。とりもなおさず，政党リーダー主導型の統治は，執政主導型の統治を意味しており，政党政治衰退後にみられる現象として位置づけることができる。

　これら一連の過程は，大統領制化には，構造的要因と偶発的要因との二つの要因が影響していることや，相互に関連する三つの側面において権力資源や自律性の増大がみられることを明らかにしている。日本において，とりわけ，小泉純一郎が登場したときは，二つの改革によって首相ないし政党リーダーの権力資源や自律性の増大が実現しやすくなっていた。日本政治の大統領制化の一つの事例として，小泉首相を位置づけることができるとしても，それ以降のほとんどの首相については，大統領制化の事例として捉えることは困難である。小泉の事例がポグントケやウェブによる大統領制化の分析枠組みに適していることは，本章において明らかになった。小泉の場合は，首相退陣後，10年以上が経過し，小泉政権に関する先行研究も蓄積しているからこそ，大統領制化の事例として分析可能な対象であるといえるのかもしれない。それに対して，直近の事例として，安倍首相が大統領制化の事例に該当するか否かについては，現時点において未だ安倍首相に対する評価が定まっておらず，研究成果も限られていることから，今しばらくの経過観察が必要である。

　いずれにせよ，日本政治において大統領制化がみられるのは確かなことであり，今後もまた別の事例を目撃する可能性がある。その意味で，本章は，紙幅の関係でかなり限られた議論しか展開することができなかったが，別な機会に改めて日

終　章　日本における政治の大統領制化

本政治の大統領制化の経緯や今後の可能性を詳細に論じることとする。

注
1)　小泉純一郎首相の通算在任期間は，2001年4月26日〜2006年9月26日であり，1,980日に及ぶ。退任時，小泉首相は，佐藤栄作の2,798日，吉田茂の2,616日に次いで，第二次世界大戦後では第3位となる長期政権となっていた。その後，その記録は，安倍晋三首相によって塗り替えられ，2019年2月23日時点で，安倍首相が第2位，小泉首相が第4位となった。第五位は，中曽根康弘の1,806日である。
2)　ポグントケ（Thomas Poguntke）とウェブ（Paul Webb）が彼らの2005年刊行の共編著の日本語版のために執筆した「日本語版に寄せて」では，政党研究者としての彼らの関心を次のように述べている。「政党の研究者として，我々がこのテーマに関心を抱いたのは，政党の衰退に関する長年にわたる議論に端を発している。政党衰退論で重要な論点となっていたのは，リーダーが自らの政党を犠牲にした上で優越的な立場を築いているという可能性であった」（ポグントケ／ウェブ 2014：i）。
3)　ポグントケとウェブは，「大統領制化と体制のタイプ」という図を提示し，一方の極に「大統領制的な統治」を設定し，もう一方の極に「政党主導型の統治」を設定している。彼らの用語では，「大統領制的な統治」と「政党主導型の統治」という組み合わせであるが，本章では，同様の意味をもつものとして，「執政主導型の統治」と「政党主導型の統治」という用語の組み合わせとする。
4)　これまで日本政治の大統領制化について，全く議論がなされなかったわけではないが，ポグントケとウェブの提示した大統領制化の分析枠組みにしたがって，日本政治の大統領制化が正面から論じられることは，ほとんどなかった。彼らの共同研究においては，14か国の先進工業民主主義諸国の事例が取り扱われたとはいえ，日本への言及はみられない。2014年に刊行された同研究の翻訳書において，彼らは，「日本語版に寄せて」と題する一文を書いており，西欧諸国，カナダ，イスラエル，アメリカに加えて，「理想的には，他国の事例，とりわけ，東欧諸国やラテンアメリカの新興民主主義諸国，および日本やオーストラリアなど，本書で取り扱わなかった既存の民主主義国にまで経験的な分析が拡がることが望ましい」と指摘している（Poguntke and Webb 2005 = 2014：iii）。
5)　たとえば，政党名のバリエーションとしては，「新自由クラブ」や「社会民主連合」などをはじめ，1990年代後半の「フロム・ファイブ」，「国民の声」，「黎明クラブ」，2000年代に入ってからの「たちあがれ日本」，「日本維新の会」や「維新の会」，「日本のこころ」など，さまざまなものがみられる。
6)　中曽根康弘は数々の著書を執筆しているが，この点についても，たとえば，「わが政権を回想する」という文章で詳しく述べている（中曽根 2017：183）。

7) 後の行政改革にも関連するが,中曽根首相のときには,内閣の補佐機構について変化がみられたことを指摘しておく必要がある。当時,内閣審議室が改組され,内閣内政審議室と内閣外政審議室が新たに設置された。また,国防会議が廃止され,国家安全保障会議が新しく設けられた(野中・青木 2017:26)。
8) この点については,「国庫補助負担金の廃止・縮減,税財源の移譲,地方交付税の一体的な見直し」などの三位一体の改革のことである。
9) 橋本派は,橋本龍太郎が首相になったときに存在していたわけではない。2000年に小渕恵三と竹下登が相次いで死去し,当時の会長であった綿貫民輔が衆議院議長に就任することになり派閥を離脱したため,橋本を会長とする橋本派が誕生した。
10) 小泉首相については,さらに,首相在任中に写真集が刊行されたり,彼をモデルとしたキャラクター「シシロー」の商品が販売されたりした。たとえば,キーホルダーや携帯電話のストラップなどがある。
11) 首相官邸の「小泉内閣総理大臣記者会見〔衆議院解散を受けて〕」より(2019年2月26日閲覧)。
〈http://www.kantei.go.jp/jp/koizumispeech/2005/08/08kaiken.html〉
12) もっとも,安倍政権がマスメディアに対して「威圧的」であるとか,「支配的」であるとかと表現される場合もみられる。

参考文献

Inglehart, Ronald (1977) *The Silent Revolution: Changing Values and Political Styles among Western Publics,* Princeton University Press. R・イングルハート,三宅一郎・金丸輝男・富沢克訳(1978)『静かなる革命——政治意識と行動様式の変化』東洋経済新報社。

Poguntke, Thomas and Paul Webb (eds.) (2005) *The Presidentialization of Politics: A Comparative Study of Modern Democracies,* Oxford University Press. T・ポグントケ/P・ウェブ編,岩崎正洋監訳『民主政治はなぜ「大統領制化」するのか——現代民主主義国家の比較研究』ミネルヴァ書房。

飯尾潤(2007)『日本の統治構造——官僚内閣制から議院内閣制へ』中公新書。

飯島勲(2006)『小泉官邸秘録』日本経済新聞社。

内山融(2007)『小泉政権——「パトス」の首相は何を変えたのか』中公新書。

大嶽秀夫(2003)『日本型ポピュリズム——政治への期待と幻滅』中公新書。

——— (2006)『小泉純一郎ポピュリズムの研究——その戦略と手法』東洋経済新報社。

上川龍之進(2010)『小泉改革の政治学——小泉純一郎は本当に「強い首相」だったのか』東洋経済新報社。

草野厚（2006）『テレビは政治を動かすか』NTT出版。
小泉純一郎（2018）『決断のとき――トモダチ作戦と涙の基金』集英社新書。
後藤謙次（2014a）『ドキュメント平成政治史1　崩壊する55年体制』岩波書店。
―――（2014b）『ドキュメント平成政治史2　小泉劇場の時代』岩波書店。
―――（2014c）『ドキュメント平成政治史3　幻滅の政権交代』岩波書店。
清水真人（2005）『官邸主導――小泉純一郎の革命』日本経済新聞社。
白鳥令編（1986）『新版　日本の内閣（III）』新評論。
曽根泰教（2006）「政策過程改革――経済財政諮問会議は改革の司令塔か」上村敏之・田中宏樹編『「小泉改革」とは何だったのか――政策イノベーションの次なる指針』日本評論社，3-26。
竹中治堅（2006）『首相支配――日本政治の変貌』中公新書。
竹中平蔵（2006）『構造改革の真実――竹中平蔵大臣日誌』日本経済新聞出版社。
東大法・第7期蒲島郁夫ゼミ編（2008）『小泉政権の研究』木鐸社。
常井健一（2016）『小泉純一郎独白』文藝春秋。
中北浩爾（2017）『自民党――「一強」の実像』中公新書。
中曽根康弘（2017）『自省録――歴史法廷の被告として』新潮文庫。
西岡晋（2016）「内閣――首相の指導力と政治の大統領制化」大石眞監修，縣公一郎・笠原英彦編『なぜ日本型統治システムは疲弊したのか――憲法学・政治学・行政学からのアプローチ』ミネルヴァ書房，99-125。
野中尚人・青木遥（2017）『政策会議と討論なき国会――官邸主導体制の成立と後退する熟議』朝日新聞出版。
服部龍二（2015）『中曽根康弘――「大統領的首相」の軌跡』中公新書。
牧原出（2016）『「安倍一強」の謎』朝日新書。
待鳥聡史（2006）「大統領的首相論の可能性と限界――比較執政制度論からのアプローチ」『法政論叢』第158巻第5・6号：311-341。
―――（2012）『首相政治の制度分析――現代日本政治の権力基盤形成』千倉書房。
山崎拓（2016）『YKK 秘録』講談社。

あとがき

『民主政治はなぜ大統領制化するのか――現代民主主義国家の比較研究』という書名で，大統領制化（presidentialization）に関するトーマス・ポグントケ（Thomas Poguntke）とポール・ウェブ（Paul Webb）による編著の日本語版を刊行したのは，2014年5月のことであった。刊行後，予想外に多くの反響がみられ，正直なところ，日本における大統領制化に関する関心の高さに驚いたことを記憶している。

同書刊行直後には，『朝日新聞』の書評欄において，柄谷行人によって紹介され，同年末にも「今年の三冊」のうちの一冊として，再び柄谷行人によってとり上げられた。彼は，同書の内容をふまえて大統領制化とは何かを説明し，大統領制化の要因を説明しながら，日本政治においても大統領制化がみられることに言及しつつ，次のような指摘を行った（『朝日新聞』2014年6月29日）。

> 「民主政治」はなぜ「大統領制化」するのか。それは代表制民主主義そのものに内在する問題ではないか。かつて，戦争や経済危機の際に，リーダー（ボナパルト，ヒトラー，近衛，ローズベルト）に権力が集中される事態があった。現在の現象はそれらと異なる。では，なぜ，いかに異なるのか。それを考えるためにも，ひとまず本書が提示した仮説を受け止める必要がある。

柄谷自身は，細川護熙や小泉純一郎などの首相を念頭に置いて日本政治における大統領制化について語っていた。彼の指摘は，その後の安倍晋三首相について考える際にも示唆に富むように思われる。

原著の刊行から既にかなりの時間が経っているだけでなく，翻訳の刊行からも時間が経っている。それにもかかわらず，同書の議論は，未だに色あせてはいない。国レベルであれ，地方レベルであれ，大統領制化論は，今なお有用であり，現在の民主主義を考えるのに役立つ多くの視点を提供する。

本書は，『民主政治はなぜ大統領制化するのか』の内容をふまえ，その発展形態として，新たに，次のような三つの目的をもって編まれたものである。

第一に，同書が扱っていた時期以降，現在に至るまでの各国の状況を俯瞰することにより，同書での議論をアップトゥデートな情報に差し替えることである。翻訳した書物の原著は，2005年にハードカバー版が刊行された後，2007年にわずかな改訂を施してソフトカバー版として刊行された。ソフトカバーは，ごく一部の章で，新しい事実関係を反映するかたちの若干の修正を行った。そのため，ほとんどの章においては，2005年のハードカバー版の内容と2007年のソフトカバー版の内容との間に違いがみられない。
　翻訳書では，ほとんどの章が2005年に刊行された原著の内容のままであり，（刊行までの執筆時期を考慮に入れると）情報としては，15年以上前のものとなっている。したがって，同書以降の現実を取り扱い，世界でみられる最新の大統領制化に関する情報を集約することには意義があると思われる。
　第二に，同書刊行後，海外の政治学者の間でも，我が国の政治学者の間でも，「大統領制化」という概念をめぐり，さまざまな議論が展開されており，本書を纏めることで大統領制化論の研究蓄積を豊かにしようという目的が挙げられる。海外では，原著のタイトルにも使われている presidentialization という概念をめぐり，賛成の声も多数みられるが，同時に，批判的な議論もいろいろとみられる。また，日本では，「大統領制化」と訳すべきか，それとも「大統領化」と訳す方がいいのかというように，日本語の表現をめぐって議論を行う場合もある。それ以外にも，ある国の事例について，大統領制化という現象として捉えることが適切であるか否かが論じられることもある。
　日本において，大統領制化に関する議論に最初に言及したのは，日本の「大統領的な首相」という文脈においてであった。とりわけ，執政制度との関連で，大統領制化に言及されたり，大統領的な首相のリーダーシップに言及する際に，大統領制化が論じられたりした。そのため，原著の編者たちが企図したような問題意識が必ずしも日本の学界で通用しておらず，大統領制化という概念についても誤った理解や，不十分な理解のまま使用される傾向がある。
　本書において，大統領制化に関して正面から論じ，我が国における大統領制化論の正確な理解を促すことは，極めて有益なことである。その結果として，日本の大統領制化論が海外並みの理解になり，海外の学界と同じ土俵に立つことができるようになるとともに，ひいては海外への発信にもつながっていくと思われる。
　第三の目的は，翻訳書において，原著の編者たちが指摘しているが，同書で扱

あ と が き

　われていない国々でも大統領制化とされる現象が目撃されていることをふまえ，本書では，日本を含め，いくつかの新しい事例に注目することである。本書では，議院内閣制を採用している国で大統領制化がみられる事例や，非西欧諸国の事例などに注目した。

　とりわけ，本書は，日本人研究者によって，日本語で，日本人の読者（日本語を読む読者）を想定して書かれたものである。本書の編集過程で常に念頭にあったことは，大統領制化に関する多様な情報を提供することにより，読者が現在の民主主義や，日本をはじめとする各国の政治を考える際の一助として，どのようにしたら本書が役立つのかという点であり，究極的には「今なぜ，民主政治は大統領制化するのか」という点であった。果たして，本書がその問いに何らかの回答を示すことができているのか否かについては，読者の判断にゆだねるばかりであるが，本書がこれからの議論のたたき台となることを願ってやまない。

　ミネルヴァ書房の浅井久仁人氏には，2014年の翻訳書の刊行に続いて本書でも，刊行までの長い道のりを導いてもらうことができた。浅井氏と再び大統領制化の書物をつくることができたのは望外の喜びである。さらに，ポールとトーマスには，折々のやり取りを通じて，同僚として，また，友人として，親しく知的刺激をもらうとともに，本書の刊行に向けた心強い励ましを受けてきた。彼らとの出会いがあったからこそ本書は実現したと思う。本書にかかわったすべての人びとに心より感謝している。

　　　2019年3月

桜が開花した日に

岩崎　正洋

人名索引

ア行
麻生太郎　138, 255
安倍晋三　130, 138, 143, 144, 145, 239, 242, 248, 249, 255, 258, 260, 261
甘利利明　143
飯島勲　257
イングルハート, R.　238
ヴィーグフォッシュ, E.　155
ウィルソン, H.　57
ウィルソン, J. Q.　136
ウェブ, P.　1, 3, 4, 7, 8, 9, 10, 11, 12, 13, 17, 108, 110, 130, 131, 145, 146, 194, 216, 235, 236, 237, 239, 241, 261
ヴルフ, C.　24, 26
ウンデーン, O. ウムラウト　158
エランデル, T.　154
エリツィン, Б. Н.　199, 200, 201, 202, 205
エルドアン, R. T.　216, 218, 219, 220, 221, 222, 223, 224, 227, 228, 229, 230, 232
大木浩　247
オズボーン, G.　41, 42
小渕恵三　250, 262
オランド, F.　64, 77, 79, 80

カ行
亀井静香　251
カールソン, I.　166
川口順子　247
キノック, N.　39
キャメロン, D.　40, 41, 42, 43, 44, 48, 49, 50, 51, 52, 53, 54, 55, 56, 57
キャンベル, A.　39
ギュンテル, C.　155
グルィズロフ, Б. В.　203
クレッグ, N.　40, 51, 52, 53, 55
クロウエル, A.　85, 88, 89, 90, 97
小泉純一郎　130, 141, 144, 235, 239, 242, 245, 246, 247, 248, 249, 250, 251, 252, 253, 254, 255, 256, 257, 258, 259, 260, 261, 262

コービン, J.　47, 54, 58
ゴーブ, M.　42
コール, H.　24, 30, 35

サ行
斉藤惇　137
サッチャー, M.　1, 38, 39, 41
佐藤栄作　261
サルコジ, N.　20, 63, 64, 70, 71, 72, 76, 77, 78, 79
塩崎恭久　139, 143
ジスカール＝デスタン, V.　70, 73
シュガート, M. S.　196, 197
シュタインブリュック, P.　31, 32
シュタインマイヤー, F. W.　20, 32, 35
シュッセル, W.　107, 108, 111, 112, 113, 114, 115, 116, 117, 118, 119, 120, 123, 124, 125
シュトイバー, E.　22, 24, 25
シュレーダー, G.　3, 17, 18, 19, 21, 25, 31, 32, 34, 239
シュンペーター, J. A.　7
ショイブレ, W.　24
シラク, J.　63, 71, 73, 75
鈴木善幸　242
スタージョン, N.　53
ゼーホーファー, H.　21, 22, 23, 25, 27, 29, 30, 34, 35

タ行
ダウディング, K.　12, 13
竹下登　262
竹中平蔵　246, 247
武部勤　259
田中角栄　249
田中真紀子　247
ダンカンスミス, I.　42
デーヴィス, D.　56
デメジエール, T.　24, 26, 28
遠山敦子　247

土光敏夫　242
ドゴール，C.　55,63,74
ドブレ，M.　67
トランプ，D.　19

ナ行
ナーレス，A. M.　29
中曽根康弘　239,242,243,249,250,256,261
二階俊博　255
西岡晋　9

ハ行
ハイダー，J.　108,111,113,114,118,119,121,
　　122,123,124
パサレッリ，G.　8
橋本龍太郎　239,242,243,244,245,249,250,
　　251,256,262
パーション，G.　153
ハーソン，P. A.　154
鳩山由紀夫　144
パルメ，O.　154
ハンマルシュルド，D.　159
ピアソン，P.　132,147
ビルト，C.　166
ファイアース，S.　85,88,89,90,97
ファラージ，N.　53
プーチン，B. B.　19,200,201,203,205,206,
　　208
フェルホフスタット，G.　88,90,92,93,94,95
フォン・デア・ライエン，U.　21,24,26,28
ブラウン，G.　40,51,52,53,57
プリマコフ，E. M.　210
ブレア，T.　3,38,39,40,44,47,51,54,57,58,
　　59,239
ヘイグ，W.　48
ベネット，N.　53

ポグントケ，T.　1,3,4,7,8,9,10,11,12,13,
　　17,95,108,110,130,131,145,146,194,216,
　　235,236,237,239,240,241,261
ボーマン，G.　163

マ行
マクロン，E.　64,71,80,81
待鳥聡史　8,9
ミシェル，C.　97,98
水野清　244
ミッテラン，F.　64,69,73,75
ミリバンド，D.　45
ミリバンド，E.　45,46,53,55
ムッレル，G.　156
武藤嘉文　244
メイ，T.　42,44,54
メージャー，J.　38
メドベージェフ，Д. A.　200,206,208
メルケル，A.　17,18,19,20,22,23,25,26,27,
　　28,29,30,31,32,33,34,35
メルツ，F.　24
森喜朗　250,251

ヤ・ラ・ワ行
吉田茂　261
ラインフェルト，F.　153
ラッド，A.　54
リュットガース，J.　26
リンス，J. J.　195
ルヴェーン，S.　153
ルシコフ，Ю.М.　201
ルテルム，Y.　94,95
ルペン，M.　80,81
ルポ，E. D.　97,98
綿貫民輔　262

269

事項索引

数字
1809年政体法　161
1922年委員会　48, 49
1974年政体法　161

ア行
アジェンダ権力　178, 181, 189
安倍政権　130, 131, 143, 145
安倍内閣　131, 137, 138, 140, 141, 142, 145, 146, 147
アベノミクス　137, 145
一元主義型議院内閣制　66
イニシアチブ　122
イメージ戦略　71, 80
オープン・プライマリ　76, 77

カ行
会社法（の）改正　137, 138, 139, 140, 146
拡大的レジーム　132, 134
閣僚委員会　176
議員提出法案　174, 180, 181, 189
議院内閣制　3, 4, 5, 9, 12, 13, 173, 235
議会主催　54
議会労働党　46, 47, 58
起業家政治　136, 146
基底構造的要因　5, 12
行政改革会議　243, 244
緊縮的財政レジーム　132, 134, 135, 136
偶発的要因　5, 7, 10, 12, 236, 238, 239, 240, 260
クライエンティリズム　120, 121, 122
経済財政諮問会議　246, 247, 248
経団連　137, 144, 146
劇場型政治　256
言語問題　86
厳重登院命令　56
建設的不信任制度　174, 178
コアビタシオン　64, 67, 69, 72, 198
小泉劇場　256
小泉政権　130

公正発展党（AKP）　216, 218, 219, 220, 221, 222, 223, 224, 227, 228, 229, 230, 231, 232
功績顕示　134, 135, 136, 146
構造改革　245
構造的要因　7, 10, 11, 236, 238, 239, 240, 260
候補者要因　186, 187, 189
コーポレートガバナンス・コード　139, 140, 144, 145
国民の家　157
五十五年体制　234, 235
国家安全保障会議　176, 188
国家経済会議　176, 188
固定任期議会法　43, 44, 49, 50, 57

サ行
在職期間の長期化　90, 96, 99
財政再建国家　132, 133
産業競争力会議　137, 138, 139, 141, 142, 143, 147
刺客　253, 254
静かなる革命　238
自民党　135, 137, 139, 142, 143, 144
自民党総裁　235, 251
自民党総裁選挙　234, 249, 250
社会的亀裂　175
社外取締役　138, 139, 140, 147
シャドーキャビネット　46, 47, 58
首相化　12
首相公選制　173, 174, 175, 176, 177, 178, 179, 184
小選挙区比例代表並立制　10, 135, 144, 250, 252, 253, 254, 255, 256, 259, 260
審議会政治　243, 247
振興民主主義諸国　11
新フランデレン同盟（N-VA）　88
スチュワードシップ・コード　138, 139
スピンドクター　51
政策会議政治　247
政策起業家　137

政策起業家　144
政策計画局　176, 177, 188
政治改革　250, 252
政治の個人化　239
政治の人格化　12, 13, 239
政党帰属意識　186, 187, 189
政党交付金　254, 255
政党助成　259, 260
政党助成制度　250, 252
政党助成法　254
政党衰退論　8, 10, 11, 12, 235
積極的外交政策　159
選挙過程の個人化　4
選挙人団方式　45, 57, 58
全国執行委員会　45, 46
争点態度　186, 187, 189
造反議員　253, 254

タ行
大衆政党　260
大統領制　3, 4, 5, 9, 12, 13
大統領的首相　8, 9, 239, 240, 241, 243
第二次臨時行政調査会（第二臨調）　237, 242, 243
大連立　111, 112, 113, 114, 125
多極共存型民主主義　86, 109
脱原発　18, 19, 22, 33
脱物質主義　238
ダブリン規約　20, 28
中央省庁再編　10
中央省庁等改革　243, 244, 245, 248, 249, 259
中央省庁等改革基本法　243
中選挙区制　10, 254
統一ロシア　201, 206
統合サミット　20, 22, 35
投資家　136, 138, 139, 145, 146, 147
党首選挙　182, 183
党首選の導入　181, 191
同輩中の第一人者（premus inter pares）　177

ナ行
内閣官房　131, 141, 142

内閣機能　10
内閣機能の強化　242, 244, 245, 246, 249
内閣人事局　248
難民危機　19, 28
二元主義型議院内閣制　66, 67
日本経済再生本部　138, 139, 141, 142, 143, 147
ネオ・コーポラティズム　114

ハ行
橋本行革　141, 142
パーソナライゼーション　12
バックベンチャー　42, 48, 49, 57
派閥　234, 247, 248, 249, 250, 251, 253, 259, 260
ハングパーラメント　57
半大統領制　3, 4, 5, 9, 12, 13, 63, 64, 66, 82, 195, 196, 197, 199, 110
非難回路　134
プライミング効果　185, 189
フロントベンチャー　42, 48, 49
分裂危機　88
ベルギー　86
民営化　237, 242
民主党　130, 137, 138, 144

ヤ行
郵政民営化　235, 247, 253, 257, 259
優先順位付投票制　55, 56
ヨーロッパ懐疑論者　42, 50, 56
ヨーロッパ統合論者　56
4人組（the Quad）　41
予備選挙　174, 180, 182, 183, 184, 189

ラ行
リスボン条約　19, 20, 25, 27
リーダーシップの権力資源　3
リーダーシップの自律性　4
リーマンショック　25
臨時行政改革推進審議会（行革審）　242, 243
レファレンダム　122
労働組合　45, 46, 58
六大改革　238, 242, 245

執筆者紹介（＊は編著者，執筆順，執筆担当）

＊岩崎正洋（いわさき・まさひろ）　序章・終章・あとがき
東海大学大学院政治学研究科博士課程後期修了。博士（政治学）。日本大学法学部教授。
〔著書〕『政党システムの理論』東海大学出版会，1999年。『政治発展と民主化の比較政治学』東海大学出版会，2006年。『比較政治学入門』勁草書房，2015年。

近藤正基（こんどう・まさき）　第1章
京都大学大学院法学研究科博士課程単位取得退学。博士（法学）。京都大学大学院法学研究科教授。
〔著書〕『現代ドイツ福祉国家の政治経済学』ミネルヴァ書房，2009年。『ドイツ・キリスト教民主同盟の軌跡』ミネルヴァ書房，2013年。『現代ドイツ政治』（共編著）ミネルヴァ書房，2014年。『刷新する保守』（共編著）弘文堂，2017年。

三澤真明（みさわ・まさひろ）　第2章
日本大学大学院法学研究科博士後期課程修了。博士（政治学）。日本大学法学部専任講師。
〔論文〕「EC加盟申請と労働党の政策転換」『政経研究』53巻2号，2016年。「第一次EEC加盟申請と政党政治――イギリス労働党の動揺」『政経研究』52巻2号，2015年。「戦後ヨーロッパ統合とイギリス労働党――ヨーロッパ統合をめぐる政党政治」『政経研究』52巻4号，2015年。

佐川泰弘（さがわ・やすひろ）　第3章
明治大学大学院政治経済学研究科博士後期課程中退。茨城大学人文社会科学部教授。
〔著書・論文〕『利益誘導政治――国際比較とメカニズム』（共著）芦書房，2004年。「2010年地域圏議会選挙と新たな地方制度改革」『日仏政治研究』第6号，2011年。「フランスにおける近年の地方制度改革――地方分権の終焉か？」『茨城大学地域総合研究所年報』Vol. 46，2013年。

松尾秀哉（まつお・ひでや）第4章
東京大学大学院総合文化研究科博士課程修了。博士（学術）。龍谷大学法学部教授。
〔著書〕『ベルギー分裂危機――その政治的起源』明石書店，2010年。『物語　ベルギーの歴史』中公新書，2014年。『連邦国家ベルギー――繰り返される分裂危機』吉田書店，2015年。

古賀光生（こが・みつお）　第5章
東京大学大学院法学政治学研究科博士課程修了。博士（法学）。中央大学法学部准教授。
〔著書〕『奇妙なナショナリズムの時代』（共著）岩波書店，2015年。『分断社会日本』（共著）岩波書店，2016年。『保守の比較政治学』（共著）岩波書店，2016年。

西岡　晋（にしおか・すすむ）　第6章
早稲田大学大学院政治学研究科博士後期課程単位取得退学。東北大学大学院法学研究科教授。
〔著書〕『なぜ日本型統治システムは疲弊したのか――憲法学・政治学・行政学からのアプローチ』（共著）ミネルヴァ書房，2016年。『ダイバーシティ時代の行政学――多様化社会における政策・制度研究』（共著）早稲田大学出版部，2016年。『よくわかる政治過程論』（共著）ミネルヴァ書房，2018年。

清水　謙（しみず・けん）　第7章
東京大学大学院総合文化研究科博士課程単位取得満期退学。立教大学法学部助教。
〔著書・論文〕『人の国際移動と EU 地域統合は「国境」をどのように変えるのか？』（共著）法律文化社，2016年。「スウェーデンの2006年議会選挙再考――スウェーデン民主党の躍進と2010年選挙分析への指標」『ヨーロッパ研究』10号，2011年。「スウェーデンにおける『移民の安全保障化』――非伝統的安全保障における脅威認識形成」『国際政治』172号，2013年。

浜中新吾（はまなか・しんご）　第8章
神戸大学大学院国際協力研究科博士後期課程修了。博士（政治学）。龍谷大学法学部教授。
〔著書〕『パレスチナの政治文化』大学教育出版，2002年。『民主主義と選挙』（共著）吉田書店，2013年。『中東・イスラーム研究概説』（共編著）明石書店，2017年。

溝口修平（みぞぐち・しゅうへい）　第9章
東京大学大学院総合文化研究科博士課程単位取得満期退学。博士（学術）。法政大学法学部教授。
〔著書・論文〕『ロシア連邦憲法体制の成立――重層的転換と制度選択の意図せざる帰結』北海道大学出版会，2016年。『連邦制の逆説？――効果的な統治制度か』（共編著）ナカニシヤ出版，2016年。「ロシアにおける1993年憲法体制の成立と変容――憲法改正なき変容から憲法改正を伴う変容へ」『レヴァイアサン』第60号，2017年。

岩坂将充(いわさか・まさみち) 第10章
ビルケント大学大学院経済社会科学研究科政治学専攻博士課程単位取得退学,上智大学大学院外国語学研究科地域研究専攻博士後期課程満期退学。博士(地域研究)。北海学園大学法学部准教授。
〔論文〕議院内閣制における政治の『大統領制化』——トルコ・エルドアン体制と大統領権限の強化」『日本比較政治学会年報』第18号,2016年。「トルコにおける政軍関係と分断構造」『日本比較政治学会年報』第20号,2018年。「固定化する分断——2018年トルコ議会選挙の分析から」『中東研究』第533号,2018年。

大統領制化の比較政治学

2019年5月30日　初版第1刷発行		〈検印省略〉

定価はカバーに
表示しています

編著者	岩　崎　正　洋
発行者	杉　田　啓　三
印刷者	坂　本　喜　杏

発行所　株式会社　ミネルヴァ書房
607-8494　京都市山科区日ノ岡堤谷町1
電話代表　(075)581-5191
振替口座　01020-0-8076

©岩崎ほか, 2019　　冨山房インターナショナル・新生製本

ISBN 978-4-623-08214-8
Printed in Japan

民主政治はなぜ「大統領制化」するのか
――現代民主主義国家の比較研究

―――T・ポグントケ／P・ウェブ編，岩崎正洋監訳　A5判　556頁　本体8000円

リーダーの権力と「執政府」「政党」，候補者中心の「選挙」，3つの指標を用いて，14の民主主義諸国（イギリス，ドイツ，イタリア，スペイン，ベルギー，オランダ，デンマーク，スウェーデン，カナダ，フランス，フィンランド，ポルトガル，イスラエル，アメリカ）における「大統領制化」の過程を提示する。

現代ドイツ政治――統一後の20年

―――西田　慎・近藤正基編著　A5判　352頁　本体3000円

EUで存在感を強め，脱原発へと舵を切り，福祉国家の再編に取り組むことで，注目を集める国・ドイツ。1990年のドイツ統一以後，ドイツは，経済の停滞や排外主義的な暴力の顕在化など多くの問題を抱えた。その中でいかにドイツはこの難局を乗り切ろうとしているのか。初学者にも分かり易い記述で，統一後のドイツ政治の歩みを振り返り，その全体像を学ぶことが本書の目的である。

現代ベルギー政治――連邦化後の20年

―――津田由美子・松尾秀哉・正躰朝香・日野愛郎編著　A5判　282頁　本体2800円

ベルギーは「EUの首都」ブリュッセルを有する多言語国家である。そのなかでいかに共存を模索し分裂危機を克服しようとするのか。初学者にもわかり易い記述で，連邦制導入後のベルギーの全体像を学ぶテキスト。

――――――― ミネルヴァ書房 ―――――――

http://www.minervashobo.co.jp/